LE VOLTA
败在海上
中国古代海战图解读
梁二平 著
三联书店

图书在版编目(CIP)数据

败在海上：中国古代海战图解读 / 梁二平著. -- 北京：
生活·读书·新知三联书店，2016.3
ISBN 978-7-108-05310-7

Ⅰ. ①败… Ⅱ. ①梁… Ⅲ. ①海战－军用地图－分析
－中国－古代 Ⅳ. ① E291

中国版本图书馆 CIP 数据核字 (2015) 第 073858 号

责任编辑 张 杰
装帧设计 朱丽娜 张 红
责任印制 崔华君
出版发行 生活·讀書·新知 三联书店
（北京市东城区美术馆东街22号）
邮 编 100010
经 销 新华书店
网 址 www.sdxjpc.com
排版制作 北京红方众文科技咨询有限责任公司
印 刷 北京缤索印刷有限公司
版 次 2016年3月北京第1版
2016年3月北京第1次印刷
开 本 720毫米×1000毫米 1/16 印张 19.5
字 数 146千字 图 189幅
印 数 0,001-8,000册
定 价 100.00元

（印装查询：010-64002715；邮购查询：010-84010542）

序言：败在海上

中国人造船的历史，远比造车的历史要早，大约7000年前，中国先民已开始了“刳木为舟”的水上活动，所以，船一直是古代交通工具的经典缩影；甚至，在飞机刚出现时，清朝人不知怎么称呼，就叫它“风船”，这种说法至今还保留在中亚地区东干人的语言中。

船在历史长河中，扮演着交通工具的角色，也扮演着战争工具的角色。甲骨文中已有了舟船的描绘，至周朝已有水战的记录，但舟师和战船的制度不详。在出土的战国青铜器上，如“水陆攻战纹铜鉴”、“宴乐渔猎攻战铜壶”和“嵌错金铜壶”的纹饰上，可看到当时的水军已作为一种军事力量出现。

据《左传》记载：鲁襄公二十四年（公元前549），“楚子为舟师以伐吴……无功而还”。另载，吴王夫差十一年（公元前485），“徐承率舟师，将自海入齐。齐人败之，吴师乃还”，这或是古代文献记载的最早海战，地点大约在今天的山东琅玡台附近的黄海海域。那是列国中靠海边的两个国家之间的海上战斗，属于近海战斗。汉武帝时，始有跨海作战。

汉朝楼船从山东半岛跨海东征，灭了朝鲜半岛北部拒绝向大汉称臣纳贡的卫氏政权。此后隋、唐年间皆有东征高句丽、百济的跨海作战，尤其是白村江（今韩国西南锦江）海战，这是中日之间的第一次海上交锋，唐朝水师大胜。此外，宋朝末年的宋元崖门海战，也是著名的大海战，败退海边的南宋朝廷经此一役彻底灭亡了。

海战不属于古代中国的战争主流，又发生在大陆边缘，加之年代久远，宋代的海战图和海战画没能传世。如今能看到的最早的海战图画来自元朝，所以，本书亦以元朝的海战为开篇。

本书所涉中国古代海战，既包括华夏内部的海上格斗，也包括华夏舰队跨外海远征，重点放在外国舰队侵略中国的海战；书中的中国古代海战图来自交战双方，有中国绘制的，也有外国绘制的，如元朝舰队攻打日本唯一存世的海战画卷即为日本人绘制的《蒙古袭来绘词》，它是记录中国古代跨海大战的最早绘画记录。

大明比之元朝，国力更加强大，但元朝东征日本、南讨爪哇的攻击型“蓝水水师”到了明代没有被继承，除了“宣教化于海外诸番国”的“下西洋”之外，大明水师再不出洋。在海外，大明不需要领土；而海上安全问题也仅为骚扰性质的倭寇。明朝沿长城建立了卫、所之时，在东南沿海也建了一连串的卫、所。天朝的海洋策略，由此变为“守口”岸防。明代仅存的一幅华人绘制的海战纪实画《抗倭图卷》，表现的即是近岸海战。嘉靖年间，郑若曾编撰的中国海防开山之作《筹海图编》，所刊六省《沿海山沙图》、《日本岛夷入寇之图》等，即是中国最早的海防地图。中国的海上策略就这样进入了“防”的时代。

明末至清初的中国海防，不外乎两个方面：一是防中日草寇混编的“倭寇”，二是防反清复明的海上武装。这中间就包括防备“反清复明”武装力量的郑氏海上势力。无法在大陆立足的郑成功最终从荷兰人手中收复了台湾，中国古代海战史上因此有了唯一一次夺回失地的胜仗。

中国大规模的海上主权之战是从清代开始的。大清先是打了两次鸦片战争，尔后，几乎每隔10年就有一场海上战争：

1874年日本以“牡丹社事件”为由入侵台湾；

1884年清法在马江开战；

1894年清日甲午之战；

1900 年“庚子事变”，大清与 11 国开战；

1904 年日俄在旅顺开战；

1914 年日德在青岛开战。

从 1840 年的庚子年到 1900 年的庚子年，大清的海战一打就是 60 年；从道光到咸丰，再到同治，再到光绪，四任皇帝，一个甲子里，清廷都是在海战的战火中度过的；先是外国舰队入侵中国，后来发展为列强在中国海面为瓜分中国而战；反映在清代的海战图上，就是中国人绘制的多是海防图，外国人绘制的多是进攻路线图和割地占港图。

为展现历史的真实面貌，本书所选海战图全是古图，不用今人绘制的“示意图”。古人描绘和记录海战，除了绘制海战地图外，还绘制海战纪实画。在没有摄影术的时代和摄影术发明了还没有广泛应用的时代，西方商船和战舰都会请画家参与远航。如，17 世纪来华的荷兰船队就带有画家尼霍夫（Johan Nieuhof）随航；1793 年马戛尔尼率领的英国使团带有随团画家威廉·亚历山大（William Alexander）；后来，清英、清法开战，西方舰队更是必备随军画家，以绘画的形式记录战事。这些绘画作品也是当年西方媒体极为重要的战事报道手段与风俗。

1842 年英国诞生了世界上第一份以图画为主的周刊《伦敦新闻画报》（*The Illustrated London News*），不久，以图像为主的报纸或报纸增刊在欧洲大地流行起来。如，1843 年创立的法国《画报》（*L'illustration*）和后来的《世界画报》（*Le Monde Illustre*），这些画报无不以时事报道为主。《伦敦新闻画报》不仅开辟了“对华战争”专栏，还专门派遣查尔斯·沃格曼（Charles Wirgman）作为“本刊特派画家兼通讯员”来华观战。所以，一些“特派画家”也成了海战的亲历者。如，第一次鸦片战争英国舰队攻打厦门时，随军画家格劳弗（Glover）就曾跟海军陆战队一起登岸，并在英军攻克的炮台上挂起英国旗。正是这个原因，英国国家海事博物馆才将格劳弗的“英军攻打厦门系列纪实画”当作重要的海战史料永久收藏，并向公众展示。

虽然本书主要分析的是中国的反侵略战争，但在记述各历史阶段战争时，原则上不用“中国”一词，而用当朝政府的名称，如“大元”、“大明”、“大清”，还历史以历史面目，尤其是清王朝，通常不用有汉文化色彩的称谓来指代清廷，“中国”一词，仅见于晚清外交辞令中。

有清一代的海战，对于国人来讲，皆为抵抗外来侵略之战争。如果把这些战争放在国际背景下来描述和研究，那么战争命名就应依据国际惯例，以当事国的主宾关系来命名。比如，鸦片战争即是“清英战争”；甲午战争即是“清日战争”；马江海战即“清法战争”；至于日俄的旅顺之战，自然是“日俄战争”；本书即按此原则来命名这一连串的海上战争。为了方便读者阅读原版海战图，本书在叙述中尽量保留西文舰船名称，并在附录中保留所能搜集到的中、外参战舰队的中西文名录。

此外，这些战事是放在国际背景下描述的，本书通常是用公元纪年，特殊情况下用古代中国的年号。以“古代”而论，本书内容应止于清朝，但1914年日德青岛之战，与之前的“德占山东”和“三国干涉还辽”等事变有着内在联系，所以，书尾收录了一节“日德青岛攻围战”。

民国学者陈衡哲说过：“历史不是叫人哭的，也不是叫人笑的，而是叫人明白的。”这里选取150余幅海战图和海战画，是想借此解读“败在海上”这一历史命题，和对“落后就要挨打”这种说法的另一种解读。

从明末清初西洋画家绘制的中国海景画来看，葡萄牙、荷兰和英国的船队不远万里跑到中国，并不是奔着中国的“落后”而来，相反是仰慕中国的“先进”而来。如荷兰东印度公司约翰·尼霍夫1655年绘制的《荷兰使节船远眺广州城图》，表现的就是荷兰船队到大清呈“朝贡”帖、寻求通商的情景；而顺治朝则以“荷兰国典籍所不载者”、“向不通贡贸易”为由，拒绝了荷兰的贸易请求。再如，绘制于1784年的《中国皇后号》，描绘的就是美国独立后向中国派出的第一艘战船改装的商船。为表达对中国皇室的尊重，此船特命名为“中国皇后”(The Empress of China)。在西方人眼里,此时的中国是先进与富裕的代表。英国历史学家乔治·赖特（George Newenham Wright）在1843年伦敦出版的《中国：那个古代帝国的风景、建筑和社会习俗》(*China：In a Series of Views, Displaying the Scenery, Architecture and Social Habits of That Ancient Empire* ）大型画册的“序言”中说“这个人口众多的国家……推动了人类文明发展的‘三大发明’：印刷、火药和指南针”（20世纪，李约瑟在此基础上总结出中国的“四大发明”），但古代中国从来不把“万里长城”和几大“发明”作为中华文明的象征，中国人对外宣传时只提丝绸、瓷器、茶叶。赖特还称中国是“3.6亿人口的强大帝国”。虽然自马可·波罗来过大元以后，西方就称中国为“帝国”，但古代中国很少自称“帝国”，直到李鸿章在《辛丑条约》上签字时，才仿照列强自称“大清帝国钦差头等全权大臣李鸿章”。

西方同中国在海上开战，确实是“通商”不成之后的事情。晚清的觉悟，也是列强“开炮看中国”在先,大清“开眼看世界”在后。这时,中国的“落后”已暴露出来，中国人、外国人都能看到大清在军事和文化上落后于西方。但若以“落后”论，此时的日本比之美国也是全面落后，可是1853年“黑船事件”之后，美国没打日本，反而结了盟；日本更是将此事称为“黑船开国”，佩里将军登陆日本的地方被日本当作开埠标志竖碑纪念。而比之日本,俄国落后吗?德国落后吗？但清末民初之时,俄、德都挨了日本的打,都被从中国海面打跑了。当然，日本背后有列强支持，但大清也曾有英国的军事支持，前有洋枪队，后有西洋式舰队,军中有“洋员”有“顾问”,但却没在对外战争中发挥应有的作用。或许，有人会说日本列岛的生存压力，决定了海外扩张是它唯一的生存之路，但太平洋里那么多岛国，只有日本迅速变身，成了东方强国，这是值得思考的事情。

那么，是清国的帝制落后吗？但英国、俄国、日本也有皇帝，为什么外国皇帝能派兵打清国呢？或是，清国没有立宪？可俄国也没立宪，怎么没人打到俄国去，反而是俄国侵入到清国来了？或是，清国军事落后？大清没有现代化的陆军，八旗兵、绿营没有统一建制、统一指挥，但海军不一样，北洋海军与世界接轨，军舰是世界一流的军舰，军官是留洋的"海归"，然而，海军建设分成派系，缺少统一指挥，相互掣肘，虽船坚炮利，但形同虚设，海战、岸防皆不堪一击。

或许，"腐败"更切合大清的实际。当日本连皇室都勒紧裤带，倾全国上下的财力买钢铁战舰时，清国皇室却用海军军费给皇太后造园子祝寿，这种由上而下的腐败，要了大清的命。或许，还可以"无能"来论。大清如果是一头狼领着一群狼，肯定会打胜仗；如果是一头狼领着一群羊，也能打胜仗；如果是一头羊领着一群狼，也有打胜仗的可能；但大清的现实恰恰是一只羊领着一群羊。整个天朝，没有一个好的政治家，也没有一个好的军事家……说到底是"落后"在文化上，输在文化败坏的环节中。

原因究竟是什么？或许应该依据材料来讨论。所以，我们还是看看这些海战图吧，它不能给出标准答案，但可以给出一点参考答案。

翻看书中所收的海战图就会发现，仅从海战图的数量与质量的对比看，中国已露出"败"相。大航海为西方人打下的绘制海图的基础与形成的传统，令每一个西方国家远航东方的使团中都配有专门的测绘船、绘图师和画家，他们为列强侵华提供了第一手的地理与文化资料，可以说，列强皆有备而来。西方人绘制的海战图，有海岸线图、航线图、战船列阵图、炮击要塞位置图、登陆图、围城图、进攻图、撤退图、分割土地图……看似五花八门，实是面面俱到。而中国绘制的海战图，只有一个品种，即海防炮台图。它反映了中国对战争的全部领悟：就是开炮。在"守海不如守江，守江不如守防"的理论指导下，几乎所有重要海口都建有炮台。这种以守为核心、朝海上开炮的战略，比使用大刀长矛是进步了一点，但实在称不上是海防战略。那么，中国的海防战术呢？

从《筹海初集·十台全图》可看出是层层设防，却没有相互联防，岸炮之间无法形成火力交叉，兵力隔江隔海，也无法相互支援。此外，岸上炮台都是敞开式（直到甲午海战时，旅顺才建了一座有顶的炮台），没有考虑来自头顶的炮弹。所以，虎门开战时，这些炮台被英国舰队的炮火各个击破，英舰直抵广州。再看马江海战的《法国舰队炮击闽江沿岸炮台图》，沿江所有炮台，炮口全都向外，固定死的大炮不能转头向上游开炮；这些炮台最终全被从上游马江得胜归来的法舰从背后相继击毁。大清国没有从海上攻击陆地的经验，自然也就没有从陆地防守海上的经验。所谓岸防，有防无术，最后是防不胜防。

再来看书中的另一类海防图，即西方列强在中国构建的海防之图，西方人建立的岸防体系会给人以不同的感悟。如葡萄牙人绘制的《澳门海防图》，这套海防系统有效地遏制了荷兰、英国的进攻；再如俄国的"旅顺要塞图"、德国的"青岛要塞图"，更是现代要塞的典范，令日军对旅顺和青岛的攻击耗费大量时日，伤亡惨重。

"败在海上"的大清，不仅岸防是花架子，海战也是纸老虎。从法国与日本绘制的海战图看，"马江海战图"记录了法国舰队与福建水师开战前的位置，和涨潮落潮间法国舰队炮位的变化，精准的战机选择，决定了法舰能在半小时内消灭清军。而日本海军部绘制的《黄海海战图》则显示，北洋水师的或"一"字或"A"字的战阵，被日本联合舰队的游击战术所破。日本两列游击小队，灵活迅速，绕着扎堆的北洋舰队打，最终将北洋海军击垮。10年间，南洋、北洋两大近代水师皆被动挨打，展读地图，败迹可寻。

"败在海上"，不能说是黄土文化败给了海洋文化，但黄土文化受到西方文明攻击而被迫应对来自海上的危机时，显然很不适应，扬弃不明。两次鸦片战争，间隔仅十几年，西方舰队的帆船，转眼换成了蒸汽铁甲舰，但战术却没变：英国舰队的登陆战，仍是先用远程舰炮攻击沿海炮台，而后，海军陆战队从侧翼抢滩登陆；法国、日本舰队的战法，都是突然袭击和围堵战法，前有马江港，后有威海港；但大清海军与敌交战，毫无对策，无所变化，一退再退，一败再败。纸上谈兵时，明有《筹海图编》，清有《海国图志》……但经历了惨烈的海上对抗后，中国仍没产生《海权论》这样的理论思考。

近代中国大小海战有80余次，但大清海军史料中，却找不到一幅军用海图，找不到一幅记录和总结战况的海战地图，世间仅留下一批虚假战报，如《福州捷报》、《小埠岛倭舰摧沉》、《丁军门水师恢复朝鲜》、《鸭绿江战胜图》……而同样作为北洋水师一员参加黄海海战的镇远舰副舰、"洋员"菲里奥·诺顿·马吉芬（Philo Norton McGiffin），却为"中方"写出真正的海战报告。这位美国人在黄海大战中身负重伤，战后回美国养伤，他在"右眼视神经损伤，耳鼓膜损伤，肋部、臀部受伤，仍有残留碎片"的情况下，用仅存的一只眼睛，在医院里写出了一份万言战报，并配有一幅《清日黄海交战图》，这是马吉芬为"中方"留下的唯一的黄海海战图。这份重要的战报发表于1895年8月出版的《世纪》杂志上，同时还特别配发了"现代海权理论之父"马汉的《评鸭绿江外的海战》一文。

再看英国海军，这方面的工作更是全面细致，不列颠图书馆就曾出版了两大本英军在亚洲的海战图目录《情报解密（1800—1880）》和《帝国的地图（1882—1905）》，书中收录了英军入侵亚洲各国的2000多幅军事地图目录。

这种海战图的对比，反映出西方在世界地理方面、大航海方面和海战方面的传统与素质远远超越了大清，中国的其他王朝也缺少这种传统与素质。大清舰队船坚炮利时，仍缺少地理课，缺少地图或海图这一课。一连串的外来侵略和不断的败仗，令大清痛感旧式军队的陈腐与无能，决定建立现代新军。1906年清廷在保定创办了北洋军官学堂，仿照日本军校的教学模式授课，部分教材直接选取日本教材，其中就有一部《兵要地理》。这部日本人写的书中刊有众多关于中国的航线图与海岸图等多种军事地图，如《胶州湾图》、《大沽附近一般图》等，可见日本为侵华所做的地理功课多么扎实。鉴于血的教训，民国军事教育中，加入了地理教育和海洋教育。

总之，仗不一定全是用炮舰打的，失败也并非由一种因素决定。这些古代海战图所提供的，仅是分析问题的材料之一。

是为序。

梁二平

2014年10月20日，于中国深圳

目录

1

元帝国的海上扩张

引言：从江河到大海

春秋是古代战争的宝库，所有战争类型都在其中，自然也包括海战。不过，我们现在能看到的最早的古代水军图画，仅存于战国时期（公元前475—前221）青铜器的纹饰中，这些纹饰的表现内容，装饰性远远大于纪实性，所以，无法证明它表现的是哪一场具体的水战或海战。

战国时期描绘“水陆攻占图”一类的青铜器，我国已出土多件，比较典型的大约有四件：

一是1935年河南汲县山彪镇大墓出土的一对战国早期的“嵌错水陆攻战纹铜鉴”（嵌错是古代一种金属表面装饰工艺，也称错金银，是用金银或其他金属丝、片嵌入青铜器表面，构成各种纹饰），有两楼船作战场景，战船是桨船，分上下两层，上层为战士，甲板上为手持弓矢的士兵，下层为桨手，甲板下为面对前方站立的划桨手，船并无帆装，图中有人物292个。此器现藏台湾。

二是1965年四川成都百花潭中学战国墓中出土的战国早期的“嵌错宴乐攻战纹铜壶”，壶身纹饰有四层，第一层为“习射、采桑”，第二层为“宴乐、弋射”，第三层为“水陆攻战”，第四层为“狩猎”，画面有人物200余个。

三是被列为北京“故宫十大重宝”之一的战国早期“宴乐渔猎攻战纹青铜壶”，

青铜器战船纹饰墨线图

由上至下，依次为：

1… 1935 年河南汲县山彪镇大墓出土的一对战国早期的“嵌错水陆攻战纹铜鉴”，画中有两楼船作战场景。

2… 1965 年四川成都百花潭中学出土战国早期的“嵌错宴乐攻战纹铜壶”，壶身纹饰有四层，第三层为“水陆攻战”。

3… 北京“故宫十大重宝”之一战国早期“宴乐渔猎攻战纹青铜壶”，壶身纹饰有三层，第三层为“水陆攻战”。

4… 1983 年广州象岗南越文王赵眜墓中出土的“羽人船纹铜提筒”，画面描绘似打了胜仗凯旋或海上祭祀的情景。

壶身纹饰有三层，表现“采桑习射”、“宴乐打猎”、“水陆攻战”等劳作和习武的情景，有人物 178 个，鸟兽鱼龟 94 个。

四是中国航海博物馆近年自浙江民间征集的一对战国“嵌错水陆攻战纹铜壶”，壶身纹饰有三层，其第三层为水上战斗。

这些承载着重要文化内容的青铜纹饰多数被研究者们描绘为便于观赏与研究的“青铜器战船纹饰墨线图”，此中水上战斗可以看得清清楚楚，总体讲这些器物上的纹饰表现形式与内容大体相同，可见这是当时的贵族们常用器物的时尚纹饰。此中纪实性较好的、海战味较浓的是故宫博物院所藏“宴乐渔猎攻战纹青铜壶”和中国航海博物馆收藏的“嵌错水陆攻战纹铜壶”，两个铜壶第三层纹饰都有相近的水战和攻城场面，都分为水战图和攻城图。

在中国航海博物馆收藏的“嵌错水陆攻战纹铜壶”的水陆攻战图中，两艘楼船对阵，长戈林立，旌旗飘扬，水中有大鱼及海龟，表明这是一场正在进行的海战。两船的旌旗不同，左为长条上缀八圆星点，右为两条长穗形雉尾飘带。左右船甲板上各五人，皆短衣冠帻，船身相向，长戈短剑并用，已然是大战在即。船下各有三人奋力摇桨，处在战斗状态。船下亦有三人在水中，游泳向前，应为辅助战斗者。水中有大鱼，左有海龟一只。右边的攻城图，有人物 30 余个，画面用直线表示了城墙和攻城的云梯，城下士兵撑住云梯，有冲锋队伍执长矛利刃往上冲击，亦有往上射箭者。城上士兵正在积极防御，有的执矛，有的挥剑，也有的放弓弩、礌石，被砍杀的攻城者有的坠下云梯，有的已身首异处，激战正酣。这一水战与攻城场面，可以理解为海上或江上登陆战，也有学者认为是祭祀水神的画面，至少，它表明了水军的存在、海战的存在，并且，表现了当时的战船与水上战斗的方式，有着重要的海洋文明研究价值。

秦汉之时，已开始跨海作战。史载，汉朝楼船从山东半岛跨海东征，灭了朝鲜半岛北部拒绝向大汉称臣纳贡的卫氏政权。汉代留下的类似海战图的图画，大概就是 1983 年广州象岗南越文王赵眜墓中出土的“羽人船纹铜提筒”，画面描绘似打了胜仗凯旋，或是一种海上祭祀的情景。

“羽人船纹铜提筒”这种铜提筒主要流行于战国末到西汉初期，筒上的“羽人”，最早出现在《山海经》里，称“羽民”。汉代时，人们有浓重的“羽化升仙”的道教信仰，扮成羽人是一种很高尚的形象。其“船纹”，指的是纹饰中羽人驾驶的四艘战船。这些船首尾相连，形成船队。羽人船上不仅有羽人，在船的首尾，还各竖两根祭祀用的羽旌，中前部竖一长杆，上饰羽纛，下悬木鼓。船的中后部有一船台，台下置鼎形物。每船有五个饰长羽冠的羽人，他们分工不同，其中一人高立于船台上，左手持弓，右手持箭；另有一人左手持靴形钺，右手执留着长发的首级，似属主持祭祀的首领形象。船台前三人：第一人亦左手执弓，右手执箭；第二人坐鼓形座上，左手执短棒击鼓，右手执一物；第三人紧靠船台，左手执一裸体长发的俘虏，右手执短剑。船尾出现了效率较高的推进工具——橹，俗称“一橹三桨”。如果说它是一幅海战画，它表现的也不是对抗的海战画面，而更像是胜利归来的场景，这一场景自然包含了杀俘祭海或河神的内容。

史料所载，隋、唐年间皆有东征高句丽、百济的跨海作战，尤其是白村江（今

《水军图》

明代画家仇英所摹宋画，纸本立轴，纵73厘米，横105厘米，现藏中国航海博物馆。

韩国西南锦江）海战是中日之间的第一次海上交锋，唐朝水师大胜。此外，宋朝末年的宋元崖门海战，也是著名的大海战，败退海边的南宋朝廷经此一役彻底灭亡了。

遗憾的是唐、宋以前的海战没留下任何地图与绘画，古代水军最早的图画文献仅有宋代的水军操练图，如张择端的《西湖争标图》（传世摹本为《金明池争标图》）、明代画家仇英摹宋画《水军图》。“争标图”描述的不是打仗，而是宋水军在汴梁，也就是今天的开封金明池赛船。

“明四家”之一的仇英是摹古的集大成者，他将精工与士气融于一身，成就了独特的文人画艺术风格。这幅《水军图》见证了仇英早期摹古的成就。“水军图”虽然是一个古代传统画种，但我们看不到走向海洋的水军描绘。这幅描述水军操演的《水军图》，仍是一幅内河练兵图。画中描绘大河宽阔处将官、士绅们在观看和评点水军演练，水中军士奋力摇桨，远处重峦叠嶂，帆桅林立……但终归不是海战，仅算海战练兵。

真正的跨海大战和海战图，出现在元朝。元朝两次跨海远征，攻打过日本，还远赴南洋，征讨爪哇。元朝跨海攻打日本和爪哇，在《元史》中有记载，但在现存史料中，却找不到一幅大元的海战图，甚至连元朝东征南讨的航线图也没有，仅在日本画师《蒙古袭来绘词》中存有记录，这不能不说是中国海战图史的一个缺憾。

幸运的是，元代以前，没有任何一个国家敢对华夏海疆有所动作，从这个角度讲，元朝可算“海上无战事”的太平盛世。

元日第一次海战

——《本朝图鉴纲目（九州部分）》 1687 年绘

——《蒙古袭来绘词·前卷·文永之役》 约 1275—1281 年绘

天下是打出来的，打天下是要花钱的，元帝国海陆并进地开战，令这个新王朝入不敷出，所以，它要海陆并进地收钱。南边的南宋还没有完全打下来，东边的朝鲜已被征服，东扩的下一个目标即是日本。1268 年，忽必烈命高丽使者携《大蒙古国书》（高丽国王也曾致书日本，要求他们向大蒙古国称臣）赴日本，要求日本效法高丽来朝“通好”，也就是“纳贡”，否则将“用兵”。

这份今天仍藏于日本的《大蒙古国书》云：“大蒙古国皇帝奉书日本国王：朕惟自古小国之君，境土相接，尚务讲信修睦。况我祖宗，受天明命，奄有区夏，遐方异域，畏威怀德者，不可悉数。朕即位之初，以高丽无辜之民久瘁锋镝，即令罢兵还其疆域，反其旄倪。高丽君臣感戴来朝，义虽君臣，欢若父子。计王之君臣亦已知之。高丽，朕之东藩也。日本密迩高丽，开国以来，亦时通中国，至于朕躬，而无一乘之使以通和好。尚恐王国知之未审，故特遣使持书，布告朕志，冀自今以往，通问结好，以相亲睦。且圣人以四海为家，不相通好，岂一家之理哉。以至用兵，夫孰所好，王其图之。至元三年八月。”

日本虽小，但并没因蒙古人打败大宋而高看大蒙古国，这个与大宋通好的小国，甚至认为大蒙古国不能代表中国。所以，这份“通好”国书遭到日本镰仓幕府断然拒绝。其后，忽必烈又两派使者，幕府仍然拒而不见。由此引发了忽必烈两次跨海“用兵”，攻打日本。这两次海战，在中国古文献中没有命名；在

《本朝图鉴纲目（九州部分）》

1687 年日本绘图家绘制，此图较为准确地反映了古代对马海峡两岸的航线分布与海岸面貌。图上方为朝鲜釜山，元军攻打日本即是从釜山合浦港出发，中央为日本对马、壹岐两岛，下方为九州岛。筑前大宰府为九州首府，元军两次攻打日本，都没能靠近这个首府。

日本文献中，依日本年号（古代日本虽然对中国称臣，但年号从未用中国年号）称为“文永之役”和“弘安之役”，亦称“蒙古袭来”。

这段历史，中国、朝鲜、日本皆有文字记录，但海战图方面，中国没有留下任何形式的记录。但在日本，这两场战役一直被当作民族骄傲与民族仇恨来反复描绘，留下了很多精彩的海战绘画，其时间最早、最可信、最著名的即《蒙古袭来绘词》。这个绘词的出品人是亲历这两场战役的下级武士竹崎季长。虽然画中主要描绘的是九州肥后国御家人竹崎季长的个人战绩，但画面包括多种军事信息，历来为史家所看重。

作为肥后国兵卫尉的竹崎季长，曾两度出征抗元。在“文永之役”中，因有单骑攻入敌阵的表现，由一个无收入的下级武士受赏一块土地，成为一个小领主；七年后，在“弘安之役”中，季长再显武威，在鹰岛海面追击元军时，抢先攻上敌船，砍敌人首级，再立军功。为答谢神明的庇荫，向祖先汇报战功，他请画家把自己在文永、弘安两次战役的战绩制成绘卷，供奉于家乡神社。这两部长卷即是后世所说的《蒙古袭来绘词》。

《蒙古袭来绘词》共有两卷，前卷是“文永之役”，图纵约40厘米，横约230厘米，成于1275—1281年；后卷是“弘安之役”，图纵约40厘米，横约200厘米，绘制于1293年。此绘词原有一套两份各两卷，分藏甲佐神社和竹崎季长家，后因两份皆残破，修补时唯有将两份四卷互补其缺，拼贴成完整的一套两卷，辗转流传。1890年由大矢野家上献皇室，现藏东京千代田区宫内厅三之丸尚藏馆。

《蒙古袭来绘词·前卷·文永之役》中“元军在筑前国博多湾集结与竹崎季长出战”部分

画中描绘了元兵身穿长袍，颈披护项，在太极图般的旌旗下列阵；画右侧骑马射箭的为竹崎季长。前卷图纵约 40 厘米，横约 230 厘米，约成于 1275 —1281 年，现藏东京千代田区宫内厅三之丸尚藏馆。

1274 年正月，忽必烈在新落成的大都（1272 年忽必烈改中都为大都，并在此建都）宫殿接受朝贺，农历十月即挥师东进，跨海征讨日本。元朝历史文献中，找不到当年元军海上攻打日本的海图，或者，元军根本就没绘制海图。13 世纪日本航海图也很难找到，这里只能选一幅 1687 年日本绘制的《本朝图鉴纲目（九州部分）》作为参考。此图较好地反映了古代对马海峡两岸的航线分布与地理面貌。图上方为朝鲜釜山，元军攻打日本即是从釜山合浦港（今镇海湾马山浦）出发，中央为日本对马、壹岐两岛，下方为日本九州岛，即筑前、筑后、丰前、丰后、肥前、肥后、日向、萨摩、大隅九国。其“三前”丰前、筑前、肥前是九州的海防前沿。肥前的五列岛，是九州海防前沿中的前沿，筑前的大宰府为九州首府，元军两次攻打日本，都没能靠近这个首府。

农历十月上旬，征东元帅蒙古人忻都，左、右副帅高丽人洪茶丘和汉人刘复亨，率蒙汉军 2 万人、高丽军 5000 人、水手 6700 人，从高丽合浦港出发，先后打下了对马、壹岐两岛，随后进攻肥前国沿海的五列岛。十月二十日（11 月 26 日），元军兵分两路在筑前博多湾登陆。

九州的镇西奉行少贰（日本武将分为帅、大贰、少贰、守、介等）藤原经资，召集由藤原氏、大友氏、户次氏、菊池氏等北九州豪族所组成的联军，和萨摩守护岛津久经率领的萨摩军，此外还有从附近的神社、佛寺临时武装起来的少量神官、僧兵，共组织了10万兵力迎战元军。藤原经资令他的弟弟藤原景资担任前线指挥官，率军沿海驻守。《蒙古袭来绘词·前卷·文永之役》表现的就是这场博多湾登陆阻击战。此卷大约分成6组画和分列其间的长短不一的“词”，展示了仅有4个侍从的下级武士竹崎季长的五人小组的战绩：

第一组表现的是元军在博多湾以西的赤坂集结，日本大将少贰景资命令各部武装稳守所属据点，待元军攻到阵前时，再出兵迎击，但竹崎季长率先出战。画面由右向左展开，季长主从五骑，自绘有红色廊柱的筥崎八番宫西进，画中时年二十九的季长脸庞白皙，头戴星兜，身披葱绿色铠甲，背负箭囊，栗毛坐骑昂首徐步，穿松林而过。

第二组表现的是季长途经大将少贰景资阵前，既不下马归队，反坚持以五骑主动出击，谓若非如此无从立军功云，景资亦允其所请。

第三组表现的是季长一行与刚杀敌回来的猛将菊池武房相遇的一幕，看见战胜的武房，季长勇气倍增。

第四组表现的是“季长主从五骑与元军在鸟饲滨交锋”。图画最左端绘的是在太极图般的旌旗下，身穿长袍，颈披护项的元兵迎战日军。季长在3名元兵锐矢长枪齐发之下，险些掉下马来，一颗火药弹在头顶上爆炸，幸得白石通泰援军及时赶到，季长方保性命。此役季长有冲锋在先之功，白石通泰有解围之功，遂互为证人，据实上报。

第五组表现的是战后半年，论功行赏之事杳无音讯，季长不服气，决定亲往镰仓，向幕府申诉，但家贫的他唯有卖马鞍换盘缠，1275年6月自竹崎出发，8月抵镰仓（今神奈川县），获恩赏奉行安达泰盛接见。

第六组表现的是在镰仓，季长获恩赏奉行安达泰盛接见，获赐海东乡之地和黑栗毛骏马一匹，季长衣锦还乡。

此役，元军在博多湾登陆，遭到守军的激烈抵抗，折损大半兵力，副帅刘复亨受箭伤，元军不得不退至海滩，后又退到船上。夜里海上遭遇大风，一些战船沉到海里，元军只好返回朝鲜。

农历十月二十二日，守在大宰府准备决战的日军，最终没有等来元军。正是这一天，九州方面汇报对马、壹岐两岛为元军占领的战报才送到京都，而此时元军已全部撤退。也就是说，“文永之役”完全是九州地方武装在对抗元军，日本最高层并没有任何具体部署和指挥。大元第一次跨海征日，就这样不明不白地结束了。元朝廷认为是给了日本人应有的教训，大赏征日有功将士；日本国则认为是“神风”助九州武士打败了元军。从此“神风”成了日本民族紧急关头的最后一根精神支柱和战胜一切困难的图腾。

《蒙古袭来绘词·前卷·文永之役》中，并没有火器的描绘。仅有炸开的半个冒火石弹的描绘，此弹险些打死季长。这个武器可能是“回回炮”，即阿拉伯工匠制造的抛石机，所抛之石弹装有火药，能爆炸，但画中没有抛石机的描绘。这个武器也可能是手铳，即用竹筒装填火药发射铁、铅和石制的球形弹丸。但画面中也无手铳的描绘。元日大海战中，应用最广泛的还是刀与箭。蒙古占优势的兵器是强力的箭，日本占优势的兵器是锋利的刀。

此外，图中的许多细节，也值得注意，如对阵军旗，元军统一用的是太极图般的旌旗，但此时的日本军队并不用太阳旗，九州豪族们各展自己的旗纹，如少贰氏“四目结”、菊池氏“二枚并鹰羽”、岛津氏“鹤丸十文字”，这是镰仓时代一直到德川时代的日本武士家纹，也是日本的军旗特色。

此时，日本没有统一的国家军队，打仗靠的是各地豪族武装，但就是这支地方上的杂牌军，打败了大元的多国部队组成的正规军。有意思的是，这么大的事，一直到仗都打完了，镰仓幕府才从信使那里知道大元舰队来攻打九州岛。

元日第二次海战

——《蒙古袭来绘词·后卷·弘安之役》 1293 年绘

——《蒙古贼舟退治之图》 1863 年绘

第一次跨海征日结束后，忽必烈以为日本人已被吓倒，遂派使者再赴日本令其“通好”。这一次，日本镰仓幕府执政北条时宗不但不同意“通好”，反将30人的使团全部斩首，仅放4个高丽人回大元报信。忽必烈得知大元使团被杀，决意报仇，于是组织第二次跨海征战。从日本文献看，他们更重视元日第二次海战，按日本年号称其为“弘安之役”。

此役，忽必烈发兵两路，一路由忻都、洪茶丘率领4万蒙汉作战部队，高丽将军金方庆统高丽军1万人，战船900艘，组成东路军，从高丽合浦港出发，跨过对马海峡，进攻日本；一路由范文虎率领10万江南屯田部队，战船3500艘，组成江南军，从庆元（今宁波）出发，东渡日本；两路军约定1281年6月在对马海峡中央的日本壹岐岛会师。

1281年5月3日，东路军从高丽合浦港起航，5月21日，元军进攻对马岛，日军虽顽强抵抗，终因众寡悬殊，全部战死。5月26日，东路军又攻克壹岐岛。6月6日，东路军统帅忻都为争夺头功，不等与江南军会师，率东路军分两路围攻筑前博多湾。两路元军都没能在博多湾海滩立住脚，皆撤退到壹岐岛，等待与江南军会师。

7月初，范文虎、李庭率10万江南军，战船3500艘，到达筑前志贺岛（今福冈海面一小岛，此岛因1784年出土汉光武帝授给日本的“汉委奴国王”金印而闻名），与东路军忻都、洪茶丘部会

《蒙古袭来绘词·后卷·弘安之役》中“博多湾海防石坝”部分

画家用多个画面表现长长的石坝。第一次元日海战后，镰仓幕府为加强筑前及大宰府的防卫，历时5年，构筑了20公里长的石坝。后卷图纵约40厘米，横约200厘米；绘制于1293年，现藏东京千代田区宫内厅三之丸尚藏馆。

师。由于在筑前博多湾登陆作战屡屡失败，东路军和江南军都被赶到长崎平户港，元军陆上部队大部分撤回到船上。

《蒙古袭来绘词·后卷·弘安之役》主要表现的是元军攻打筑前博多湾的战斗。此卷大约分成5组画和分列其间的长短不一的“词”，展示了竹崎季长的战功。

第一组表现季长探望六月在博多湾志贺岛战役中负伤的河野通有的情形。

第二组依内容可称为“博多湾海防石坝图”。石坝是第一次元日海战后，镰仓幕府执政北条时宗为加强筑前及大宰府的防卫，历时5年构筑的。它西起今津，东至箱崎，20公里长，2米高，后世称其为“元寇防垒”。画家将石坝横贯多个画面，气势非凡。坐在石坝上的是菊池武房麾下的武士，石坝下的是身披赤丝铠甲，挟长弓、悬太刀的季长。此役，季长的坐骑已换成“文永之役”获赏的黑栗毛骏马。

第三组表现的是闰七月五日季长千方百计欲乘船追击元军的残部，画面上六七艘满载日本武士的兵船正赶赴鹰岛（古属肥前，今属长崎的五列岛）海面杀敌。

第四组依内容可称为“季长登船斩杀元兵”。画家用多个画面描绘了7月元军两路部队会师后进攻鹰岛的战事，画面上一排元军战船，正被六七艘满载日本武士的兵船追击，图右侧是季长乘小船抢登元军战船，斩杀元军二人。画面

《蒙古袭来绘词·后卷·弘安之役》中“季长登船斩杀元兵”部分

画中一排元军战船，正被六七艘满载日本武士的兵船追击，图右侧的季长乘小船抢登元军战船，斩杀元军二人。

显示此时的海战，还是跳帮、登船、斩杀的冷兵器海战形态。

第五组描绘季长在自己所属的肥后国守护城次郎盛宗面前表功，图中央穿红甲的是季长，他前面的地上，摆着两颗用来表现战功的元军人头，负责记录军功的引付奉行人在一旁笔录。

“弘安之役”的日军总指挥与“文永之役”一样，仍由大宰府镇西奉行少贰藤原经资担任，副将为大友赖泰。守军除兼任“三前两岛”守护的藤原经资御家人武士（私人武装）外，还有“三后”的筑后守护北条宗政、肥后守护安达成宗、丰后的大友和萨摩、大隅、日向的岛津久经的部队，总计有 4 万余人。另外，还有约 6 万地方武士部队，作为援军待命。

两路元军会师后，在博多湾打了几仗都不成功，部队多在海上战船待命。可能是因为天气原因，元军一直没能发起对九州首府大宰府的总攻。8 月 1 日起，持续 4 天的海上风暴令停泊在海上的元军战船大部分沉没，幸存的部分元军只好撤退回国。数万没能撤退的元军被俘，日本人将元军中的蒙古人、色目人、高丽人全部斩首，原属南宋的汉人被留为奴。

“弘安之役”，元军大败，日本朝野

《蒙古贼舟退治之图》

上方从左至右可以看到助阵的“四大天王”：北方“毗沙门天王”（多闻天王）、东方“持国天王”、南方“增长天王”、西方“广目天王”，画中还绘有“四大天王”的幡麾。此画出版于1863年，再次表明即将扩张的日本非常看重“弘安之役”的胜利和对“神风”的宣传。

认为这是“神风”天佑。如日本版画家歌川义虎的这幅雕版印刷三联画《蒙古贼舟退治之图》，画上方从左至右可以看到助阵的“四大天王”：北方“毗沙门天王”（多闻天王）、东方“持国天王”、南方“增长天王”、西方“广目天王”，画中还绘有“四大天王”的幡麾。这幅画出版于1863年，它再次表明，即将扩张的日本非常看重“弘安之役”的胜利和对“神风”的宣传。

日本历朝都非常看重打败元军的这两场战役，不仅留下大量纪实绘画，在福冈市至今保留着多段“元寇防垒”遗址，并建有“元寇史料馆”。

古代中国对这两次元日海战的失败很少总结，明清两代也再没有出洋作战的经历。进入现代，才有历史学家分析元日海战，认为失败的原因是元军不善海战，不熟悉战区的水文气象条件，战船也多是经不得风浪的平底江船，所以，人多船多的大元水师大败而归。

2

大明抗倭

引言：倭患之防

中国沿海全面设防，始于明代。

朱元璋对“禁海”的热爱超过史上任何一位皇帝，几乎两三年就要重申一遍。关于禁海原因，朱元璋只说：“朕以海道可通外邦，故尝禁其往来。”此后的大明，在严格禁海和有限开禁之间徘徊反复。由此也产生了明代特有的“倭寇”和针对“倭患”的海防。

正史里出现“倭寇”一词，是从《明史》开始的。最初“倭寇”中的“寇”字，是作动词使用的，表示“侵犯”，如“倭，寇福州”。如此往复，“倭寇”终于作为名词而被使用，成为“日本侵略者”的意思。“倭”也由此成为对日本的蔑称。

其实，“倭寇”最初多为流亡海上的元军水师旧部，如张士诚、方国珍等残余军队，后来发展为大明海商和海盗与日本海商和浪人混编而成的民间草寇武装，如王直（《明史》误为汪直）和郑芝龙都是发迹于日本的大明海商兼海盗。正是这些海上草寇，让海上军事力量薄弱的明朝廷头痛了几十年，浙、闽剿倭首领胡宗宪甚至出版了一部由郑若曾撰写的海防巨著《筹海图编》，此书为后世留下了第一幅中国沿海海防全图《沿海山沙图》，还有防倭专图《日本岛夷入寇之图》。

嘉靖时，明朝廷招抚与剿灭并用，倭患才渐渐平定。似为纪念这一切，有人

《筹海图编·沿海山沙图》

此图中可以看到中央的“定海所”和图上方的“钓鱼岛”。

绘制了海战长卷《抗倭图卷》，此卷是迄今为止人们能见到的最早的中国人绘制的海战图画，在海战图史上占有重要地位。

平定了“倭患”的明朝廷，并没有注意到更大的海患和真正的海盗正向大明袭来。此时，葡萄牙人、荷兰人正驾着帆船越洋而来……

海上防倭

——《筹海图编·日本岛夷入寇之图》 1562 年绘

用“倭”来指称日本或朝鲜等中国东方的古代部族，大约始于战国。“倭”字进入国家文献是在汉朝。不过，从东汉光武帝赐日本倭奴国金印来看，印上的“委”或者“倭”没什么贬义。南北朝时，日本贡使来华，也自称为“百济、新罗、任那、秦韩……六国诸军事，安东大将军，倭国王”。据《新唐书·日本国传》载：咸亨元年（670），日本派遣使者，祝贺平定高丽。使者说，学习中国文字后，不喜欢“倭”的名字，改名为日本，因为国家靠近日出的地方。但改称日本国后很长一段时间，倭之旧称仍在日本使用。连圣武天皇（701—756）的宣命书里，仍以“大倭国”自称。

“倭”字产生贬义是在与“寇”字相连之后。正史里出现“倭寇”一词，是从《明史》开始的。最初“倭寇”中的“寇”字，是作动词使用的，表示“侵犯”。如，“倭，寇福州”、“倭，寇浙江”、“倭，寇上海”。如此往复，“倭寇”终于作为名词而被使用，成为“日本侵略者”的意思。“倭”也由此成为蔑称。

“倭寇”是一个复杂的历史现象。唐朝以后，国家的重心从北方向南方转移。宋代开始，海洋成为朝廷的经济增长点。虽然《宋史·日本传》中有“倭船火儿（领航员）滕太明殴郑作死”的记载，但宋代的中日海上走私并没有形成武装贩运的规模。大规模的武装走私，兴起于朝代更替的特殊时期。宋灭亡时，一批宋末将领先后下海为盗。这种朝代更替时的海盗现象，一直持续到元明之交和明清交替之时。

由于日本与元朝结仇，海上没有官方贸易，铤而走险的日本海商慢慢沦为海盗倭寇。大明代元之初，流亡海上的元军水师旧部也转而为“寇”。朱元璋出

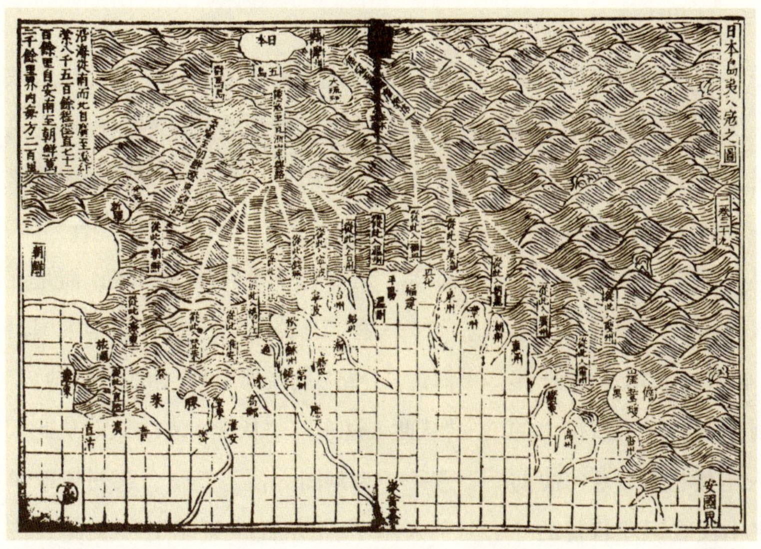

《日本岛夷入寇之图》

此图以“萨摩州”为出发点，列出了一组呈放射状的海上进攻大明与朝鲜的航线：向西北是“倭寇至朝鲜辽东总路”；向正西是“倭寇至直浙山东总路”；向西南是“倭寇至闽广总路”。《筹海图编》出版几十年后，丰臣秀吉的部队正是从“倭寇至朝鲜辽东总路”攻入朝鲜的。图为书版，纵 30 厘米，横 20 厘米。

于两方面的考虑，施行了“片板不得下海”的严厉海禁。海禁之后，流亡海上的元军水师、穷途末路的中国海商、失去武士身份的日本浪人、流窜在外的日本国罪犯团伙……这些复杂的成分混在一起，构成了大明的“倭患”。

明嘉靖时，中国东南沿海的倭患达到高峰。

史载，嘉靖三十一年（1552）秋，倭寇在江南贼首陈东引领下，突袭刘家港。次年，王直又引倭船 11 艘，掠宝山，闯浏河，登岸剽劫。此后，萧显又引倭寇 2000 多人大举登陆，沿娄江袭太仓、昆山，转而掠嘉定、青浦、松江，进犯上海。接着徐海又领倭寇数百人，直入青浦白鹤进犯太仓，还有一股倭寇 700 余人，在何八带领下，直奔太仓，两股倭寇协同作战，合围太仓城……

恰在嘉靖之时，中国诞生了两部极为重要的地理著作：一部是罗洪先在嘉靖三十四年（1555）出版的《广舆图》；一部是郑若曾在嘉靖四十一年（1562）出版的《筹海图编》。以海防为目标的《筹海图编》，汇聚了明初以来各方绘制的海防图 172 幅，其中就有这幅颇具海战意味的《日本岛夷入寇之图》。

在说《筹海图编·日本岛夷入寇之图》之前，有必要先说一下编图人郑若曾。这个昆山人原本想走科举之路，但33岁才混个生员，又进了京师国子监苦修，连考两次就是中不了举。后来放弃科考，游历四方，画了不少沿海地图。不知是他娶了三品官魏庠的大女儿（二女儿嫁了另一名人归有光）的背景，还是他编绘地图的本事，嘉靖三十三年（1554），他被刚刚出任浙江巡按御史的胡宗宪看中，调入剿倭机构，专司海防情报一事。胡宗宪不仅赏识郑若曾的才干，还拨专款使郑若曾的海防巨著《筹海图编》在嘉靖四十一年得以出版。

《筹海图编·日本岛夷入寇之图》中的日本被分为两部分，一个是加圈注明的"日本"，一个是日本旁边加框注明的"萨摩州"（在今九州岛西南部）。作者为什么要把"萨摩州"从日本岛中单列出来呢？因为它是倭寇的老营，也是日本南部著名的海上贸易基地。嘉靖年间，从徽州跑到日本的海盗王直（1557年被胡宗宪诱骗到杭州杀掉），就在九州的长崎安营扎寨，并自称徽王。

《筹海图编·日本岛夷入寇之图》以"萨摩州"为出发点，列出了一组呈放射状的进攻大明与朝鲜的路线，分别加框标明：向西北是"倭寇至朝鲜辽东总路"；向正西是"倭寇至直浙山东总路"；向西南是"倭寇至闽广总路"。此图出版几十年后，丰臣秀吉的部队正是从"倭寇至朝鲜辽东总路"攻入朝鲜的。

明代地图的区划有三个系统：行政区划、军事区划和监察区划。按理说这幅军事防御图应该在沿海部分标注军事区划，如卫、所、巡司、堡、墩、营、寨等。但郑若曾没有这样标注，而是在三大入寇"总路"之下的倭寇至中国沿海的"分路"航线对应处，标注行政地名："从此入辽东"、"从此入直沽"、"从此入登莱（为刻图方便，登州、莱州皆取单字入图）"、"从此入泉彰"、"从此入潮惠"、"从此入广州"、"从此入琼州"……计有16个"入寇"地点。这些入寇点到底归哪个卫所，全靠用图者自己掌握了。值得注意的是，图中倭寇进犯的航线，与我国第一幅刻有航线的地图《舆地图》完全相同，只是宋代表现中日海上通商的航线，如今变成了倭寇入侵的航线，让人"别有一番滋味在心头"。

《筹海图编·日本岛夷入寇之图》上，有准确的海岸线、详细的海岸地名、主次清晰的航线，可谓一幅标准的航海图了。不过，乾隆朝编《四库全书》收入《筹海图编》时，虽然采取了手抄手绘的方法，令地图完整清晰，但原版《筹海图编·日本岛夷入寇之图》上极为重要的"阴纹"入寇航线被抄工随意略去（图名亦改为《日本入寇图》），使此图顿失航海意味，价值远逊原刻本，这也从一个侧面反映出清初重陆防轻海防的时代特色。

《倭寇图卷·出征图》

此部分表现了前有刀盾手、长枪兵为先导，后有肩扛斩马剑、蝎子尾的大明正规军出征场景。图为绢本设色，纵 32 厘米，横 523 厘米，现藏日本东京大学。

抗倭海战

——《倭寇图卷·出征图》 明末摹绘

——《抗倭图卷·交战图》 约 1557 年绘

——《抗倭图卷·献俘图》 约 1557 年绘

《日本岛夷入寇之图》作为海战图，只标出了日本一方的进攻路线，没有标注海防卫、所的位置，攻防对抗的意味略有不足。所以，这里选取了明代的海上抗倭的画卷，借画说事，以补其不足。

明代传下来的抗倭图画，最著名的就是中国国家博物馆收藏的《抗倭图卷》（绢本设色，纵 31 厘米，横 570 厘米）和日本东京大学收藏的《倭寇图卷》（绢本设色，纵 32 厘米，横 523 厘米）。两幅长卷都没留下作者名，但两幅画都在倭船战旗上用日本年号记录了战争的时间，《抗倭图卷》为“日本弘治三年（1557）”，《倭寇图卷》为“日本弘治四年（1558）”。《抗倭图卷》绘制年代应是战旗上所注的时间“日本弘治三年”之后所作；《倭寇图卷》画上题签“明仇十洲台湾奏凯图”，但据中日两国专家分析，明嘉靖时并无攻打台湾的战事，题签是附会于仇英，此画应是明末清初根据《抗倭图卷》临摹的作品。

两幅长卷都用了同一种“纪功图卷”的方法，描绘的几乎是同一场抗倭大战。遗憾的是两幅画都没有注明是哪一场战

《抗倭图卷 · 交战图》

此部分表现了两条倭寇船与两条明军战船在交战，倭寇一方仅有刀、箭，完全是草寇型的冷兵器作战；而明军船头则架有管状火器，已然是掌握热兵器的军队。图为绢本设色，纵 31 厘米，横 570 厘米，现藏中国国家博物馆。

役，但两幅画的叙事环境是一样的，画面从头到尾都绘有大面积的水面，其水面又以大小不同的波纹表现了由海入江的不同水面。两幅画描绘的战事，皆从倭寇船登陆开始，而后是探查地形、掠夺、放火、百姓避难、明军出战、海陆交战、明军大胜和凯旋的全过程。两幅画描绘的交战双方表现得非常明确，《抗倭图卷》与《倭寇图卷》的进攻一方都是 3 艘倭船，登陆入侵。从人物造型上看得出入侵者为留“月代”发式的“真倭”，但他们并非正规部队，而是装备简单的日本浪人，上身穿着单衣，下身仅着兜裆布，赤脚，腰挎倭刀。

从《倭寇图卷 · 出征图》这一部分，可以看出抗击倭寇的是军容整齐的大明正规军。明朝的军旗有很多种，有“明”字旗，还有太阳旗、三勾玉旗、玄门旗、八卦旗等。这里可以看到部分明朝军旗，如朱雀旗、爻阵旗、长方战旗等。排成一字长蛇阵的明军以刀盾手和长枪兵为先导，后边是肩扛斩马剑、蝎子尾的大部队。

值得细读的是水上交战场面：《抗倭图卷》与《倭寇图卷》上都是两条倭船与两条明军战船在交战。倭寇一方有刀有箭，完全是草寇型的冷兵器作战。明代中国已经有了火器，如单眼铳、子母铳、喷筒这些管状火器。后期，还有火绳枪和佛郎机炮。《抗倭图卷 · 交战图》明军船头架有管状火器，已然是掌握“现代”武装的军队。所以，胜负已定，倭寇被打落水中。接下来的《抗倭图卷 · 献

《抗倭图卷·献俘图》

此部分表现了高举“浙直文武官僚”旗帜的明军总督的部队带着3名倭寇凯旋的场景。图为绢本设色，纵31厘米，横570厘米，现藏中国国家博物馆。

俘图》可以看到3名倭人，高举“浙直文武官僚”旗帜的明军总督的部队，接收前线抓回来的倭寇。

研究此画的日本学者须田牧子认为，画面表现的时间段为明嘉靖三十六年至三十七年。这两年，在剿倭方面，明军的最大胜利就是明嘉靖三十六年（1557），即日本弘治三年。这一年，王直被明廷以“招抚”之名从日本诱骗到大陆，次年，被投入按察司大狱，隔年被斩。如果把此前戚家军接连不断的剿倭大捷和接下来的王直被诱捕与被杀联系在一起，可以说，大明抗倭取得了决定性的胜利。此画正是在这个意义上进行创作的，它并不一定是表现哪一场具体的抗倭海战。

不过，从战争的意义上讲，这算不上真正的海战，更不是国家与国家，即大明与日本两国的开战。它只是大明正规军在剿匪，那些倭寇不仅不受日本国的保护，日本国还多次公开表明支持中国剿灭这些海盗。

应该指出的是，这两幅画的影响完全不同。日本东京大学收藏的《倭寇图卷》一直是日本中学课本里必选之图，曾被反复介绍。凡在日本受过教育的人，都知道《倭寇图卷》这幅画。而很有可能是日本的《倭寇图卷》之母本的《抗倭图卷》，自1965年入藏中国国家博物馆后，始终是“养在深闺人未识”，直到近几年才与公众见面，这不能不说是我们历史与艺术研究中的一个遗憾。

《乾坤一统海防全图》

此图描绘了从钦州湾至鸭绿江的大明海疆，图上有图说27处，文图构成一套完整的海防思想。全图分为10个条幅，每个条幅纵170厘米，横60厘米，总长为605厘米，大约绘于1592年，现藏中国第一历史档案馆。

明代岸防

——《乾坤一统海防全图》 约1592年绘

大明初立，元军水师旧部多流亡海上，如张士诚、方国珍等人的残余军队，皆成为东南沿海岛屿与大陆之间"倭寇"一族。所以，明初实行"片板不得下海"的禁令，在东南沿海建立了有史以来最为密集的海岸防卫体系。如果说明初海禁还是一个防止叛乱、防止海盗的策略，那么到了明中晚期时，这个海岸防卫体系已表现出更深层的国防意义。

人们看宋代海疆地图时，会看到一些海防元素，多以水军和船场的面目出现，没有系统的海岸防线布局。古代中国海防大格局是在明嘉靖"倭患"高峰之时确立的，郑若曾的《筹海图编》就是在这个背景下诞生的。1562年付梓的《筹海图编》，论述了中国沿海地理形势、倭寇情况、海防策略、海防设置、治军原则以及武器装备等，可谓中国第一部全面论述海防的图籍。但《筹海图编》以书版刻印时，原来的"一"字长卷被分成了单页图，不便阅读，所以，这里选取了董可威《乾坤一统海防全图》来展示明代海防全貌，也借此反映万历时期不一样的海防形势。

实际上，董可威《乾坤一统海防全图》是郑若曾《万里海防图》的摹绘本，原图没注绘图时间，专家推测它约绘于1592年。因图右上方有万历三十三年（1605）吏部考功司郎中徐必达的题识。后世也因此称其为"徐必达题识《乾坤一统海防全图》"。董可威、徐必达等人为何要将半个世纪前郑若曾编的《万里海防图》重新摹绘为《乾坤一统海防全图》呢？

明万历年间，"倭患"已由民间贸易冲突，升级为藩属危机与海疆隐患。1590年丰臣秀吉结束了日本战国时代，

挟统一日本之勇的丰臣秀吉，1592年悍然出兵攻打朝鲜。大明作为朝鲜的宗主国，即向朝鲜派4万军队跨江入朝，击退了攻入朝鲜的日军。但日本与朝鲜、琉球和大明不断有海上冲突。1609年，日本萨摩州的部队甚至把琉球王尚宁抓到日本，逼其臣服。

为防范日本，明廷翻出历史文献，命人重绘海防之图，论述海防之策。于是有了这幅6米长的彩绘海防图。这是一幅综合性的沿海军事设防图，其海岸线西起广西钦州湾，东至鸭绿江口，详细描绘和论述了广东、福建、浙江、南直隶（今江苏、安徽）、山东、北直隶（今河北）、辽东七省沿海地区的自然地理特征、政区建置以及军事设防状况。

《乾坤一统海防全图》与《筹海图编》一样，都将海洋画在上方，将陆地画在下方。但与《筹海图编》不同的是，《乾坤一统海防全图》十条幅地图，每条幅都有准确的方向标注，如“正东向”、“东南向”、“正南向”。作为海防图，其海洋绘制十分精细，海以细波纹线表示；岛屿礁石、港湾渡口，皆重点标注；水寨险滩，还附以文字说明；海岸线与岛的相对位置，大体准确，是一幅非常实用的海防图。

值得一提的是这幅海防图上还附有许多重要的“海论”，如《广东要害论》、《浙洋守御论》、《江北设险方略论》、《山东预备论》、《辽东军饷论》……这些百字“小论文”，如“江河入海之际，大船皆可乘潮而入”、“四郡无患，则中原留都可高枕而卧矣”，构成了一套完整的海防理论。

此图特别描绘了与大明隔海相望的日本、朝鲜、琉球的沿海地区；同时，图中还绘出了“小琉球国”，被认为是首幅绘制较为清楚的台湾地图；钓鱼岛列岛也明确地标明在大明海疆海防范围之中，实为中国古代海疆与海防历史面貌的又一有力证明。

3

西人东进

引言：大航海带来的西人东进

明代以前，中国人说的西方，通常是指“西域”，多指印度、波斯及阿拉伯世界。“西域”早在汉朝就与华夏有海上交往了。这条航路，阿拉伯人熟得如同走亲戚的路和回家的路。但对于真正的西方而言，通往东方的航路则是大航海时代由葡萄牙人开辟的。葡萄牙开辟东方航路的脚步犹如下跳棋，由 3 个航海家找到 3 个关键点，用了 3 个 10 年，完成了进入东亚的三级跳：1488 年巴尔托洛缪·迪亚士（Bartholmeu Dias）发现了好望角；1498 年达·伽马（Vasco da Gama）跨越印度洋登陆印度；1511 年阿方索·德·阿尔布克尔克（Afonso de Albuquerque）攻占马六甲。

葡萄牙人就这样进入了亚洲，一路向南寻找香料群岛，一路向北进入中国南方。据说，第一位登上中华大地的葡萄牙人叫奥维士（Jorge Álvares），时间是 1514 年，地点是澳门。这一年，恰好广东右布政使吴延举擅立《番舶进贡交易之法》，外国商船来华时间被扩大为无限期入境（明初对“朝贡”的国家，有明确的时间间隔及停泊地等规定），进入广东即可上税、卖货。但京城官员并不认同广东开放贸易，不断有人告状。不过，大明第十位皇帝朱厚照此时正在豹房行乐，并未对葡萄牙商船来华贸易进行干预。此种“好景”一直持续到 1521 年，31 岁的正德皇帝病死，他 15 岁的堂弟朱厚熜继位成为嘉靖皇帝。嘉靖朝廷开始驱逐

《荷兰使节船远眺广州城图》

此图由荷兰东印度公司的约翰·尼霍夫所绘，他在东印度公司航行中国的过程中，绘制了一百多幅插画。这幅画绘于 1655 年，是最早以广州为题的西洋画。

住在屯门的葡萄牙商人，于是有了中西交往史上的第一场海战——屯门之战。

败走屯门的葡萄牙船队，5 年之后又进入了舟山群岛，与福建海商兼海盗金子老、李光头，浙江海商兼海盗王直，进行走私贸易。在 16 世纪出版的葡萄牙海商使用的海图上，可找到东南沿海一带走私通商口岸的地名，如漳州（Chincheo）、料罗（Lalo）、双屿港（Syongican）、宁波（Liampo）等，可见葡萄牙人对这一带海域之熟悉。1543 年葡萄牙人沿东海北上首次进入日本。

1535 年，嘉靖朝在濠镜澳设市舶提举司，正式将澳门定为“互市”港口。1548 年，嘉靖朝廷派巡抚朱纨摧毁了双屿港，葡萄牙人从东海退出，把船再度开进澳门海域。1557 年，葡萄牙以每年白银 500 两租借了这个岛屿。

据史料记载，从 1601 年（1602 年荷兰东印度公司成立）至 1627 年，荷兰舰队先后 5 次攻打澳门，后来英国人也曾攻打过澳门，但都被葡萄牙人坚固的海防炮台打了回去。所以，有学者认为当年汪铉让葡萄牙人借驻澳门，有“以夷制夷”的想法。

南海抗夷第一战——屯门海战

——《苍梧总督军门志·全广海图（局部）》 1579 年刊刻

葡萄牙阿尔布克尔克的舰队攻占满剌加之后，在那里建立了总督府，随后以此为据点兵分两路继续寻找东方的商机：一方面继续向东航行，寻找香料群岛；一方面转而北上，寻找与中国通商的机会。

据说，第一位登上中华大地的葡萄牙人叫奥维士（也译为欧维士、区华利），时间是 1514 年。关于他的登陆地点，一直存有争议。澳门人认为他先在澳门妈祖庙前方登陆，是澳门开埠第一人，所以在澳门南端为他立了雕像；但也有人认为，他先在屯门登陆，在那里卖掉船上带来的东西，带着黄金、珠宝以及东方的物产回到葡萄牙，成为轰动一时的探险家。

澳门在珠江口西岸，屯门在珠江口东岸。奥维士最初是在西岸登陆还是在东岸登陆，史无定论。但有一点是无疑的，葡萄牙确实是最先侵占中国土地的欧洲国家，屯门确实是中国人与葡萄牙人开战的地方。

笔者曾专赴香港坐着屯门特有的环城电车进行了实地考察，虽然无法断定这个屯门港就是葡萄牙人当年落脚的地方，但这里有屯门河入海口，内有避风港，外有深水澳，是一个泊大船的好码头。

据史料记载，“屯门”之名始于唐代，唐朝廷曾在珠江口虎门外南头半岛上设海防屯门镇，此名有“屯兵之门”的意思。宋、元改屯门镇为屯门寨。明初设南头寨，屯门称“屯门海澳”（澳即可以停船的海湾）。但明代文献中没有葡萄牙文献记载登陆地所称的“屯门岛”（Tumon）。所以，明代“屯门”的具体位置也无定说，一说在南头岛，一说在杯渡山（今香港青山）。

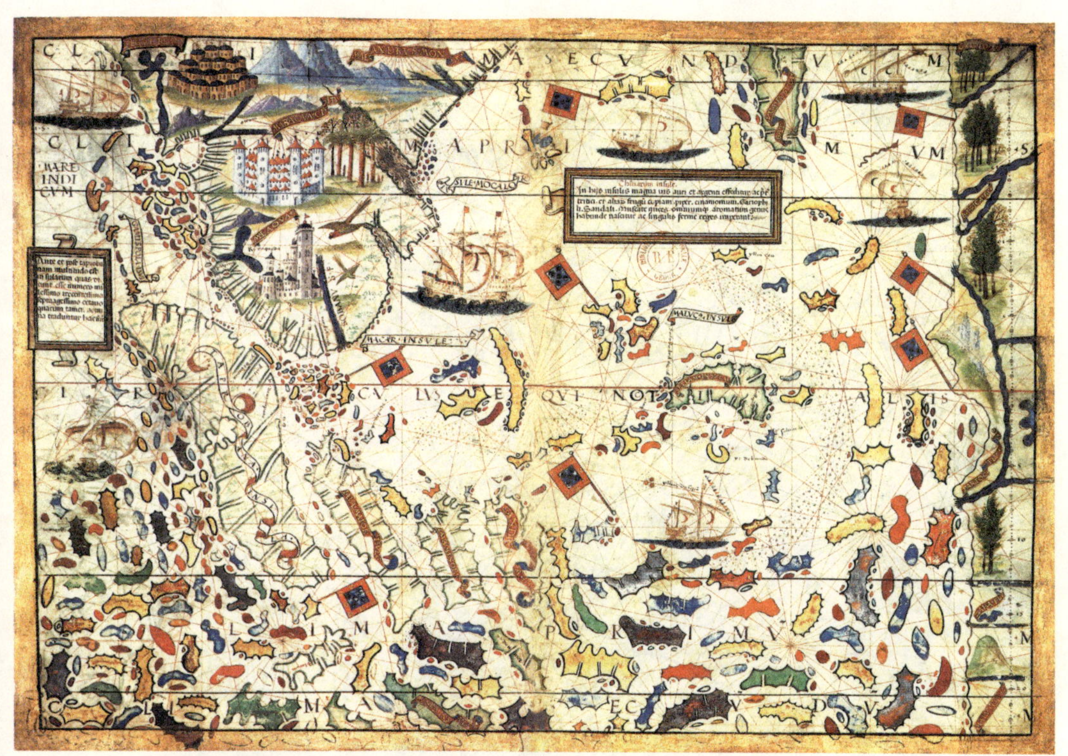

《东印度群岛航海图》

此图是 1519 年葡萄牙出版的航海图。

笔者在屯门做调查时，于山中打听杯渡山，已没有多少人知道，人们只知道青山。相传南北朝时，有高僧乘木杯漂至屯门山，在这里修行。此山遂被称为“杯渡山”。山腰上的青山禅院（古称杯渡寺），传说已有 1500 年的历史。在明嘉靖出版的《筹海图编 · 广东沿海山沙图》上，可以看到“福永”之南的海上绘有“杯渡山”。

这幅《全广海图》原载《苍梧总督军门志》一书，此书是一部边疆军事志书，专记明代两广军事事宜。古代泛称百粤之地为“苍梧”，故名。1552 年应槚初修《苍梧总督军门志》，1579 年刘尧诲重修。从此图已绘出“新安县”来看，图应绘于万历元年（1573）增设新安县之后。图中“屯门澳”一处注记：“此澳大，可泊。东南风至老万山二潮水，至九州一潮水，至鸡公头半潮水，至急水门五十里，南头兵船泊此。”这一注记，不仅标示了屯门的位置，也显示出它在海防上的重要地位。

《全广海图》

原载《苍梧总督军门志》，此书是一部边疆军事志书，专记明代两广军事。古代泛称百粤之地为“苍梧”，故名。1552 年应槚初修，1579 年刘尧海重修。从图上绘出“新安县”看，图应绘于万历元年增设新安县之后。图中标示出“屯门澳”，注记屯门地理位置和海防地位。

1668年，康熙朝在杯渡山下置“屯门墩台”；乾隆朝改其为“屯门汛”；在嘉庆版《新安县志重印本 · 海防图》上，可见“杯渡山”边已注有“屯门汛”。在葡萄牙人托梅 · 皮雷斯（Tome Pires）的《东方简志》（*Suma Oriental*）中，也有对屯门的描述：“靠近南头陆地处，有些为各国规定的澳口，如屯门岛……”在葡萄牙人弗朗西斯科 · 罗德里格斯（Francisco Rodrigues）1512年所绘图上，“屯门”被标注在今大屿山附近。所以，笔者认为香港屯门应是葡萄牙人所称之“屯门”。

葡萄牙人登上“屯门岛”时，大明第十位皇帝朱厚照正在豹房行乐，朝臣皆弄不清葡萄牙是何方神圣。明代文献借用阿拉伯人对西方人的称谓“法兰西斯克”，称其为“佛郎机”。因为葡萄牙船队以满剌加为据点，所以大明认为此国“近满剌加”。

1514年广东右布政使吴延举擅立《番舶进贡交易之法》，外国商船来华时间被扩大为无限期入境（明初对“朝贡”的国家，有明确的时间间隔及停泊地等规定），进入广东即可上税、卖货。此举一出，外国商船接踵而来。不过，广东地方官员的开放贸易之举，京城官员并不认同。不断有人告广东的状，但玩心颇重的正德皇帝未对葡萄牙商船来华贸易进行干预。

1518年葡萄牙人带着3艘大船来到屯门岛，旁若无人地兴建房屋，构筑炮台，似乎成了这里的主人。葡萄牙人派出翻译火者亚三，通过用洋货贿赂官员，在南京见到了正在南巡的正德皇帝。正德皇帝很喜欢火者亚三，把他留在了身边。葡萄牙商船也在屯门顺利地驻了下来，成为合法商人。但葡萄牙人的好景不长，1521年，31岁的正德皇帝朱厚照病死于豹房，他15岁的堂弟朱厚熜继位，成为嘉靖皇帝。皇太后出来清理先朝乱政，御史丘道隆于前一年所上的“满剌加乃敕封之国，而佛郎机敢并之，且啖我以利，邀求封贡，决不可许”奏折，这才有了下文。火者亚三被以“冒充使节”罪名处死，葡萄牙使臣被逐出北京城。同时，嘉靖皇帝还命令广东按察使、海道副使汪鋐率军驱逐住在屯门的葡萄牙人。

于是，有了中西交往史上的第一场海战——屯门之战。

此时，葡萄牙人已占据屯门岛若干

年，有几艘配有火炮的大船守护。56岁的汪鋐不得不采取先礼后兵之策，先是对葡萄牙人宣诏，令其尽快离去。但葡萄牙人仗着持有先进武装，并不理会汪鋐。汪鋐只好率50艘战船，对驻扎屯门的葡萄牙人发动了军事驱逐。由于屯门有炮舰守护，汪鋐的小船很快被洋枪洋炮击败。

首战告负的汪鋐改换战术，边围边打。史料记载，汪鋐是用了多种土办法，最终于1521年9月7日打跑了葡萄牙人。一是准备了一些装满油料和柴草的小舟，待一天刮起很大的南风，汪鋐率军士4000人，船只50余艘，再次攻打葡萄牙船队。汪鋐先将一些填有膏油草料的船只点燃，火船快速朝葡萄牙船队驶去，由于洋人的舰船巨大，转动缓慢，无法躲开火船进攻，很快燃烧了起来，葡萄牙人大乱。二是汪鋐借洋人大乱之机，派人潜入水下，将未起火的敌船凿漏，葡萄牙人纷纷跳海逃命。然后，汪鋐命军士跃上敌船厮杀，敌军大败。最后剩下三艘大船，趁天黑逃到附近岛屿藏身，10月底逃回满剌加。

葡萄牙人退回满剌加休养生息，寻找下一个进入东亚的突破口。1523年葡萄牙人麦罗·哥丁霍（Mello Coutinho，大明称其为别都卢）的船队到达满剌加，虽然他已知道大明与葡萄牙关系恶化，但仍“恃其巨铳利兵”，携“劫掠满剌加诸国……破巴西国”之勇，一意孤行，“遂寇新会县西草湾”。

在新会西草湾，葡萄牙船队的贸易请求再次遭到大明的武力驱赶。据《明实录》载：“佛郎机国人别都卢寇广东，守臣擒之。初，都卢备倭指挥柯荣、百户王应恩率船截海御之。转战至稍州，向化人潘丁苟先登，众人齐进，生擒别都卢、疏世利等四十二人，斩首三十五级，俘被掠男妇十人，获其二舟。余贼米儿丁甫思多灭儿等复率三舟接战。火焚先所获舟，百户王应恩死亡，余贼亦遁。巡抚都御史张巅、巡抚御史史涂敬以闻，都察院覆奏，上命就彼诛戮枭示。”

屯门与西草湾两战，把葡萄牙船队赶出了珠江口，不甘心就此撤离中国海岸的葡萄牙人转而北上，到东海寻找新的落脚点……

葡萄牙构筑的澳门海防

——《澳门海防图》 1634 年出版

1523 年葡萄牙船队被大明军队赶出珠江三角洲，并没有龟缩到满剌加不再出击，而是稍许休整一下，又返回中国海域。这一次，葡萄牙舰队没有进入珠江口，而是沿大明海岸线北上，大约在 1526 年，葡萄牙商人进入了舟山群岛。最初，葡萄牙商人是与福建海商金子老、李光头，后来又与浙江海商王直接洽，进行走私贸易，并逐步结成海上贸易联盟。1542 年左右，葡萄牙船队在舟山群岛定海建立起一个葡萄牙与大明、日本、朝鲜四国走私贸易的中转站——双屿港。

双屿港在十几年间迅速发展成为东方海上贸易明星港口，这令嘉靖朝廷万分不安。1548 年，朝廷以海禁之名派出浙江巡抚朱纨，率战船 380 艘、兵 6000 余人，进入双屿港剿倭。在擒获海商头目李光头、许六、姚大等之后，以木石填平了双屿港。从此这个名噪一时的贸易港口就从历史的版图上消失了。笔者曾列席过“双屿港国际论坛”，但专家们也只能考证出它大概的位置在舟山的六横岛上。

1535 年嘉靖朝廷在濠镜澳设市舶提举司，澳门被正式定为“互市”港口而开埠。早就看好澳门的葡萄牙人，从东海退出后，再度把船开进了澳门海域。这一次，葡萄牙人学聪明了，先不提贸易，更不言占领，1553 年葡萄牙人贿赂了广东海道副使汪铉，以借地晾晒朝贡货物为名在澳门登陆。1557 年，在海岸边修了几年船的葡萄牙人，以每年白银 500 两租借了这个岛屿，并获得了在澳门修筑房屋并居住的特许。从这时起，葡萄牙人开始将澳门当作自己的领地来经营。

澳门回归后，笔者多次考察过澳门。每次到澳门都少不了要到今人所说的“大三巴”。所谓“大三巴”其实是澳门最早的天主教耶稣会士的教堂。取得了在澳门修筑房屋并居住的特许后，1565年，葡萄牙人先在这里建了一座圣保禄学校，不久，它成为远东地区最早的一所西式大学。1580年为与圣保禄学校配套，葡萄牙人又在此建立了一座圣保禄教堂（即“大三巴”）。1616年葡萄牙人以保护圣保禄大学和教堂为名，在这里建了一个炮台，人称圣保禄炮台，后人称其为大炮台，又由于它位于澳门城中央，所以又有中央炮台之称。

中央炮台是澳门最古老的炮台，葡萄牙人在中国的土地上修筑炮台的大幕由此拉开。在这个被西方列强看好的岛上，葡萄牙人到底建了多少炮台，现已无法说清了。但是借助1634年葡萄牙出版的《东印度城镇防御工事图》一书中由佩德罗绘制的《澳门海防图》，我们可以看到晚明时澳门炮台的基本模样。

笔者的澳门海防考察是从拱北口岸这边开始的，从珠海拱北口岸进入澳门，首先看到的是与拱北海关只有几百米之遥的望厦炮台。这个炮台是鸦片战争后建的，炮口对着中国内陆方向。这个炮台的存在，表明大清的外交已完全处于劣势。但在晚明的《澳门海防图》上，情况刚好相反。此图的北部虽然绘有炮口对着中国内陆的沙梨头炮台，但此炮台1624年建成后，即被明朝廷勒令拆除，葡萄牙人先拆除了炮位与围墙，至1640年，将所有炮台全部拆除。因明朝廷早有规定，葡萄牙人修筑炮台只能对外防海上夷人进攻，绝不可对内防大明朝廷。事实上，晚明时葡萄牙人在澳门修筑的炮台，绝大多数用于海外之防。

在此图的上方，从左至右，依次排列的是圣耶尼罗炮台、嘉思栏炮台、伯多禄炮台（主教山炮台）、火灰炉炮台、郇那炮台（西望洋炮台，现已不存）、竹仔室炮台。为看清这些炮台的位置，笔者登上了澳门最高的松山。这里在1637年修筑了东望洋炮台（亦称松山炮台），当然，在1634年出版的这幅地图上是无法显示的。此炮台后来成为东边的重要火力点，山上还建了著名的灯塔。这些炮台构成了澳门东南海域的强大火力网。

在此图的上方，左边为银坑炮台，右侧为妈阁炮台。妈阁炮台的原址就在今天妈祖庙，但炮台早已消失，而今这里建了一座非常好看的海事博物馆。

在图的中央，四方城堡内的为大炮台（即中央炮台）。大炮台上下分三层，每层都保留着精铁重炮，粗粗一数，有30门之多。大炮台在澳门城中央，所以是一个覆盖东西海岸的宽大火力网。1622年，大炮台在反击荷兰人的

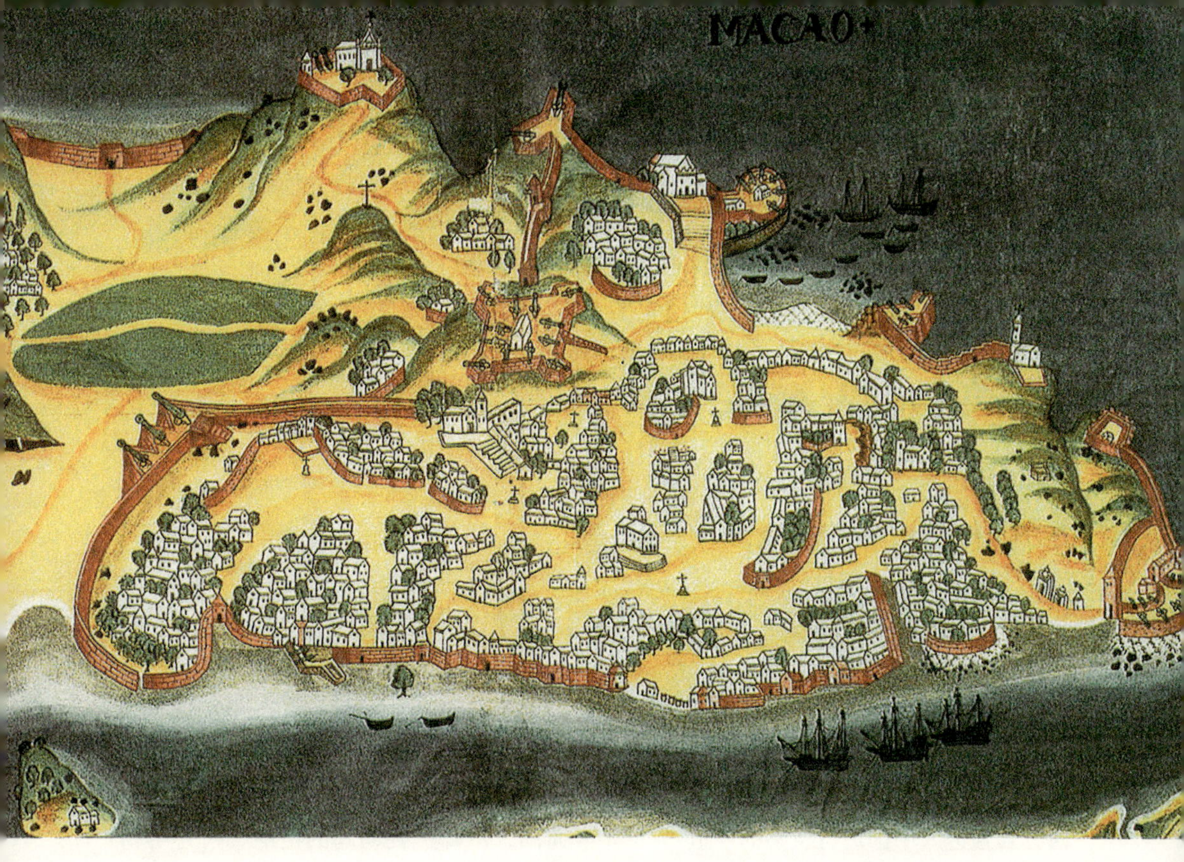

《澳门海防图》

原载博卡罗（Antonio Bocaro）1634 年出版的《东印度城镇防御工事图》，此图反映了晚明时期澳门海防炮台的基本布局，图由佩德罗绘制，纵 29 厘米，横 40 厘米。

进攻时立下大功，救了澳门。所以，葡萄牙人也借此机会修筑了更有威力的炮台。1637—1638 年间，葡萄牙人在澳门半岛的最高处东望洋山之巅，修筑了东望洋炮台。它与妈阁炮台、望厦炮台构成半岛完整的防御体系。澳门总督还发动民工修筑城堡，架设大炮数十门。但考虑到防御需要，“止留滨海一面，以御红夷”。所以，崇祯初年，葡萄牙人修筑东起嘉思栏炮台，北至水坑尾，折向西北经大炮台至三巴门，再向北至白鸽巢、沙梨头门，转向西南，直抵海边的城墙。这道城墙全长 1380 丈。

据史料记载，从 1601 年到 1627 年，荷兰舰队先后 5 次攻打澳门，后来英国人也曾攻打过澳门，但都被葡萄牙人坚固的海防炮台打了回去。所以，有学者认为当年汪鋐让葡萄牙人借驻澳门，是有“以夷制夷”之想法的，这个想法在后来荷兰人攻打澳门时果真奏效了。

荷兰攻打葡占澳门

——《澳门图》 1655 年绘

葡萄牙人赖在澳门不走了，不仅为自己在中国找到了一个绝好的落脚点，还占据了重要的海上咽喉，阻挡了其他西方列强进入中国进行贸易的通道。

面对巨大的海上利益和中国这样巨大的市场,有“海上马车夫”之称的荷兰，自然不甘人后。海盗出身的荷兰东印度公司，最初是以海盗的形式在海上不断打劫葡萄牙从中国和日本贸易归来的商船。如，1603 年 6 月，荷兰人在澳门通往马六甲的海路上，伏击了满载贵重的漆器、丝绸和陶瓷的葡萄牙大帆船“卡特琳娜”号。一个月后，荷兰战船又截获了从澳门驶往日本的葡萄牙“大的那保丸”号，战利品总值 140 万盾。据说荷兰人从船上往下卸货就搬了 10 天。但海上打劫终究满足不了荷兰人的胃口，他们的长远大计是在珠江口落脚。

1619 年，荷兰人在印度尼西亚建造了新城巴达维亚（今雅加达）后，以此为据点开始了远征中国的计划。起初，荷兰人也想效仿葡萄牙人，向明廷借地通商，但却遭到明廷的拒绝。因为明朝廷借地给葡萄牙人，已暗含了“以夷制夷”的想法。荷兰人一看与明朝廷谈不成，干脆以武力与葡萄牙争夺利益。

于是，葡荷两国在中国的地盘上展开了争夺战。

1518 年，葡萄牙人在屯门有私铸炮台的不良记录，所以，大明租借澳门时，在《海道禁约》中有明确规定 :“禁擅自兴作。凡澳中夷寮，除前已落成，遇有坏烂，准照旧式修葺，此后敢有新建房屋，添造亭舍，擅兴一土一木，定行拆毁焚烧，仍加重罪。”正是在明朝的坚决反对下，葡萄牙人一直难以建造完整的炮台以及城墙等防御设施。所以澳门长期处于无海防工事、无兵力防守

《澳门图》

此图表现了 1655 年荷兰使团船队过澳门的情景，画面上澳门中央炮台在开炮，海面上的荷兰船也在开炮。荷兰人放的应是礼炮，因为荷兰 1622 年曾经领教过葡萄牙驻澳门守军的厉害，不敢靠近，葡萄牙人亦不希望荷兰船队进入其地盘。

的混乱状态。荷兰人此前曾小规模试探性地攻击过澳门，并探出了澳门海防薄弱这一点。

1622年5月29日，从巴达维亚出发的荷兰舰队与两艘英国战舰组成联合舰队，进入澳门海域，向澳门城开炮，并抢劫了两艘中国和葡萄牙帆船。随后荷兰人又从巴达维亚调来多艘战船，准备强攻澳门城。6月22日，一支由17艘战舰和1300名士兵组成的舰队，浩浩荡荡开抵澳门东南海域，进攻也是从这里开始的。

6月23日，两艘荷兰战舰炮轰松山脚下的嘉思栏炮台（此时还没有建东望洋炮台，嘉思栏炮台是东边最重要的炮台）。这个炮台今天仍在，并建成了一个炮台博物馆。不过，我们今天看到的这个炮台已是后来多次修建和扩建的炮台了。嘉思栏炮台是澳门南湾海防线的第一关。荷兰人海上进攻路线是从东往西展开的。嘉思栏炮台火力强劲，刚一开战就击中了荷兰的主力舰格利亚斯号（Galliasse），这艘战舰被击沉。

6月24日拂晓，荷兰人以两条方帆船开路，一支由回旋枪和轻炮武装起来的800人的荷兰军队开始登陆澳门。在松山脚下的挡狗环海滩，荷兰军队向岸上的葡萄牙守军猛烈开火。葡萄牙军队只有少量的守卫，试图阻击荷兰军队登陆，但寡不敌众，只好退守到松山上。当地居民惊慌失措，纷纷向西边跑，逃到圣保禄教堂（今“大三巴”）避难。

这时位于澳门半岛中央的大炮台（亦称中央炮台）发挥了作用，几发重炮打退了荷兰军队进攻的气焰。葡萄牙猛烈的炮击，准确命中了荷兰人的军火库，接连的爆炸声中，荷兰人退回到海上。从这幅海战图上，我们可以看到画面中央发出炮火的应是大炮台。海面上的大船是荷兰人的炮舰。此时还没有东望洋炮台，围墙也没有呢。这是战争结束半个世纪后绘的。所以，画面上出现了后来才筑的城墙。

与此同时，防守嘉思栏炮台和南湾炮台的炮兵指挥官发现荷兰军队的进攻集中在海边平原，遂命若昂·苏亚雷斯·维瓦斯（João Soares Vivas）率50名火枪手去反击登陆的荷兰人。葡萄牙军队的第一次冲锋就使荷兰军队将领德兹顿（Derzton）胸部中弹，荷兰军兵惊慌失措，在阵阵炮声中乘船撤退。

据葡方记载，荷军被杀死和淹死的人员达300—500人之多。缴获的战利品包括8面军旗、5面军鼓、1门野战炮以及戟、长剑、滑膛枪等1000余件。葡军共有约300人参战，仅4名葡萄牙人、2名西班牙人和几个黑奴被杀，20多人受伤。为纪念这次胜利，澳葡当局将6月24日定为澳门的"城市日"。

攻占澳门失败，迫使荷兰人于1624年撤退至台湾，逐渐建立起殖民统治。1627年初夏，荷兰再次派4艘战舰前往广东海域，企图占领澳门。当时澳门没有一艘战舰，葡萄牙富商将5艘商船配上火力，改成战舰。8月18日，时任澳门兵头托马斯·维耶拉（Thomas Vieira）统领葡军出海迎击，击沉荷兰旗舰，击毙舰长及水手27人，俘虏30多人，缴获枪支24支，子弹2000发和金钱一批，又一次挫败了荷兰人。

这幅海上岸上都绘有炮火的《澳门图》，原图最早出现在约翰·尼霍夫的旅行笔记《荷兰东印度公司使团晋见中国皇帝鞑靼大汗》中。1655年荷兰东印度使团首次派船到中国要求通商，约翰·尼霍夫作为使团中的水手兼绘图员，参加了这次航行，并写了这本著名的旅行笔记，将他在中国画的150幅插画收入其中。《澳门图》是他画的荷兰船过澳门的情景。画面上澳门的中央炮台在开炮，海面上荷兰船也在开炮。荷兰人放的可能是礼炮，因为荷兰1622年曾经领教过葡萄牙澳门守军的厉害，但中央炮台放的可能是警示炮，葡萄牙人不希望荷兰人进入其地盘。

英国学者赫德逊评论说："两个欧洲国家在中国领土上进行这场战争的结果，对中国来讲是幸运的。葡萄牙人保住澳门，就维持了某种均势。"这或许是大明朝廷愿意看到的结果。

4

收复与统一台湾

引言：唯一光复故土的海上胜仗

西方殖民史中的台湾是与葡萄牙的“发现”连在一起的，1543 年在偶然中发现了“日本”的葡萄牙船队，第二年又在海上远远地“发现”了台湾。葡萄牙人远望岛上山川雄秀，不由发出“Formosa”（意为“美丽之岛”）的感慨。现在能看到的较早描绘台湾的地图，皆出自葡萄牙。至少在 1571 年里斯本出版的《东印度与日本海图》中，已有了对台湾的描绘。此图不标注经度，但标注纬度。北回归线刚好穿过台湾岛，说明地理位置绘制准确，当时未将其标注为“Formosa”，只是将其画成三段的群岛，在北端注为“琉球”。台湾的这种“群岛”描绘，就这样在西方世界误传了半个世纪之久。

《东印度与日本海图》很有可能就是荷兰人林斯豪顿（Linschoten）1596 年出版的《东印度水路志》中著名的《东南亚海图》之母本，只是《东南亚海图》将原图亚洲部分的佛塔都换成了西方人喜爱的动物形象，但日本仍保留着葡萄牙人最初绘制的“月牙”形状，台湾仍旧是三个方形岛，但北岛已标注为“Formosa”（福摩萨），中岛标注为“Lequio pequena”（小琉球），南岛无名。

自葡萄牙打开了通往中国的海上通道后，其他海上列强也纷纷驶向中国沿海。

1604 年大举进入南太平洋的荷兰人，靠着林斯豪顿《东印度水路志》的指

《东印度与日本海图》

1571 年里斯本出版，图左为西，右为东，不标注经度，但标注纬度。北回归线穿过台湾岛，说明地理位置描绘准确，但台湾岛画成了群岛，此错误流传了半个世纪之久。

引，首次进入台湾海峡，并占领了澎湖岛。这幅《澎湖列岛海图》描绘的即是这一时期荷兰人占领的澎湖首府马公。此图 1753 年在荷兰阿姆斯特丹出版，是航海专用海图。它详细标注了水深及测绘点，图中央马公岛上还以红色标注了三座建筑物，其中，南边的为马公天后宫，它是台湾最早的庙宇，也是马公地名的由来，居中的四角堡垒为荷兰人的红毛城，北边的为荷兰人的小堡垒。可以看出，此时马公岛海湾东边岛尖上风柜位置上的荷兰城还没有出现，所以，此图的底图应绘于 1622 年荷兰人占领澎湖列岛初期。

1624 年他们二次占领澎湖岛失败后，转而占据了南台湾。这幅名为《著名

《澎湖列岛海图》

此图描绘的是荷兰人最初占领的澎湖马公岛。它是一幅航海专用海图，详细标注了水深及测绘点，图中央马公岛上还以红色标注了三个建筑物：马公天后宫、红毛城和一个小堡垒。此图的底图应绘于1622年荷兰人占领澎湖列岛初期。

海盗一官与国姓爷在中国沿岸岛屿的据点》的地图反映的即是荷兰人占领台湾初期福建沿海郑氏海商及海盗集团的据点分布情况。这里说的“一官”是郑芝龙的小名，“国姓爷”为郑成功尊号。图左侧的海湾标注为漳州河（R. Chincheu），还有西侧的浯屿（Gousou）。图右侧的大岛为金门（Quemoey），中央的大岛为厦门（Aimoey）。在金门与厦门这两个大岛上，分别绘有两个红色建筑，它们代表着郑氏海商及海盗集团的据点。后来，郑成功率领船队跨海收复台湾，正是从金门岛出发的。在两个大岛之间的两个小岛，为大担（Toatta）与烈屿（Lissou），而紧邻厦门西侧的岛为鼓浪屿，厦门与鼓浪屿两岛间绘有小船，表示这里可以泊碇。金门岛南部标注 Lauloi，即料罗湾，是贸易港湾。此图虽然是在阿姆斯特丹于1727年出版，但从内容上看，它表现的完全是郑氏海商及海盗集团兴盛时期，其底图应是17世纪中期所绘的地图，因为1662年后郑成功打下台湾，其据点正式移到了台湾。

其实，对于古代中国海防而言，“倭患”并非领土之患，剿倭海战也是大明

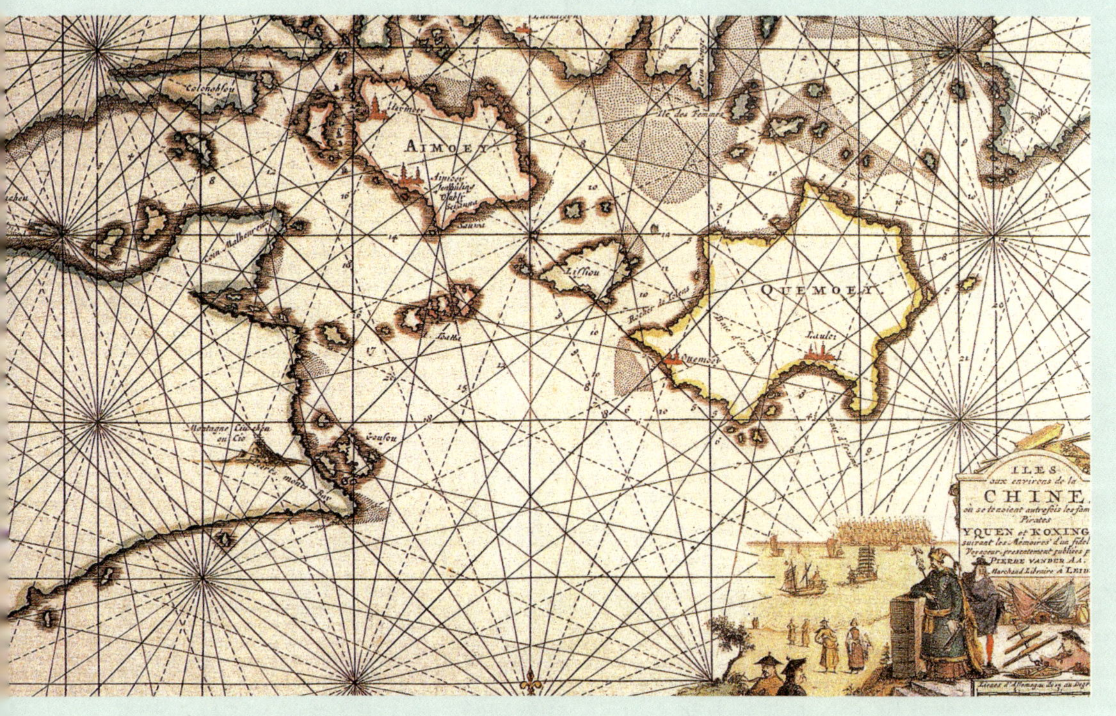

《著名海盗一官与国姓爷在中国沿岸岛屿的据点》

此图里说的“一官”是郑芝龙的小名，“国姓爷”为郑成功尊号。图右侧的大岛为金门（Quemoey），中央的大岛为厦门（Aimoey）。在金门与厦门两个大岛上，分别绘有两个红色建筑，它们代表着郑氏海盗集团的据点。

正规水军对来自中国和日本的海上草寇之战，算不上真正的海战。真正的海战与海患，是“红毛夷”进入中国海带来的，先是葡萄牙借澳门，随后是荷兰占台湾。

荷兰人绘制的《郑成功围攻热兰遮》图，记录了中国海战史上唯一的胜仗，一场光复故土的胜仗。虽然它是反清复明的郑成功寻找退路的一场海战，但此后中国人就没在海上打过任何一场胜仗。因此，人们应记住郑成功，感谢这位被大明敕封的国姓爷，没有他，大清统一台湾就没了前提，或许也没了可能。

荷、西初构澎台海防

——《热兰遮城堡图》 1635 年绘

——《鸡笼海防图》 约 1667 年绘

荷兰船队在攻打澳门的同时，也在打占据台湾的主意。

荷兰船队进入台湾可分为两个时期：一是 1604 年初登澎湖，想以此为跳板在大陆谋取落脚点；二是 1622 年被大明朝廷从澎湖赶走，迁至台湾南部。在荷兰人登陆台湾南部之时，西班牙船队进入了台湾北部；两个海上强国都在台湾投入了一定的军事力量，并建立了部分海防堡垒。

先说荷兰人，1604 年 8 月，荷兰东印度公司的韦麻郎（Wybrandt van Waerwijck）借助夏季南风，从南洋率船队赴广东进行贸易，船队在广东遇台风后，为避风北上进入台湾海峡，在澎湖停泊。

澎湖与福建近在咫尺，早在宋代，中国就有水师长期驻扎此地，明代仍有汛兵轮流戍守。但明初实行“海禁”，令沿海地区撤人、撤防，所以，荷兰人登陆澎湖时，如入无人之境。不过，大明朝廷很快得知荷兰人登陆澎湖的消息，即派驻守浯江的把总沈有容前去驱逐荷兰人。1604 年 11 月，沈有容登澎湖岛，向韦麻郎表明不允许番人在此落脚的态度，同时调集数十艘战船云集金门，面对如此强势的驱逐，韦麻郎只好挂帆拔碇，退出澎湖。为此，朝廷特在澎湖立“沈有容谕退红毛番韦麻郎等”石碑，表彰退敌有功的沈有容。此碑现仍保存在澎湖马公镇天后宫。

荷兰人第二次进入澎湖是 1622 年攻打澳门失败之后，从澳门海域退出的雷约森（Cornelis Reijerson）舰队，没有回巴达维亚，而是又进入了澎湖。荷兰人在澎湖本岛马公蛇头山建造了城

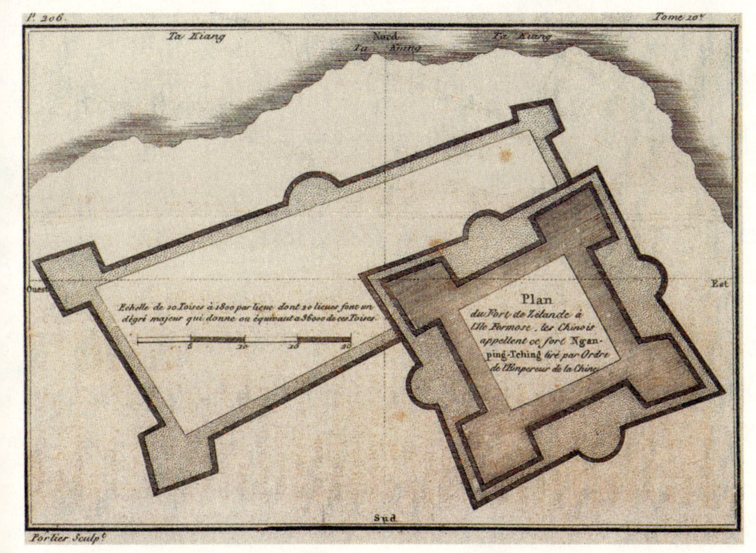

《热兰遮城堡图》

此图表现了荷兰人构建海边城堡的传统模式，方形城堡的四角设有防卫性菱形堡，便于守望护城。此图绘于1635年，作者为约翰·芬伯翁，图纵73厘米，横103厘米，现藏荷兰海牙国家档案馆。

堡，想把这里建成对中国大陆贸易的根据地。据荷兰人1623年绘制的《澎湖港口图》等史料记载：城堡呈正方形，长、宽均为55米左右，城墙高约7米，城堡四角上各有一座往外突出的菱形堡，菱形堡上共安置26门大炮。城堡内有两排营房，中央有一座3层楼房。城堡之外有一道干壕沟，其余的三面临接海洋（参看《澎湖列岛海图》）。一直想和中国沿海“互市”的荷兰，因不在大明的“朝贡”名录上，而不被大明朝廷接受。

1624年初，明廷派福建巡抚南居益赴澎湖驱逐荷兰人。南居益率200多艘战船将马公港包围后，派遣海盗兼海商李旦作中间人敦促荷兰人拆城离澎，另迁大员（今台南）。当时仅有13艘船驻守澎湖的荷兰人完全无法与大明开战，经过几个月的谈判，荷兰人于1624年9月放弃澎湖，东迁大员。

澎湖马公蛇头山城堡是西方人在台湾构筑的最早的城堡，由于明廷勒令荷兰人撤退时要拆除城堡，所以，此地仅留下一点城垣残迹见证这段历史。笔者几经搜罗，没能找到当时荷兰人留下的澎湖马公蛇头山城堡地图。

荷兰人在大员登陆，最初并不是以控制全岛为目的，而是以掌控海权为先导，迅速在海湾与河口处设立城堡，控制海上通道与商贸。1624年荷兰人开始在海湾兴建以荷兰泽兰省命名的“热兰遮”城堡（今台南安平古堡）。从这幅约翰·芬伯翁（Johannes Vingboons）绘于1635年的《热兰遮城堡图》看，城堡延续了荷兰人在海边构建城堡的传统模式，地点选择在较高的海岸上，便于城防大炮火力控制近海范围，同时，城堡还可与城外海湾上的舰队共同组成火力网。方形城堡的四角都设有防卫性菱形堡，便于守望护城。在城堡的外面还设有一层围墙，有一边的围墙外还挖有护城壕沟。热兰遮城堡建在半岛上，它一方面是用来防止海上外敌来犯，另一方面，也是用来防范岛上居民从陆上进攻，所以城堡的四边全部安排了炮位。

约翰·芬伯翁绘制这幅地图时，热兰遮城堡还没有完全建好，建成后的城堡在营房外又构筑了一圈高高的围墙，并设立了多个炮位。

1565 年占领吕宋（菲律宾）的西班牙人，不甘心荷兰独占日本、台湾贸易，曾派舰队去台湾，因遇台风登陆失败。1624 年荷兰人从台湾西南部登陆时，西班牙驻马尼拉总部立即派出提督安敦尼率帆船 12 艘、士兵 300 人，由吕宋出发，再次越过巴士海峡，沿台湾东海岸北上，于 1624 年 5 月 12 日在鸡笼（今基隆）登陆。

1626 年西班牙人在鸡笼海口处的社寮岛（今和平岛）构筑了圣萨尔瓦多城堡和两个炮台。笔者没有找到当年西班牙人建此城堡的地图，但从这幅荷兰人哥涅里斯·菲瑟比（Cornelis Vischbee）绘于 1667 年的《鸡笼海防图》，仍可以看到西班牙人当年构筑圣萨尔瓦多城堡的基本模样。鸡笼这边的圣萨尔瓦多城堡还未建完，1628 年西班牙又派军舰到台湾西北海岸的沪尾（今淡水）构筑了圣多明哥城。西班牙在台湾北部的扩张速度非常快，到 1633 年时，他们已占领宜兰、苏澳、南投、花莲交界处等地，完全控制了台湾北部。

至此，形成荷兰人控制台湾南部，西班牙人控制台湾北部的殖民格局。

西班牙占领台湾北部后，台湾南部的荷兰人在政治、军事、贸易和通航上都受到西班牙的威胁。荷兰为排挤西班牙在台湾的势力，于 1629 年 7 月从台湾南部派军舰攻打淡水港，但遭到西班牙守军的抵抗而失败。1641 年西班牙占领的吕宋境内发生穆斯林反抗事件，亟须台湾兵力支持，西班牙为此削减了鸡笼守军。荷兰借此时机，再度发起对鸡笼的攻击。1642 年 7 月，荷兰巴达维亚总部派出军舰 5 艘、士兵 690 人，挥师北上，再攻鸡笼。寡不敌众的西班牙守军被迫于 8 月 25 日投降。鸡笼失守，接着荷兰人“不战而下淡水之城”，西班牙人最终于 9 月 1 日全部撤出台湾。台湾从此被荷兰人独占。

这幅《鸡笼海防图》是荷兰人占领鸡笼后，在西班牙的旧城堡基础上重新扩建的海上防线：在海口的社寮岛上有两个城堡，一个在海边，一个在岛中央的山顶上，各插有荷兰三彩条旗。在外海与内海，分别绘有挂着荷兰旗的战船，占领与防卫的意味跃然纸上。图上鸡笼

《鸡笼海防图》

这是一幅鸡笼港海防全景图：在海口的社寮岛上绘有两个城堡，一个在海边，一个在岛中央的山顶上，都插有荷兰的三彩条国旗。此图约绘于 1667 年，作者为哥涅里斯·菲瑟比，图纵 48 厘米，横 69 厘米，现藏荷兰海牙国家档案馆。

港的水文信息也绘制得十分详尽，河口、航道与海峡标注得清清楚楚。

同样，1644 年春天，荷兰人在西班牙人撤退时拆毁的淡水圣多明哥城旧址上，重新构筑了石头结构的新城堡，取名为“安东尼堡”。1662 年郑成功驱逐了侵占台湾的荷兰人之后，命左武卫何祐驻防淡水，重修安东尼堡。1683 年郑氏降清，1851 年五口通商之后，台湾于 1858 年开港通商，鸡笼、淡水、安平（今台南）、打狗（今高雄）四个港口，也被迫辟为通商口岸。英国于 1867 年与清廷订立了此城的“永久租约”，将领事馆办事处设在城内，并用厦门运来的红砖新建了三座房子，外观皆有圆拱回廊等 19 世纪殖民式建筑的特征。

笔者在台湾考察时，已经找不到西班牙人当年建在鸡笼海口社寮岛上的圣萨尔瓦多城堡了，这里现在是大片的现代化港区，但当年西班牙人、荷兰人和英国人在沪尾山坡上建的城堡尚在，现在已成为来淡水旅游不能不看的淡水古迹博物馆，台湾人称其为“红毛城”。

郑成功收复台湾

——《热兰遮城与海港图》 1646 年出版

——《郑成功围攻热兰遮》 1669 年出版

郑成功与台湾的关系，好像上天注定。

1624 年，大明天启朝廷委派泉州走私头目李旦与荷兰人谈判，要求荷兰人拆除澎湖蛇头山城堡，外迁至台湾本岛上做生意。李旦此行所带的通事（翻译）即是郑芝龙，正是这一年，郑芝龙的儿子郑成功在“倭寇”的发源地日本九州平户藩（今长崎平户市）出生。

奇怪的是，荷兰人撤出澎湖的第二年，曾经雄霸日本与台湾之间的两大海商兼海盗李旦和颜思齐都暴病而亡；郑芝龙则借此机会，收编了海上其他武装力量，壮大了自己的队伍。1628 年崇祯当上皇帝，朝廷命福建巡抚熊文灿招抚郑芝龙，诏授海防游击，任“五虎游击将军”，坐镇闽海。郑芝龙转而成为台湾海峡最大的官商通吃的海上霸主，也是崇祯朝廷的重要海防力量。此后，郑芝龙统领几万郑家军，开始与退到台湾并在台湾南部构筑了热兰遮城堡的荷兰人做生意。

因为郑氏海上贸易势力提供了大量商品，热兰遮很快成为荷兰东印度公司重要的海上贸易转运站。这幅刊于 1646 年出版的《荷兰联合东印度公司的开始与发展》一书《瑞和耐游记》里的插画《热兰遮城与海港图》，形象地描绘了当时荷兰人经营大员的情景：图上方，热兰遮城堡已经建好，岸边有一个很显眼的绞刑架，表明荷兰人已在这里用殖民者的刑罚来管治台湾人了；图中央，停在

《热兰遮城与海港图》

此图原载于1646年出版的《荷兰联合东印度公司的开始与发展》一书的《瑞和耐游记》里，它形象地描绘了荷兰人当时经营大员的情景。图为伊撒克·柯孟林（Isaac Commelin）所绘，书本，图纵20厘米，横27厘米。

台江内海的中国船插着荷兰旗，表明它们为荷兰东印度公司所有，这些船负责护送士兵到台湾本岛和保护渔船；图下方，插着荷兰旗的三艘三桅大船是守卫城堡的荷兰战舰，所以船头有炮火描绘。

1644年，大明灭亡，先前降明的郑芝龙转而降清。但郑芝龙的儿子郑成功高举反清复明的大旗，被南明隆武皇帝赏赐“国姓”，并改名“成功”。1659年，郑成功率军攻打南京失败，退回福建。随着清朝南进脚步加快，郑家军的地盘越来越小，仅剩厦门和金门，眼见大陆上已无生存空间，郑成功决定带部队前往台湾，收复宝岛。

这幅《郑成功围攻热兰遮》海战图，记录了那场历时9个月的跨海围城拿下台湾的著名战役。此图出自1669年在瑞士出版的《爪哇、福摩萨、前印度和锡兰旅行记》一书，作者阿尔布来希特·赫波特（Albrecht Herport）是在荷兰东印度公司工作的瑞士人，他亲身经历了荷兰人被郑成功赶出台湾这一重大历史事件。

1661年4月30日，经过两年的精心准备，又刚刚骗走荷兰来使的郑成功，亲率25000名将士、战船数百艘，从金门出发，经澎湖，突进台湾西南部的台江内海，攻打大员。在这幅海战图陆地部分，可见郑成功军队登陆鹿耳门（这里现立有郑成功登陆纪念碑），士兵身着铁甲，手持长刀，战旗猎猎，正向前行进。据史料记载，郑成功围攻热兰遮城的军队，每四人即有一面战旗，以壮声威；士兵手持的长刀，即荷兰人所说的“肥皂刀”；身着铁甲抵御荷兰火枪的，即是著名的“铁甲兵”，图上所绘细节与史料完全吻合。

这幅海战图的海面上绘有多艘战

船，其中三桅风帆是荷兰人的战舰。据史料记载，最初，荷兰舰队被围在海湾中，当时守在海湾里的是海克特号、格拉弗兰号、向鹭号和玛丽亚号4艘荷兰战舰。郑成功的战舰很小，但非常多，有上百只小船加入了这场海战。每条战船上都配有2门火炮，近10条小船组成一个小队，分头围攻荷兰人的大船（图右，标注为12号的是中国小船队，8号为荷兰大船）。开战不久，郑成功的小船就炸毁了荷兰最大的战舰海克特号。另3艘荷兰战船带伤逃到外海。在图右上方，可以看到两艘荷兰战舰已逃至外海，其中一艘应是逃往巴达维亚报信的快艇玛丽亚号。

郑成功很快取得台江内海的控制权，军队顺利登陆，当天就攻下图左上方标注为6号的普罗民遮城堡（即今台南赤嵌楼，原城堡已被压在后建的文昌阁与海神庙下，有部分遗址已发掘出土，供人参观）。郑成功坐镇图正上方标注为5号的羊殿，以此为指挥所，羊殿前面的一排营房为登陆部队扎营处，郑成功一边与荷兰人谈判，一边积极准备攻打半岛上标注为2号的乌特勒支城堡，和紧挨着它标注为1号的热兰遮城堡（左上放大的热兰遮城堡图标注为3号，此城堡至今仍在，已成为安平古堡纪念馆）。图正中标注为3号的一排排房子是大员市镇。此时，退守热兰遮城的荷兰人想去巴达维亚求救，但要等冬天的东北季风船才能南下；南洋救兵真的来营救，也要等夏天的西南季风才能北上，也就是说，他们至少要苦等一年才可能获救。

荷兰人的地面部队就这样被围困在热兰遮城堡里。图中央的热兰遮城的半岛部分，上边、左边和右边都绘有一团团的炮火。这些炮火表示的是郑成功后来漫长的围攻。左边，汉人居住的大员市镇（后来这里成为安平老街，即繁荣至今的台湾第一条商业街）5月5日即被郑成功的军队占领，在市镇与热兰遮城堡之间的开阔地带是郑成功的部队，他们在这里架设了28门西洋大炮，不断轰击热兰遮主城堡，但攻击遇到了荷兰人的顽强抵抗。所以，可以看到在图中央的半岛顶端，标注为4号的三个被炮击的木造菱形城塔，它反映的是郑成功指挥的另一方面进攻。图中央汤匙山上

《郑成功围攻热兰遮》

此图原载于瑞士人阿尔布来希特 · 赫波特 1669 年出版的《爪哇、福摩萨、前印度和锡兰旅行记》。它是一幅精美的插画，也是一幅纪实性海战图，图纵 11 厘米，横 17 厘米。

石头构筑的乌特勒支城堡已经冒烟。它表示：经过从城里叛逃出来的荷兰中士罗狄斯的指点，郑成功的军队决定以乌特勒支城堡为突破口，正狂轰这一据点。

1662年1月25日早晨，收复台湾的最后一战在乌特勒支城堡打响。郑成功的几十门大炮持续了一天的轰击，大约2000多发炮弹飞向了图中央标注为2号的乌特勒支城堡，城堡被彻底击垮。当晚，荷兰人放弃了乌特勒支城堡，躲入热兰遮主城堡中。

占据了攻击热兰遮主城堡的制高点乌特勒支城堡的郑成功部队，用30门大炮从南、北、东三个方向团团围住热兰遮城堡。郑成功不想让热兰遮城堡彻底毁掉，于是坐镇乌特勒支堡，向荷兰人喊话，令他们弃城投降。荷兰长官揆一又坚持了一下，眼见无法守住城池，终于同意和谈。几经谈判，荷兰人在1662年2月9日向郑成功投降，从而结束了在台湾38年的统治。郑成功由此在台湾建立了政权，置承天府于赤嵌城，史称“明郑时期”。

最后说一下两位主角和台湾的命运。

荷兰的揆一因丢失台湾被判终身监禁，囚于印度尼西亚的一个小岛上，十多年后，被特赦回国。1646年，清廷诱降了郑成功的父亲，以浙闽粤“三省王爵”为条件降清的郑芝龙，于顺治十八年（1661）在北京被清廷处死。所以，打下台湾后的郑成功并不十分快乐，又经历了儿子郑经与奶娘的乱伦丑闻，和永历帝在昆明被吴三桂处死的悲伤，在收复台湾的第二年，郑成功病死在赤嵌城。郑氏政权移交长子郑经。郑经继位后，坚持不削发、不入贡的抗清政策。1681年郑经病卒，11岁的次子郑克塽继承延平王位。两年后，清水师提督施琅督师攻克澎湖，郑克塽见大势已去，修表交印降清。台湾正式纳入大清的统辖。

明郑台南海防

——《台湾府海防略图》 约1664年绘

——《康熙台湾舆图》(局部) 约1692年绘

郑成功收复台湾，以南明为正朔，用“永历”年号，建都东都明京(后改为东宁，即今之台南)，在台湾建立了政权；从1662年至1683年，历经郑成功、郑经及郑克塽三世，史称台湾“明郑时期”。

南明郑氏小王朝的元年，恰好是清康熙元年(1662)。虽然1662年6月，38岁的郑成功病逝于台湾时，康熙还题撰了挽联：“四镇多贰心，两岛屯师，敢向东南争半壁；诸王无寸土，一隅抗志，方知海外有孤忠”，但郑成功的儿子郑经继任后，仍然坚持举兵反清。郑经39岁(1681)病逝，年仅12岁的次子郑克塽继位，仍然不与清廷合作。郑氏王朝与英国东印度公司签订通商条约，对英国、日本等国开放贸易，以维持台湾的经济发展。

在21年的对峙中，康熙曾派人与郑氏进行了10次和谈，前9次都以郑氏坚持“依朝鲜例，称臣纳贡”而失败，最后一次，大清以战逼和，迫使和谈取得成功。

郑氏一族统治台湾期间，在台湾南北重要港口皆有设防，但没能留下一幅郑氏的台湾海防全图，仅有这幅海防略图，原图没有图名，也没有作者名和绘制时间。根据图上所绘内容，权且称其为《台湾府海防略图》。此图应是明郑投降时被清军搜罗到的，后藏于清廷内府，现藏于台湾“中央图书馆”。

《台湾府海防略图》原图为纸本墨绘，纵123厘米，横126厘米。它有两幅摹绘本，一幅为汉文注记，一幅为满

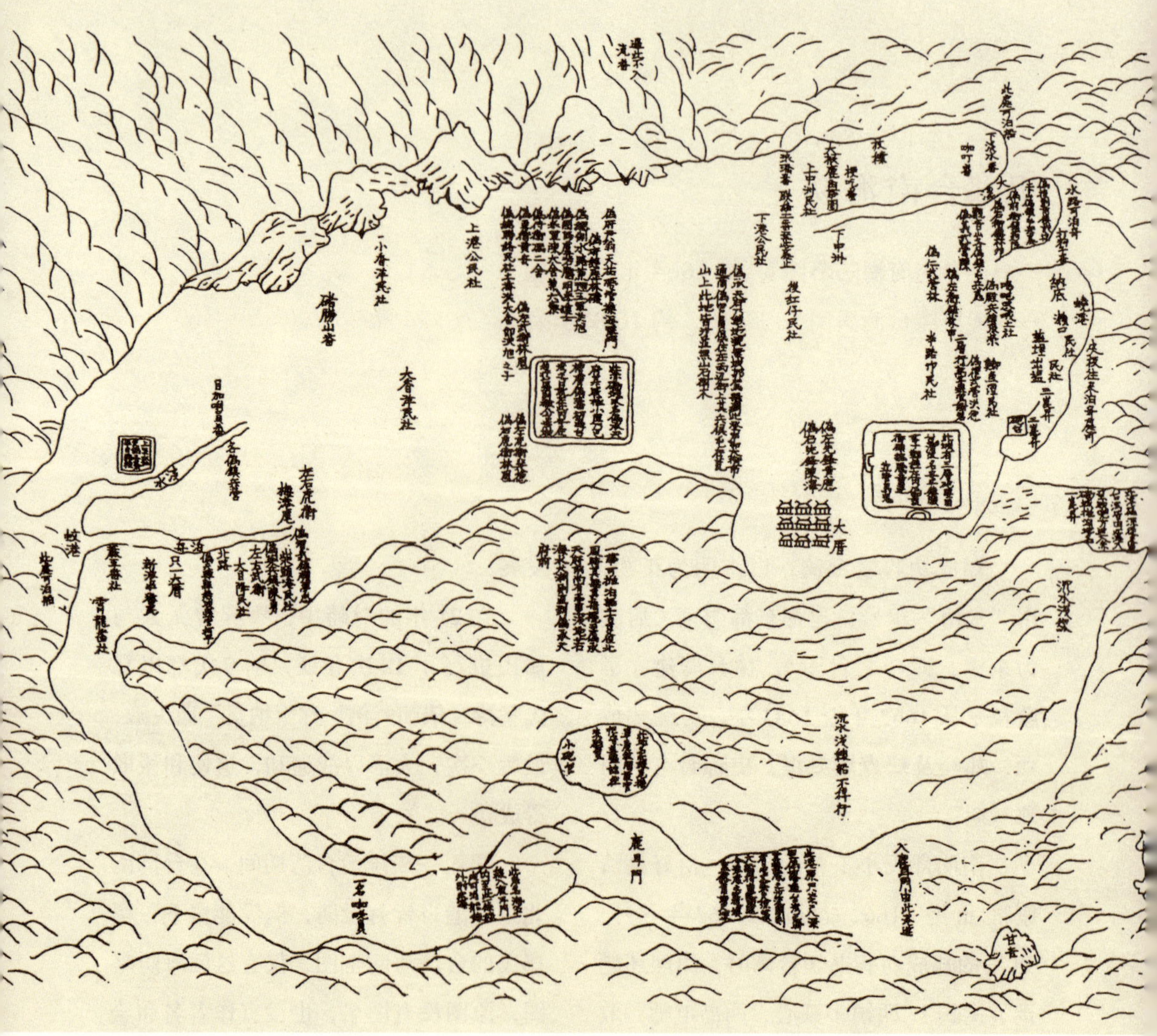

《台湾府海防略图》

这是现在能看到的仅有的所谓“明郑”的海防图，原图没有图名，权且以此称之，根据图中内容推测大约为 1664 年所作。图为纸本墨绘，纵 123 厘米，横 126 厘米，现藏台湾“中央图书馆”。

文注记。专家根据图中内容推测，约为1664年所作。现图上的注记应为清人摹绘时所加，在汉文版的地图上，南明建制的前边都加了一个“伪”字，如，“伪承天府”、“伪左先锋”、“伪右先锋”等。

明郑军事组织多次变革。其体系大约可分为五军戎政、总督军务、管军提督、将军、亲军卫镇、陆师镇、水师镇及监军数部分，据《钦命太保建平侯郑造报官员兵民船只总册》载，守台湾的官兵共有37500人。

以中提督武平侯刘国轩为总督守澎湖，在澎湖修筑营垒炮台。以忠诚伯冯锡范为左提督，守鹿耳门，以防清军登陆台湾。同时，在台湾北部也加强了防御部署，以左武卫何祐为台湾北路总督，守鸡笼、淡水，以防清军袭其侧背。

《台湾府海防略图》描绘的是郑氏军队在台湾府的部署情况，范围东起“蚊港”，即今天的台南县北门乡，西至“打狗”，即今天的高雄。图中央是进入台江内海的鹿耳门，这里注记了设炮台和官兵把守往来航路。图上还有大量的军营的注记。但是郑氏在台湾府的布防，最终没能用上。大清军队攻台时，仅澎湖小有抵抗，而后就溃不成军，台湾本岛很快举旗归降了。

为什么康熙选在这个时候进攻台湾，因为此前康熙最头痛的是“三藩之乱”，三藩之中，除平西王吴三桂在云南，另两藩一个是广东的平南王尚可喜，一个是福建的靖南王耿精忠，两王势力皆在沿海。摆平不了海边这两股势力，台湾根本无法动作。所以，从1673年至1681年，打了八年平三藩之役。沿海军事力量回归朝廷后，1682年，康熙才派福建水师提督施琅率舰队展开进取台湾的战役。

事实上，收复台湾也是扫平福建靖南王耿精忠叛乱的一个延续。因为一直将台湾“比同外国”的郑经，直接参与了靖南王耿精忠的反叛，在福建沿海举兵抗清，一度攻占漳、泉及厦门等城池。所以，收复台湾也可以看作清廷平三藩的一个副产品。

施琅降清前曾是郑成功的旧部，有丰富的海上作战经验。1683年，他在东北风季节，一反秋冬渡海登台湾的惯例，选择在福建沿海南部的铜山岛出航，借西南风北上，直取澎湖。经过一天搏杀，船只无一损失。澎湖海战结束后，施琅立即慰问居民，安抚降众。澎湖海战后，郑克塽召集大臣商议对策，朝臣分成死守台湾、迁吕宋岛再战和降清三派。郑克塽见大势已去，几经商议，最终采纳了刘国轩等人的意见，宣布归降。

1684年，清廷置台湾府，为福建省所辖，“台湾”始被用来称呼全岛。

《康熙台湾舆图》(局部)

此图大约绘于1692年，此时台湾地形兵备已完全纳入清廷掌控之中。

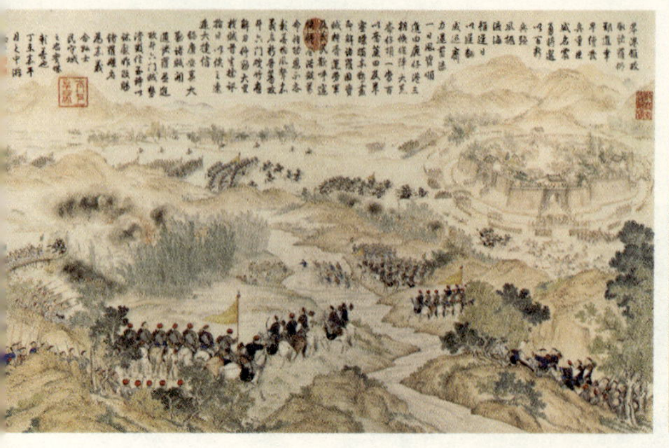

清廷平定台湾

——《平定台湾战图册》 1788 年绘

1682 年郑克塽降了大清，明郑政权垮了，但反清复明势力在台湾依然存在，平定台湾仍是清廷的一项重要任务。从康熙到乾隆，盛世三朝都没有放松过对台湾反清势力的清剿。

自称“十全老人”的乾隆，八十大寿时曾亲撰《十全武功记》历数其丰功伟绩：“平准噶尔为二，定回部为一，扫金川为二，靖台湾为一，降缅甸、安南各一，即今二次受廓尔喀降，合为十。”这中间的“靖台湾为一”指的就是跨海平定台湾的战功。

1786 年，台湾天地会首领林爽文等率众在台湾北部发起反清斗争，连克彰化、诸罗、淡水诸城，于彰化建立大盟主府，自称盟主大元帅，建元顺天。清廷先是令闽浙总督常青镇压，但常青坐镇泉州指挥平叛，一万渡海清军没能消灭岛上起义部队，台湾局面失控。次年，朝廷命陕甘总督福康安代替常青督办军务。福康安亲自带兵前往台湾，经过两年战争，捕获林爽文等首领，平定台湾。

这是清朝少有的一次国内海战，战事被宫中画匠绘成《平定台湾战图册》。此图册由著名宫廷画家姚文瀚、杨大章、贾全、谢遂、庄豫德、黎明等人分别绘制，画为绢本设色，共 12 幅，每图纵 50 厘米，横 87 厘米，图上端有乾隆皇帝御笔诗文。彩色图册完成后，清宫造办处又于1791 年出版了它的铜版墨印本，称为《平

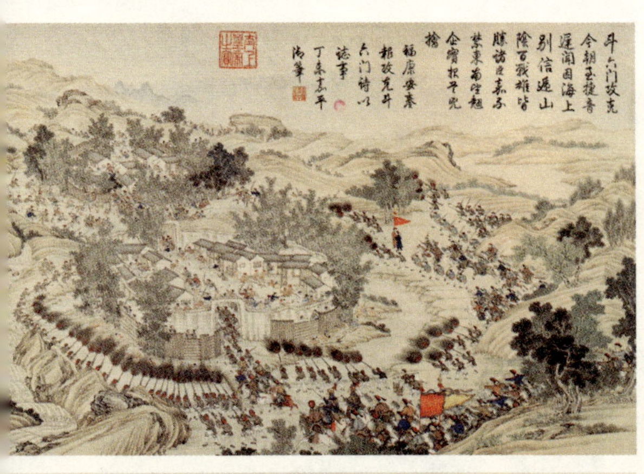

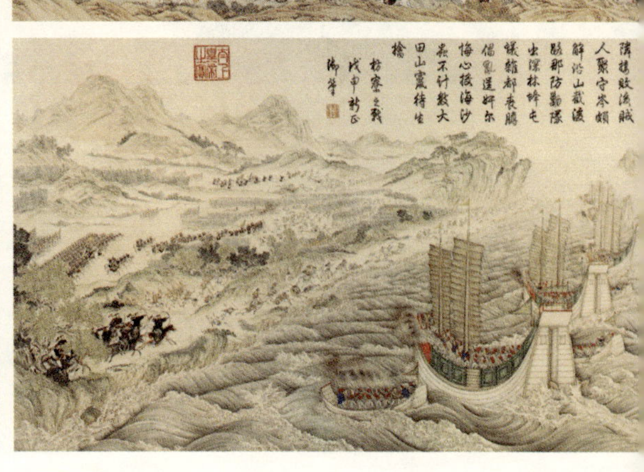

《平定台湾战图册》

图册描绘了 1787—1788 年间乾隆朝廷平定台湾的战争场面，12 幅图依次为：解嘉义之围、大埔林战役、斗六门战役、大里弋战役、集集埔战役、枋寮战役、小半天山战役、林爽文被捕、大武垅战役、庄大田被捕、登岸厦门、清音阁宴将士。

定台湾得胜图》。这种“得胜图”式的战册，在乾隆朝多用来颁赏给皇子及文武大臣。除《平定台湾得胜图》外，还有《平定安南得胜图》、《平定廓尔喀得胜图》、《平定西域得胜图》等战册在宫内流传，其铜版刻印曾送法国制作。这种外界很少见到的“得胜图”多由几位画师来画，风格不一，情节松散，全景式构图，算不上好的艺术品，但却有着重要的历史文献价值。

《平定台湾战图册》描绘了 1787—1788 年乾隆朝廷平定台湾的战争场面，12 幅图依次为：解嘉义之围、大埔林战役、斗六门战役、大里弋战役、集集埔战役、枋寮战役、小半天山战役、林爽文被捕、大武垅战役、庄大田被捕、登

岸厦门、清音阁宴将士。

1786年，林爽文以“反清复明”、“顺天行道”为宗旨，在大里起事，此后攻彰化、占诸罗，进军台湾府（今台南市）。福康安率平叛大军跨海东征，于农历十月二十九日在台湾鹿仔港登陆，十一月初解救被围了半年的嘉义城。第一图反映的就是林爽文的军队败退，守城清军开门迎接福康安的平叛队伍。此后，福康安的军队连克大埔林、斗六门、集集埔……图中可见清军与起义军使用枪炮激烈交火的场面。

福康安命海兰察等攻下八卦山后，又攻大里。林爽文在大里高筑土城，列巨炮，内设木栅两层。清军发炮攻击，捕杀甚众，由西南、西北两路攻下大里，林爽文逃入山中。“大里弋战役图”描绘的就是这一战斗情景。画面上装备精良的清军使用火炮、火枪猛攻林爽文大本营。画的上方有乾隆皇帝御题诗纪其事：“斗六门既取，直前抵贼巢。跃溪飞马渡，扫穴短兵交。背垒犯雄阵，乘宵挥遁鞘。渠魁犹待获，盼切捷旌捎。”

又如“小半天山战役图”，画面上呈现众多清军，攀岩翻山前进。画的右上方有乾隆皇帝御题诗纪其事：“晓接军营报，攻平小半天。前称获眷属，今复走凶孱。与暇近旬日，聚群至二千。层层涉持重，屡屡戒迟延。将士真宣力，领军可谢愆。并行赏与饬，期速奏功全。”

海路与陆路并进，岸上有马队在追，海面上有大船北进。在清军水陆合击下，林爽文退入埔里社、打铁察一带山沟内，福康安派兵层层围困，步步紧逼，经过五昼夜激战，林爽文弹尽粮绝，1788年农历正月初五，林爽文被俘（后槛送北京，在菜市口斩首示众）。“林爽文被捕图”描绘的即是清军在老衢崎活捉林爽

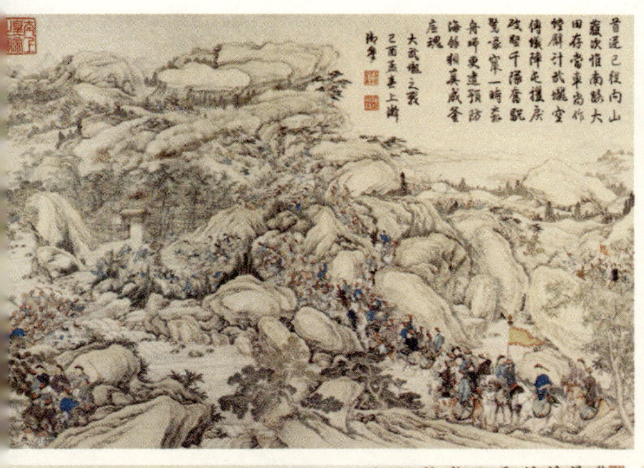

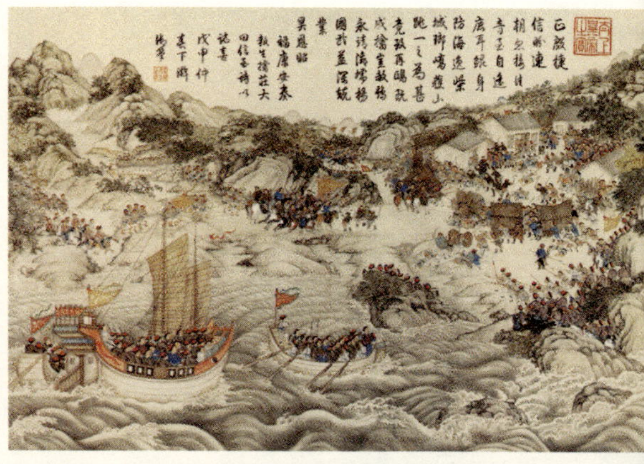

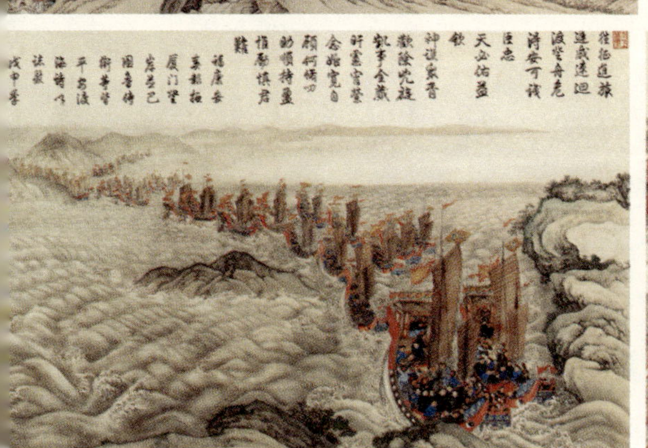

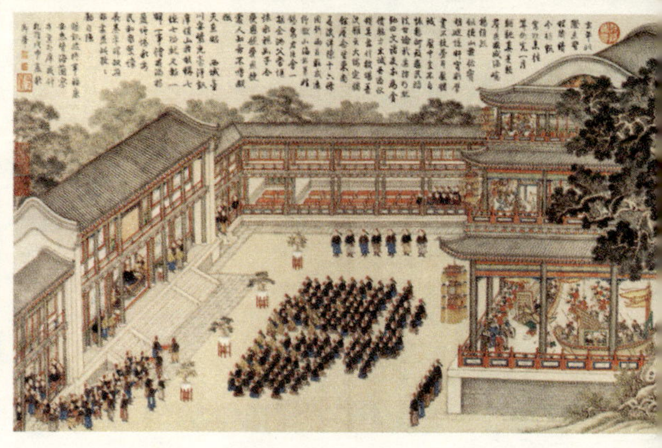

文的情景。

福康安率清军进剿庄大田，庄大田在牛庄、水底寮顽强抵抗后退入琅峤（今恒春）。福康安、海兰察率清军进入琅峤，经过半日激战，庄大田等人被俘。“庄大田被捕图”描绘的琅峤，西边靠海，东边为山，战图上出现了运送清军的海船。

最后两幅，一幅是平台大军乘船内渡，即将“登岸厦门”的情景；一幅描绘的是正在承德避暑山庄的乾隆赐宴凯旋将军福康安、参赞海兰察等功臣，乾隆皇帝御题诗曰：“西域金川宴紫光，台湾凯席值山庄。敢称七德七功就，又报一归一事偿。戒满持盈增惕永，安民和众系怀长。养年归政应非远，益此孜孜励自强。”

5

珠江口海防

引言：西使“朝贡”

大航海打开了东西方的海上通道，新兴殖民国家设立东方贸易机构，在17世纪达到高潮：1600年不列颠东印度公司成立，1602年荷兰东印度公司成立，1616年丹麦东印度公司成立，1628年葡萄牙东印度公司成立，1664年法国东印度公司成立……英语和法语里随之出现了“远东”（far east,estrême-orient）这个词，西方人开始用它代指中国；明朝末年，徐光启、李之藻等人发明了“泰西”一词，中国人开始用它代指欧洲。

这时的“远东”被“泰西”人看成是财富的代表，是他们向往的国度。

这时的“泰西”被“远东”人看成是野蛮之“夷”，是不受欢迎的国家。

1644年清朝代明，“远东”改朝换代，此时的“泰西”爆发了英国资产阶级革命。

清承明制，依然锁国。1653年顺治朝以“荷兰国，典籍所不载者”、“向不通贡贸易”为由，拒绝了荷兰的贸易请求。康熙朝直到台湾一统，海上太平，才在1685年开放海禁，广州、漳州、宁波、云台山先后设置海关。早就看好清国市场的英国人于1700年在定海设立了英国东印度公司清国事务所；法国紧随其后，于1723年在广州设立商馆，成为英国之后清国的第二“外贸”大国。正当其他西方国家准备与清国通商之际，1757年乾隆皇帝又因各海关税额矛盾，英

《中国皇后号》(上图)

此图绘于 1784 年，描绘了刚刚独立的美国为解决国内经济危机，于 1784 年 8 月向中国派出第一艘战船改装的商船，为表达对中国皇室的尊重，此船特命名为“中国皇后”。

《英国马戛尔尼使团驶离虎门》(下图)

此图绘于 1796 年，原画框上曾记有“这是珠江河口虎门的景色，马戛尔尼特使正在乘坐军舰狮子号前往澳门，岸上的清国炮台鸣炮致敬”，所以此图右侧放炮不是打仗，而是礼炮，致敬的炮台是虎门炮台。

《英国商船滑铁卢号在黄埔》

图中挂有英国东印度公司旗帜的大船是英国商船滑铁卢号，中国教科书中常称它为“鸦片走私船”，但在画的左侧，可以看到清廷官船就泊在旁边，船上还立有两块令牌。此画大约绘于 1820 年，作者为英国画家哈金斯，图纵 35 厘米，横 58 厘米，中国香港与英国分别藏有此画的不同版本。

国人洪任辉告状，下令关闭广州以外各口，仅留“广州一口通商”。

广州就这样成为了清国贸易的焦点。

1784 年 8 月，刚刚独立的美国为解决国内经济危机，向清国派出了第一艘战船改装的商船。为表达对清皇室尊重之意，此船被命名为“中国皇后”。为保证海上航行安全，中国皇后号保留了此船原来作为战船时的全部武器。在这幅西洋画上，可以看到停泊于珠江口的中国皇后号上高挂一面此海域从未出现过的美国星条旗。

1793 年，英国向大清派出了第一个正式的国家使团。但不想开放口岸的乾隆皇帝拒绝了英国驻泊经商的请求，使团无功而返。1794 年 1 月，马戛尔尼（George Macartney）乘坐的狮子号通过虎门要塞时，记录了这里的海防：只要涨潮和顺风，任何一艘军舰“可以毫无困难地从相距约一英里的两个要塞中通过”，随团画家画下了“马戛尔尼使团驶离虎门”的情景。1816 年英国派阿美士德（William Pitt Amherst）率领使团，经大沽口进入北京，再次与大清商谈租借一块地驻泊经商之事，因嘉庆皇帝拒绝，又没谈成。

此时，早已在澳门落脚的葡萄牙人，1819 年向英国开出可借澳门为英国贸易基地的条件，每年可运送 5000 箱鸦片到澳门，交“租地”银 10 万两。英国不想高价“租地”，又不想离开南中国，自行将伶仃洋和黄埔当作英国趸船驻泊地。这幅题为《英国商船滑铁卢号在黄埔》的西洋画，记录了英国商船停泊黄埔港的场景。

越来越多的外国商船在珠江口活动，还有广州十三行红红火火的外贸生意，令清廷十分不安，尤其是鸦片大量涌入清国市场，令珠江口海防形势越发复杂紧张，本土海盗，海外列强，各种小规模海上冲突不断，珠江口进入了比明末清初更加紧张的战时状态……

珠江口第一关——香港海防

——《新安县志·香港海防图》 1819 年刊刻

——《尖沙咀九龙炮台》 1841 年绘

——《远眺香港岛》 1841 年绘

珠江口到广州有三道海防关口：第一道关口即香港和澳门，它们一东一西守卫着珠江第一道门。早在明初，澳门就被葡萄牙“借驻”，朝廷默认的“以夷制夷”，将珠江口西岸海防“交给”葡萄牙人。葡萄牙也确实抵挡住了荷兰人入侵珠江口西岸，前一章已有详述，本文不再赘言。这里主要讲珠江口东岸的香港海防。

位于珠江口东岸的香港是海上入粤之要冲，唐朝即设屯门镇，派兵驻守。明朝因倭患，于万历时设南头寨，统辖六汛，巡防香港一带海域。1662 年，刚登皇位的康熙为防郑成功在沿海搞反清复明活动，曾下令迁海，沿海守军后撤，汛地亦被废弃。1669 年，康熙下令“复界”后，西方船队不断来到东南沿海，清廷重新在粤沿海增设汛营和炮台，香港炮台即是这一时期构筑的。

从 1819 年出版的《新安县志》所载《香港海防图》上看，清廷对香港海防已有明确布局：鸡翼角（大屿山）、屯门、九龙、佛堂门等地都设立了军事要塞，图面到处飘着“汛旗”。其鸡翼角炮台建于 1717 年，选址大屿山西南角，置大炮 8 门。要塞俯瞰珠江口水路要道（现存炮台遗址）。东九龙北端佛堂门炮台建于 1717 年，置大炮 8 门。1810 年，因此炮台孤悬海外，守军难以接济，将其废弃，驻军及大炮移至九龙寨，另建九龙炮台，置大炮 8 门。同时，海面也绘有三桅大帆和旗帜的西洋商船，表明此

《新安县志·香港海防图》

1819 年出版，图中显示清廷对香港海防已有明确布局：鸡翼角（大屿山）、屯门、九龙、佛堂门等地都设立了军事要塞，图上到处飘着“汛旗”。

《尖沙咀九龙炮台》（左图）

此图描绘了由大麻石构筑的尖沙咀炮台，炮台为中式。此图绘于 1841 年，作者为约翰 · 柯林斯，水彩纸本，纵 22 厘米，横 32 厘米。

《远眺香港岛》（右图）

此图描绘了维多利亚湾里的英国舰队，岸上已建立了英国军营。香港由大清抗夷的海防前哨，转眼变成了英国的殖民阵地。此画绘于 1841 年，作者为约翰 · 柯林斯，水彩纸本，纵 22 厘米，横 32 厘米。

时珠江口已是洋船往来的重要港口。

九龙港一直是军港，早在 1810 年，百龄任两广总督时，就在这里建有炮台。在 1838 年刊刻的《广东海防汇览 · 九龙海防图》上，可以看到九龙湾畔绘有九龙炮台，有城墙，有炮位，有营房；它的对岸是香港岛的红香炉汛，两个要塞扼守鲤鱼门内洋。

1839 年穿鼻洋之战后，林则徐将这里的炮台扩建为尖沙咀和官涌两座炮台，并调陈连升到官涌山冈建立防守营盘。官涌山冈上新建营盘对停泊在这里的义律率领的英国商船和兵船有所震慑。但 1841 年清英真正开战后，由于此炮台孤悬海外，不足抗敌，被清军放弃。这年 3 月，英军占据了这两座炮台，官涌炮台被炸毁，尖沙咀炮台保留，改称“维多利亚炮台”。两炮台最终消失于 20 世纪初，今人仅能从英国画家约翰 · 柯林斯的纪实画中，一览炮台当年的风采。在 1841 年英军占领香港后，约翰 · 柯林斯绘制了多幅香港和九龙的图画。《尖沙咀九龙炮台》和《远眺香港岛》可以说是姐妹篇，两幅画分别表现了一峡之隔的香港与九龙两岸在鸦片战争初期的海防面貌。

《虎门外望沙角炮台》

此图表现了始建于 1800 年的沙角炮台（即穿鼻炮台），在相连的扯旗山上有望楼和圆形炮台；在捕鱼台山建有露天炮位。此画绘于 1811 年，作者为詹姆斯·沃森，纵 18 厘米，横 23 厘米，香港渣打银行收藏。

珠江口第二关——穿鼻海防

——《广东海防汇览·虎门海防图》 1838 年刊刻

——《虎门外望沙角炮台》 1811 年绘

过了香港和澳门拱卫的珠江海口第一关，再向上游航行，即是珠江口第二关——穿鼻洋。此地因两岸各有一个海角伸向航道，形成穿牛鼻子一样的天然关口，故名穿鼻洋。此洋东岸海角为东莞县的沙角，西岸海角为顺德县的大角，两角相距 30 里左右。此关口，内达虎门水道，外连大海，恰处在香港到广州水路的半程，地理位置十分重要。在这幅 1838 年出版的《广东海防汇览·虎门海防图》右下方，可以看到珠江口海防第二个关口，也是虎门海防的第一关

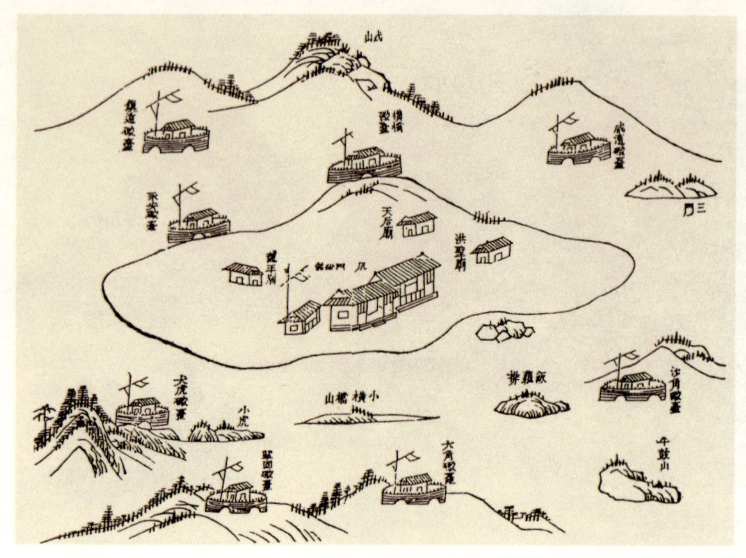

《广东海防汇览·虎门海防图》

1838 年出版，图的右下方可以看到虎门海防第一个关口即是穿鼻洋，在这里作者绘出了“沙角炮台”和“大角炮台”。

口——穿鼻洋，此洋东西两端建有沙角炮台和大角炮台。

穿鼻洋东岸的沙角炮台（亦称穿鼻炮台）始建于 1800 年。炮台配大小铁炮 11 门。在相连的扯旗山上有望楼和圆形炮台；在捕鱼台山建有露天炮位。沙角炮台与大角炮台东西斜峙，相距 3600 多米。虽然当时大炮的射程对封锁洋面尚不得力，但初来珠江口的英国人还是很早就关注到这个炮台。这幅《虎门外望沙角炮台》西洋版画由西洋画师詹姆斯·沃森 1811 年绘制，它形象地记录了炮台当时的面貌：堡垒前有开阔地，后边有小山；在相连的扯旗山上有望楼和圆形炮台；在捕鱼台山建有露天炮位。

穿鼻洋西岸的大角炮台始建于 1812 年。据关天培《筹海初集》载：“炮城一处周围 93 丈，炮洞 16 个，铁炮 16 门。”大角炮台与对面的沙角炮台东西斜峙，构成虎门海防的一道重要门户。此炮台在 1841 年 1 月 7 日的清英海战中遭受破坏，1843 年重修，但在第二次鸦片战争中又被英法联军炮击损坏，1885 年重建，建有炮台 8 处，即振定、振阳、振威、安平、安定、安威、流星、安胜八炮台。

虽然大角炮台与沙角炮台后来经历了多次战乱，但笔者到这里考察时，看到两个炮台仍然保存完好，现已建成为对外开放的海防公园。

珠江口第三关——虎门海防

——《筹海初集·十台全图》1836 年刊刻

——《虎门炮台组图》晚清绘

虎门是珠江口通往广州的第三道关口。

1588 年，明万历朝在珠江口东岸石旗岭上设虎门寨。明代所设沿海墩台只用于观察与示警，有战事燃放烽火报警。所以，明代虎门寨只有城墙，没设炮台。清代才将沿海墩台升级为炮台要塞。

1717 年，康熙朝始在虎门建设炮台，于虎门寨南面山岭设南山炮台，于横挡岛设永安炮台、横挡炮台、西炮台、东炮台，组成封锁江口的火力网。1810 年，嘉庆朝将虎门寨城升格为水师提督驻地，因南山炮台距水道太远，又在山下筑镇远炮台。虽然康熙、嘉庆两朝在虎门陆续兴建炮台，但并无海防效果。道光初年，虽"设法整顿，而究不见振作"。直到 1834 年，珠江口外国船不断生事，海防吃紧，清廷才调关天培任广东水师提督，加强虎门海防。

关天培到任后，从"御敌之道，守备为本，以逸待劳，以静制动"的原则出发，针对水道宽、火炮射程短等弱点，增建、改建各炮台，添铸重炮，使虎门要塞十座炮台联络一气，并把有关奏稿、书稿、告示、制度、图式等编成《筹海初集》4 卷，于 1836 年刊行，供官兵学习。

《筹海初集》有许多重要的插图，成为后人研究虎门海防的重要史料。如《十台全图》、《秋涛浴铁图》、《中流击楫图》等，表现了各炮台形势和攻守阵势。其中《十台全图》尤其重要，它全面反映了关天培战前的海防部署与策略。《十台全图》方位为上西下东，左南右北。图上绘出了关天培精心设计的虎门三道

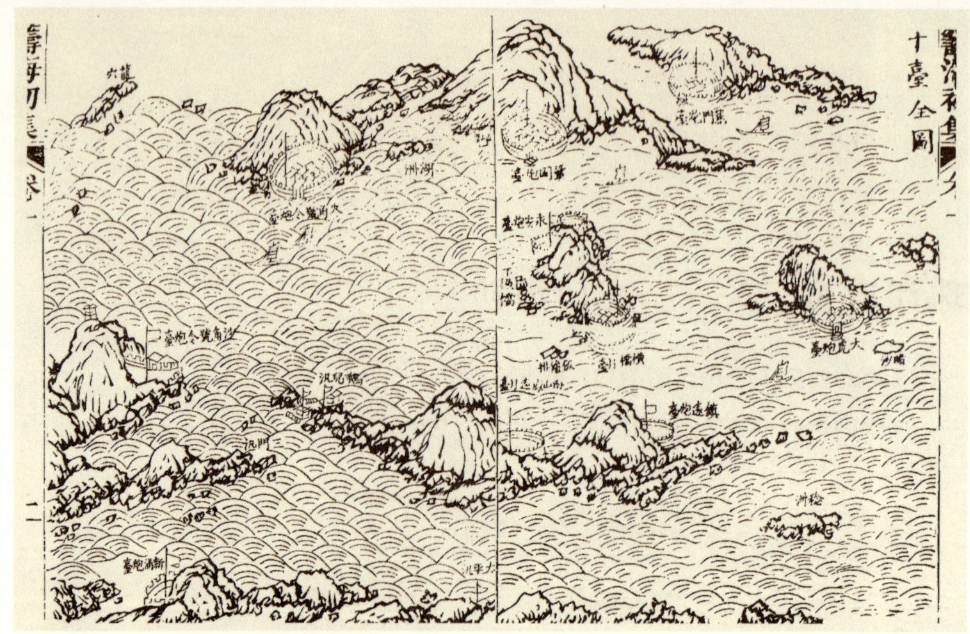

《十台全图》

此图描绘了虎门十个炮台：沙角号令炮台、大角号令炮台、永安炮台、横挡炮台、镇远炮台、威远炮台、新涌炮台、巩固炮台、蕉门炮台、大虎炮台。

防线，共计十个炮台。这组清宫旧藏《虎门炮台组图》，则可以更加清楚地看到虎门各主要炮台的炮位布局与堡垒细节。

《十台全图》左侧的沙角号令炮台和大角号令炮台为第一道防线，两炮台发现敌舰，即发号令通知上游炮台。此图的中心为第二道防线，在江心横挡岛上有永安炮台、横挡炮台；东岸有镇远炮台、威远炮台、新涌炮台；西岸有巩固炮台、蕉门炮台。敌舰若进入横挡岛两边水道，皆有炮台击之。此图右侧的大虎炮台为第三道防线，敌舰若突破第二道防线，大虎炮台可以“一台当关”，最后迎头击之。

令人遗憾的是，这个以守为中心、层层设防的防御体系，只为防止敌舰越过虎门，攻打广州，没有料到后来英舰并不急于攻打广州，而是在虎门直接进攻炮台。清军炮台全是无顶盖的，不便于守军自我保护，而且，三层并无火力关联的炮台，在英军采取各个击破的战术中，没有应对措施，所以很快就全线失守。

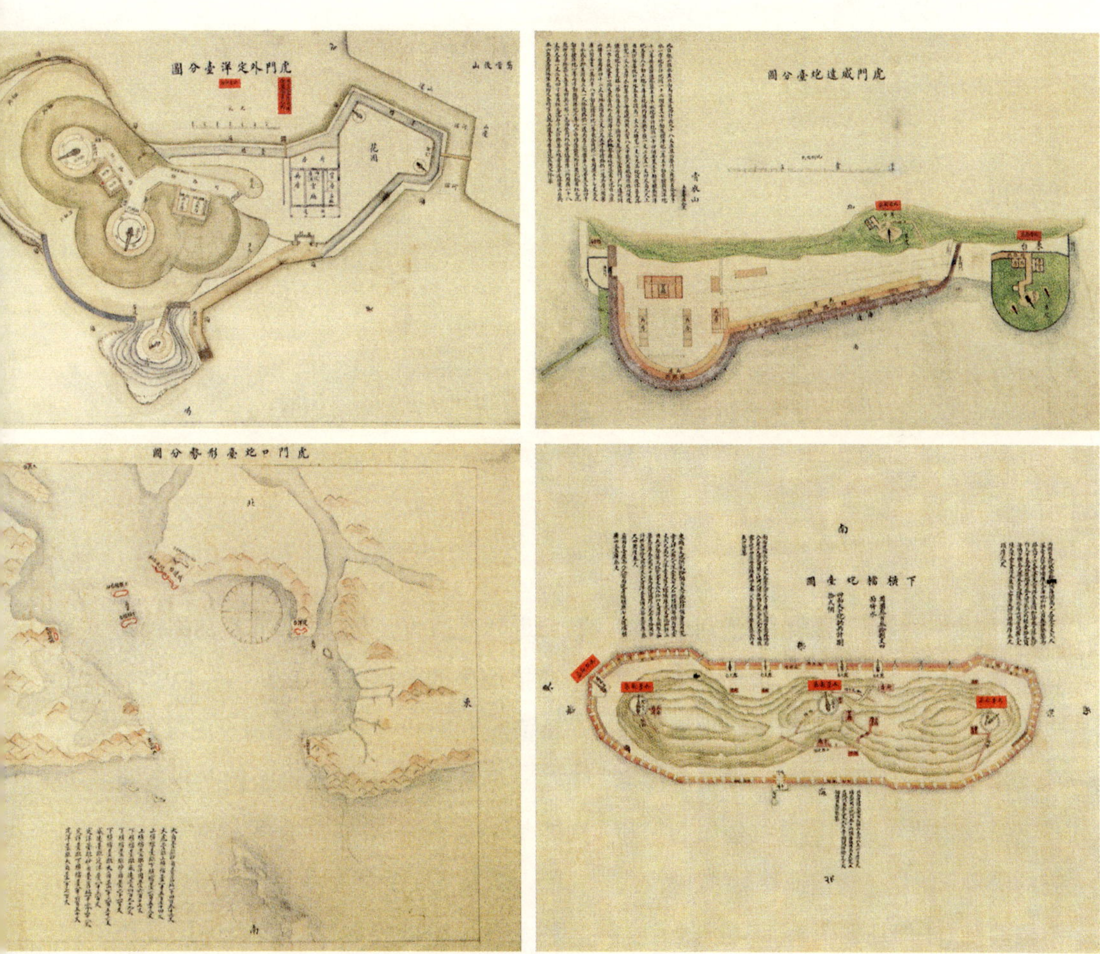

《虎门炮台组图》

此图为清宫旧藏，图中可以清楚地看到虎门各主要炮台的炮位布局与堡垒细节。

靖海灭盗

——《靖海全图·平海受降》 约绘于 1816 年

——《靖海全图·大屿困贼》 约绘于 1816 年

——《靖海全图·绝岛燔巢》 约绘于 1816 年

——《靖海全图·梯航入贡》 约绘于 1816 年

中国海盗主要活跃在明清两朝，明代海盗集中于东部沿海，清代海盗集中于南部沿海。古文献中有一些中国海盗的文字记载，但图与画的记录就少得可怜。反映明代海盗的有《抗倭图卷》和它的明末摹绘本《倭寇图卷》。反映清代海盗的有《平海还朝图》和《靖海全图》。清代的这两个重要史卷图皆出现在 21 世纪第一个 10 年的拍卖市场上。前一幅被北京的私人买家拍得，后一幅被香港海事博物馆拍得。两个长卷都成为近代史学家最新的研究对象。

从海战图的角度讲，清宫画师袁瑛所绘约 3 米长的手卷《平海还朝图》虽然记录的是钦差大臣百龄平定广东海盗的事迹，但画面仅是百龄平定广东海盗后班师回朝的盛况——百官在河岸两边迎接他坐的大船，没有海上战斗内容，价值远不及 18 米长的《靖海全图》。

据专家分析，《靖海全图》很有可能是 1900 年被法国侵华军人劫至海外的，曾在英、法藏家中流传，还在巴黎展示过。2008 年藏家后人来中国寻售时，被香港海事博物馆慧眼收购，使这幅珍贵海史画得以保存下来。和许多研究者一样，笔者也想一睹它的真容，但总长 18 米的巨幅长卷仅有几次几米长的局部展示。后来，香港海事博物馆从赤柱搬家，它就没再露脸。2013 年 2 月 25 日，香港海事博物馆新馆在中环 8 号码头开馆，这件镇馆之宝不仅有了原件的局部展示，还增加了数码动态版，人

《靖海全图·平海受降》

图中立在船头的红衣女子，据推测是郑一死后的红旗帮首领石香姑（郑一嫂）。

们可以像看环形电影一样看到长卷的完整展示。

在原作展示专区，笔者看到《靖海全图》约 5 米长的局部展示，看不到长卷的头尾。据介绍得知：此画没有落款，作者姓名无从考究。专家根据画的内容考证，此画约成于 1816 年，专为纪念嘉庆年间剿平广东沿岸海盗而绘制，全画分 20 个章节，共 18 米长，绢本设色。

此卷因与著名海盗张保仔有关，吸引了许多珠三角的人前来参观。早些年，香港出了不少关于张保仔的书和影视作品，他在珠三角可谓家喻户晓。笔者也曾到香港长洲岛专程探访岛上的著名景点张保仔洞。此洞在岛东边临海的巨崖之下，岩洞显然崩塌多次，洞口仅容一人钻过，里边没有开发，也不建议游客进入，但凡是登岛的游客，无不来此留影。所以，参观此图时，笔者最想看到画中有无张保仔。但不论是局部展示的原作还是数码动态版的全景图，在“香山纳款”等多个海盗受降画面中，无法确认这位珠江第一大海盗的形象。值得一提的是，在一位馆员的指点下，笔者在《靖海全图·平海受降》的后一部分中找到了另一位著名海盗，这位立在船头的红衣女子据说就是石香姑（郑一嫂）。

说到张保仔，不能不提郑一嫂；而说郑一嫂，就不能不提到郑一；说到郑一,就不能不提到郑成功。郑一出身“海盗世家”，祖上曾是福建海盗郑芝龙团伙中的一员，后因郑成功反清复明攻下台湾，郑一的祖先没有跟随赴台，而是南下珠江口另寻出路。康熙初年，即1661年到1669年的8年间，为切断郑成功与大陆的物资通道，朝廷实行了“迁界”，把海边的居民后撤50里。沿海居民断了海上生计。郑一这一代海盗家族由珠江口转向越南海边活动，后被越南阮氏王朝赶回珠江口。郑一与这里的海盗结盟，将六支海盗分成红、黄、青、蓝、黑、白六旗帮派，他领导的红旗帮势力最为强大，华南海盗势力在嘉庆朝进入鼎盛时期。

民间传说，郑一在某次行动中将出生在江门渔民家的张保仔掳去，年少的张保仔从此上了贼船。1807年11月，郑一在越南沿海一带突然死亡。他的妻子石香姑，即郑一嫂，成为红旗帮的首领。此后，郑一嫂与张保仔以香港为根据地，指挥大小船1000多艘，横行于南中国海域。

张保仔虽然名气很大，但却不是一位正史中的人物。关于他的记载，最早出现在两本地方笔记中：一是袁永纶的《靖海氛记》,二是温承志的《平海纪略》。前者多以黑旗帮首领郭婆带为重心，张保仔的记录未能述全。后者出版于作者死后数年，可能是他人代笔完成。此外，1840年编撰的《新会县志》也有相关记载：嘉庆十四年（1809）“五月初九日，海贼郑一嫂、张保仔犯境，署县沈宝善亲往江门堵御”。张保仔就这样成了“历史人物”。

当年因张保仔劫掠对象多以过往官船和洋船为主，所以，民间传说把他塑造成一位海上英雄。但这位海上英雄的行径大大影响了清廷的海上利益，官方多次派兵围剿。这个《靖海全图》即是几次珠江靖海行动的集中表现。借助数码动态版，笔者终于看到了原画描绘的

《靖海全图·大屿困贼》（上）

此图表现了清廷水师船在大屿山海面围剿海盗的场景，其中火攻海盗船的一幕尤其精彩。

《靖海全图·绝岛燔巢》（中）

此图表明清廷不仅在海上动用战船围剿海盗，而且还在岛上毁了海盗的家。图中描绘的即是清廷水师登上海盗盘踞的小岛，放火烧了海盗的整个村子。

《靖海全图·梯航入贡》（下）

靖海的结果并不是“外国人牵着大象来进贡”那么美好，而是鸦片走私引来的鸦片战争。

20个场景：平海受降、大屿困贼、火攻盗艘、巨憝捕逃、训练水师、虎门慑酋、香山纳款、掳众庆生、闽寇输诚、追捕重洋、擒缚群凶、双溪献馘、绝岛燔巢、奏凯还师、村市熙恬、梯航入贡，等等。

这个巨幅海战长卷中有许多海上战斗场景，其中最为精彩的是《靖海全图·大屿困贼》一节，画中挂土褐色帆的双桅船是清廷水师战船，挂白色帆的双桅船是海盗船。史载，曾有多艘澳门的葡萄牙战船参与围剿，但画中未见一艘西式战船。围剿战役在大屿山海面展开，清廷水师船近攻用弓箭，远攻用飞火枪。这种枪是在竹筒内装入火药，作战时点燃，喷火灼敌。画中被包围的海盗船接连起火，海盗纷纷跳海逃生，围剿大获全胜。据传，被围困了九天的红旗帮张保仔曾向黑旗帮郭婆带求援，郭婆带不救，两帮反目。

清廷不仅在海上动用战船围剿海盗，而且还在岛上毁了海盗的家。《靖海全图·绝岛燔巢》一节，描绘的即是清水师登上海盗盘踞的小岛，放火烧了海盗的整个村子。据说，先是黑旗帮的郭婆带，即郭学显，向清政府投诚；水米断绝的张保仔于1811年向清廷投诚。在这个长卷中有三四个章节表现了各路海盗投诚，但都没有注明是哪一伙海盗，也难考证那几个跪在地上的海盗究竟是哪一位。所以，读者只能将它理解为泛指平定海盗，可能更吻合创作者的原意。

史载，1809年接任两广总督的张百龄，多次派广东水师联合澳门葡萄牙海军，在香港赤沥角大屿山围剿海盗。在这个巨幅靖海长卷中，张百龄的形象从戴夏日凉帽到着冬日棉衣，共出现了9次，说明“靖海”经历了很长时间，才最终荡平海盗。《靖海全图·奏凯还师》一节，表现的是张百龄班师回朝的喜庆场景。

荡平海盗是嘉庆朝最重要的事件之一，因而有了这宏大的纪实绘画《靖海全图》。不过，有史家研究，历史上并没有张保仔这个人。他是当时的老百姓与朝廷根据各自的需要，集纳了海盗的多种传说，塑造出的一个传奇人物。这种海盗传奇成就了官方的靖海业绩，也给艺术家留出了创作空间，最后是皆大欢喜。但接下来的事，并非巨幅长卷最后一节《靖海全图·梯航入贡》所描绘的“外国人牵着大象来进贡”那么美好，而是鸦片走私引来的鸦片战争……

英军初犯

——《1816 年阿尔塞提号攻打虎门炮台》 1816 年绘

——《1834 年 9 月 7 日至 9 日伊莫金号及安德劳玛琪号攻打虎门》 1834 年绘

长久以来，人们一直以为大清与英国的战争是在 1840 年由于大清在虎门销毁鸦片才打起来的。其实，早在 19 世纪初，英国舰队就因海上贸易受阻而在珠江口与大清海防部队多次交火。当年由英国舰队随军画家绘制的海战图画《1816 年阿尔塞提号攻打虎门炮台》和《1834 年 9 月 7 日至 9 日伊莫金号及安德劳玛琪号攻打虎门》，恰好提供了形象的例证。

1816 年，英国派遣阿美士德使团赴北京，希望与嘉庆朝廷谈通商事宜。但嘉庆皇帝拒见英国使团，对他们提出的要求也一概不答应，并退还其呈送的礼品，派人将使团送到广州，令其回国。广州地方官员听说这是朝廷逐出的使团，于是禁止英国使团的阿尔塞提号、赫威特号舰船进入广州。英国人不甘心就这样离开清国，强行驾船逆珠江而上。但任何舰船想停泊广州，必须经过虎门这一珠江口上的“锁喉”关卡。

清康熙、嘉庆时，虎门曾几度扩建炮台，炮台由虎门南山炮台与横挡岛上的永安炮台、横挡炮台组成封锁江口的火力网。英国两艘战舰要进入广州，将要面对的就是这样的海防火力网。

1816 年 11 月 16 日，英国人想借助黑夜的遮掩，偷偷溜进虎门江口，但炮台上的大清守军早已是严阵以待，对准英舰连续发炮。这幅《1816 年阿尔塞提号攻打虎门炮台》画的就是当时的夜战场景。画面上，两军在黑夜中交战，火光冲天，炮火映照江面。处在画面正中的即是处在两岸炮火中心的英舰阿尔塞提号。这幅画上留有绘制时间“1816年”，也就是说这是一幅当时绘制的海战纪实作品。画家为英国使团的军医约翰·麦克劳德，他也是一位业余画家。这幅飞尘蚀刻版画不仅是一幅画作，也是一件重要的清英海战的历史文献。

英国的阿美士德使团虽然没有与大清谈成通商协议，但是清英贸易仍在进行。这种局面一直保持到1834年。这一年，英国东印度公司对华贸易专营权结束，英国委派律劳比（William John Napier）为首任驻华商务总监督，来华洽谈清英贸易由民间转入到政府层面的“通商”事宜。

两广总督卢坤得悉有英国官员抵达澳门后，便在1834年7月21日传谕广州行商，指示他们派员前往当地，查明该名官员的来华目的，要他务必遵守《大清律例》和贸易规则，不可擅进广州。然而，谕令未到澳门，律劳比即从澳门乘船于7月25日抵达广州，并入住十三行的英商馆。

代表英国政府统理对华贸易事宜的律劳比到达广州后，请行商伍敦元代为向两广总督转达商谈诉求，但外国政府官员未经许可是一概不准入城的，而律劳比的信件格式是“公函”而非“禀”，内文则用了“平行款式”，完全违反惯例。结果卢坤又于7月30日和31日连下两道谕令，勒令律劳比立即离开广州。律劳比与两广总督洽谈通商事宜未果。

这年9月，两广总督中止了广州的清英贸易活动。英国民间与政府层面的对华贸易都被停止，令刚刚上任的律劳比十分恼火，遂指派停泊在珠江口的两艘军舰伊莫金号（Imogene）和安德劳玛琪号（Andromache）驶往黄埔，向广州的清廷官员示威。

9月5日，英国的两艘军舰到达虎门。9月7日，清廷水师向欲闯虎门关口的英国军舰发空炮示警，但是英舰没有理会。随后，珠江两岸的大角炮台和横挡炮台先后向强行前进的英舰发实炮，英舰也开炮还击。9月9日下午，英舰再闯虎门，并向炮台发炮，清英展开了激烈对轰，交战约35分钟，结果英方3人战死，5人轻伤，船身轻微受损；大清有的炮台几乎被摧毁。这是清英又一次军事冲突。

画家斯金纳绘制的石版画《1834年9月7日至9日伊莫金号及安德劳玛琪号攻打虎门》形象地记录了这一战事。这幅海战画并没有具体指明是哪一天的战斗，但对炮台与军舰的描绘十分清

《1816年阿尔塞提号攻打虎门炮台》

图中表现的是清、英两军在黑夜中交战的场景，此画绘于1816年，表明它是一幅当时绘制的海战纪实作品。画家为英国使团的军医约翰·麦克劳德，他也是一位业余画家。此画为飞尘蚀刻版画，纵27厘米，横35厘米，现由香港私人收藏。

楚。图左侧是横挡炮台，大炮正向英舰伊莫金号开火；此图右侧是安德劳玛琪号，正与威远炮台交火。值得一提的是两艘大战舰伊莫金号和安德劳玛琪号之间，躲着一艘英国小型战船，它叫路易莎号（Louisa），此船上有一个英国军官叫查理·义律（Charles Elliont），他以大佐军衔随律劳比来华，任秘书。第二年任第三商务监督，同年升第二商务监督，1836年升商务总监督。正是这个义律，1841年率领英军占领了香港。

据《广州府志·前事略》载：1834年9月的这场炮战，实际上是英军三艘战船轻松越过虎门各炮台，“直抵黄埔，守台官不能御，乃燃空炮以惧之”。抵达黄埔的律劳比，先与广州的英商会谈，后又派人与两广总督会谈，随后，律劳比一行人在9月21日撤离广州，在9月26日返抵澳门。清英贸易在9月27日重开。

《1834 年 9 月 7 日至 9 日伊莫金号及安德劳玛琪号攻打虎门》

此图中值得一提的是两艘战舰之间躲着小型战船路易莎号，船上有一个英国军官叫查理 · 义律，正是这个义律后来成为英国驻华商务总监督，并于 1841 年率领英军占领了香港。

顺便说一句，律劳比从湿冷的英国来到潮热的广东，身体严重不适，染上疟疾。10 月 11 日病逝在澳门，并安葬于澳门。据说，他临终前指出：只有战争才可以解决中英间的贸易纠纷。律劳比死后，副商务总监德庇时（John Francis Davis）接任驻华商务总监一职。

虎门海防形同虚设，这令道光皇帝很是不满，遂下令将广东水师提督李增阶革职，由关天培接任。关天培接任广东水师提督后，重新升级了虎门海防，加筑了新的炮台。

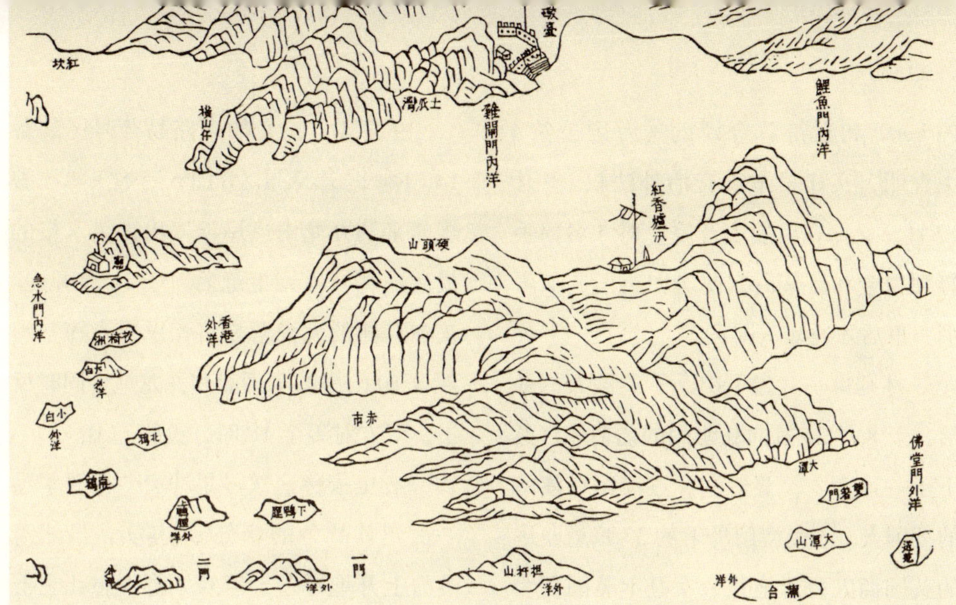

《广东海防汇览·九龙海防图》

1838年刊刻。图中可以看到九龙湾畔绘有九龙官涌炮台，有城墙，有炮位，有营房。它的对岸是香港岛的红香炉汛，两个要塞扼守鲤鱼门内洋。

九龙与穿鼻的所谓“七战七捷”

——《广东海防汇览·九龙海防图》 1838年刊刻

1839年6月时，林则徐下令销烟，清廷没想到会打仗，刚刚加冕一年的维多利亚女王也不想打仗。销烟从6月3日到25日，历时23天。此间，被邀请来观看销烟的美国人曾告诉林则徐，应英国商人要求，英国正派战船来中国保护英商。但林则徐一笑而过，没当回事。

销烟让英国烟商一时没了生意。英国商船没事可做，聚在九龙海面，水手上岸喝酒。6月20日，有水手酒后和尖沙咀村民斗殴，村民林维喜被打死。不想将事闹大的英国驻华商务总监督查理·义律给死者家属1500元，想私了此事。但林则徐要求义律交出凶手，可义律要求私自开审凶手。“开眼看世界”的林则徐从他委托美国医生伯驾（Peter

Parker）和袁得辉合译的《万国公法》中查明，义律根本没有治外法权。8月12日，义律在英船上开庭，对5名凶手轻判罚金和监禁后，便送回英国监狱服刑，事后才通知清国官方。

林则徐一气之下中断了英国人的补给，于8月24日向驻澳门的葡萄牙官员下了一道命令，要他们驱逐滞留在澳门的英国人。于是澳门岛上的57户遭驱逐的英国商人只得拖儿带女登上英国货船漂在海上，冲突升级，义律被逼到一个尴尬的境地。

义律曾派德国传教士郭士立（Gtzlaff）与林则徐谈判，郭士立后继马礼逊（Robert Morrison）任英国贸易监督的首席翻译，汉语非常好，他传达的英方要求大清解除禁令和恢复水粮、贸易的请求，遭到了林则徐的拒绝。九龙海战正是在这样的背景下慢慢发酵的。

九龙港一直是军港，早在1810年，百龄任两广总督时，就在这里建有炮台。在1838年刊刻的《广东海防汇览·九龙海防图》上，可以看到九龙湾畔绘有九龙官涌炮台，有城墙，有炮位，有营房；它的对岸是香港岛的红香炉汛，两个要塞扼守鲤鱼门内洋。（1839年11月的穿鼻洋之战后，林则徐将这里的炮台扩建为尖沙咀和官涌两座炮台。1841年清英真正开战后，由于此炮台孤悬海外，不足抗敌，被清军放弃。）

9月4日，义律率路易莎号（装备14门炮）、珍珠号（6门6磅炮）等5艘舰船来到九龙山口岸，发出提供水粮的最后通牒，遭到拒绝后，于14时开炮。正在巡洋的大鹏营守将赖恩爵指挥三艘各载10门炮的水师船和九龙炮台同时反击，双方对轰至18时，英船逃走。

有史家称这次零星冲突“揭开了第一次鸦片战争的序幕”。其实，虽然清英海上开炮对轰，但双方都不想让它上升到战争级别，通商的事，英国人还是想谈下来。所以，此间义律不断要求重开谈判，声称英国烟商同意：不贩鸦片，中方亦可搜检，查出夹带鸦片即可没收。已具结者，可自由贸易；不具结者，则在沙角搜检；不合作的英国烟商限三日内驱逐回国。但林则徐认为，如果不具结者可贸易，禁烟之举必全功尽废，于是设定了以具结和交凶为必要前提，谈判最终破裂。

政府间谈判没有谈成，但有些英商漂在海面上再也耗不起了。10月11日，英国货船汤姆士葛号就背着义律悄悄地在大清的“具结书”上签字，保证遵守中国法律。于是，这艘船就此结束了短暂漂泊在海上的生活，得以进入黄埔港，进行正常贸易。义律为了阻止英商私下与清廷签“具结书”，赶紧调来海阿新号（Hyacinth）军舰和窝拉疑号（Volage）一起在海口警戒。

11月3日，一艘满载大米的英国货船罗伊亚·撒克逊号躲过义律的警戒，在中方的“具结书”上签了字，随后驶向虎门。但此船刚开不久，就被义律发觉了，他立刻登上窝拉疑号，指挥海阿新号追赶，最后在穿鼻洋面追上了罗伊亚·撒克逊号，令其返航。恰好广东水师提督关天培率29艘水师巡逻船出现在这片洋面上。当时关天培的船上挂着标志旗舰的红旗，而英国海军无事皆挂白旗，出战则挂红旗，所以抢先向关天培水师发射炮弹，穿鼻海战就这样不明不白地打了起来。

广州水师事前没有接到任何作战命令，一些船还击几炮之后，撤出战场。只有旗舰上的关天培镇静地指挥火炮回击英国战舰。但大清兵船没有榴弹炮，皆为不开花的实心炮弹，即使落点非常准确，也只是在舰身上打出个洞，并不会爆炸伤人。最终，英国军舰仅横桅和帆桁受伤，无人员伤亡；而广州水师29艘战船均遭重创，有3艘当场沉没。

要特别说明的是国内许多文章在谈到这一战役时，经常会附一幅所谓的1839年穿鼻洋海战图。其实这幅西洋海战画原本叫“复仇女神号与大清水师炮战”（下一章里会专门谈到它），它经常被误认为表现1839年11月3日的清英穿鼻之战关天培击退英国舰队的场景。画中英国铁壳明轮战船复仇女神号是1839年11月23日才下水服役的，1840年6月它随英国东方舰队进入中国，所以它不可能参加这场战役，它真正参加的是1841年的穿鼻大战，并重创了广州水师。

1839年11月3日的穿鼻海战，英军虽然退出了穿鼻洋，但没走远，转而攻打九龙官涌炮台。4日、8日、9日、11日、13日，英军在九龙官涌海面连续炮击清军炮台。9日，林则徐再次调派大鹏湾赖恩爵等人就近带兵往官涌夹攻来犯英军，英军后来撤回尖沙咀，林则徐又命令部队从尖沙咀以北的官涌山上打击英军，最终将英军驱逐出尖沙咀。

英军退至珠江口外，林则徐向朝廷汇报抗英成果。他将这些冲突连同9月4日那一次冲突在内，在奏报中概括为“七战七捷”。且不说这算不算“七战”，或算不算“七捷”，这种高估清军海防能力的奏折实实在在地误导和鼓动了道光皇帝及朝臣们虚幻的胜利感，朝廷上下没人能认识到什么是海上战争，真正开战时，大清除了加筑炮台，还将怎样应对？

道光皇帝接到捷报后大喜，于1839年12月下令禁止广东口岸的全部对外贸易，断绝了中外之间的全部贸易往来，清英冲突再度激化。在1840年初的英国议会上，国会以271票对262票，通过对清国宣战。

这一次，战争真的从海上来了。

清英海战

第一次鸦片战争第一、二阶段

引言：开炮看中国与开眼看世界

虽然1793年马戛尔尼使团和1816年阿美士德使团在乾、嘉两朝两次进京都没谈成通商之事，但却完成了“开眼看中国”的任务，做好了“开炮看中国”的准备。英国不仅不再迷信中国，而且找到了对付大清的办法。严重逆差的英国为转变白银大量流入清国的被动局面，开始从孟加拉大量走私鸦片，通过珠江口输入清国各地。鸦片源源不绝地输入，白银大量流出，令大清贸易出现巨大逆差，到1838年时，鸦片输入量已高达1400吨。

1839年，道光皇帝不得不派出钦差大臣林则徐赴广东监督禁烟。来到广东才“开眼看世界”的林则徐，虽然以虎门销烟一举打击了英国的倾销政策，但他和道光皇帝都没料到英国维多利亚女王会在1840年初的议会上呼吁“为了大英帝国的利益”向清国发动战争。

这一年，道光皇帝58岁，执政20年。

这一年，维多利亚21岁，登基才2年。

1840年6月，英军舰船47艘、陆军4000人，在海军少将乔治·懿律（George

《九龙炮台》

此图描绘的是英军占领下的九龙炮台，炮台西门有英国士兵站岗，远处冒烟的明轮战船是复仇女神号，海边居民生活如常进行。1841 年 3 月，英军打下沙角、大角和虎门炮台之后，占据了九龙，遂将九龙官涌炮台炸毁，留下尖沙咀炮台，改称“维多利亚炮台”。此画绘于 1841 年，水彩纸本。

Elliot）和驻华商务监督查理·义律（乔治·懿律的堂弟）率领下，陆续抵达广东珠江口，封锁海口以截断清国海外贸易；7月，攻击定海，8月，抵达天津大沽口外。搞不清"英吉利至中国回疆各部有无旱路可通"的道光皇帝，以为罢免林则徐就可平息英国的销烟"冤屈"，遂派直隶总督琦善为钦差大臣，南下广东与英国人谈判。琦善哪里知道，英国要谈的是，既然能给葡萄牙一个澳门，就应给英国一块地经商。经过穿鼻洋一战，义律逼迫琦善签订了《穿鼻草约》，义律随后占了香港，这是清廷断然不能认可的。

1841年1月27日，清廷对英国宣战，鸦片战争进入第二阶段。

从关天培的《筹海初集·十台全图》中，可以看到清军以守为出发点，精心构筑了三道防线：第一道防线设在沙角、大角炮台之间，第二道防线设在武山与横挡山之间，第三道防线设于横挡北五里的大虎炮台。但开战后的战事证明，这个层层堵截方案只能防止敌舰闯过虎门，直逼广州，没能料到并不急于闯过虎门的英国炮舰先进攻炮台；三重互不相连、无法相互支援的孤立且没有顶盖的炮台，被英军炮舰以"各个击破"的战术攻陷。

1841年3月，英军打下沙角、大角和虎门炮台之后，占据了九龙，将九龙官涌炮台炸毁，留下尖沙咀炮台，改称"维多利亚炮台"。1841年5月27日，英军攻陷广州城北诸炮台，奕山只好保城求和，与英军签下《广州和约》，向英军交"赎城费"600万元，英军撤回香港。

从鸦片战争第一阶段的《穿鼻草约》到第二阶段的《广州和约》，这一路攻打珠江诸炮台的英军靠的只是几艘低等级的战船和400余人的兵力，士兵的数量、枪炮数量与质量都不比清军多，也不高级，但2万清军、几十个炮台、几百门大炮，就一败再败地败下来了。今天回头看当年的《筹海初集》，更像是一个反面教材，可供反思大清落后的筹海策略。

《1840 年 7 月 5 日攻击定海图》

此图原载于《爱德华 · 柯立航海图画日记（1837—1856）》一书，是英国随军医生爱德华 · 柯立当时画的海战纪实画，它记录了鸦片战争第一战，战斗在浙江定海打响，仅一天定海就被攻陷。

定海初战

——《1840 年 7 月 5 日攻击定海图》 1840 年绘

——《葛云飞增辑两浙海防图》 约 1841 年绘

林则徐 1839 年 6 月在虎门销烟，7 月拆除了广州外国商馆，眼看做不成清国生意的英国政府于 1840 年 4 月通过了战争议案，决定派兵攻打大清。英国政府任命懿律和义律为正、副全权代表，懿律为侵华部队总司令，于 6 月率领英国舰船 40 余艘及士兵 4000 人，抵达虎门海面，第一次鸦片战争即将拉开序幕。

人们通常把虎门之战说成是鸦片战争第一战，其实，英国舰队封锁珠江口之后，并没在珠江口立即开战，而是调集主力舰队北上舟山。1840 年 7 月 5 日，英国舰队入侵定海，清英舰队海上展开对轰——鸦片战争第一战由此开始。

定海之战不仅比虎门之战早了半年多，而且被鸦片战争研究忽视了多年的舟山亦是鸦片战争的主战场。其实，早在 17 世纪初，英国就向清廷提出设立

商馆、开放舟山等地为通商口岸的要求，表现出对舟山群岛的觊觎之心。康熙皇帝似乎觉得名叫“舟山”的这个岛屿有漂浮不定之感,遂下诏改“舟山”为“定海山”，赐名定海县。但定名容易，定海难，英国向大清宣战之际，占领舟山早已是题中之义了。

舟山本岛很大，定海位于它的南部，是面向大陆的一座古城。笔者考察定海的第一站是港务码头。这里现在是著名的滨海景区，坐在海鲜餐厅的窗前，可以看到平静的港湾，清英定海之战即在这里打响。对照英国随军医生爱德华・柯立的《爱德华・柯立航海图画日记（1837—1856）》一书所载他当年绘制的海战纪实画《1840 年 7 月 5 日攻击定海图》，结合史料，我们可以简单复现清英舰队海上对决的场面。

据史料记载，7 月 5 日 14 时，英舰首先向定海“舟山渡”（今天的舟山港务码头至道头公园一线）海防阵地发起炮击。定海总兵张朝发率战船及水师 2000 余人出海迎战，双方在港口外的海面上摆开战阵。此图的左侧，插长条龙旗的为清舰，图右侧插长方米字旗的为英舰。双方皆用战舰侧面的大炮对轰，战斗仅持续了 9 分钟。英舰队中弹 3 发，损失很小，但大清水师则顶不住英舰炮火攻击，总兵张朝发战死，清军溃退到陆上防线。在图的右下角，可以看到英舰上下来的海军陆战队上了登陆艇，准备登陆。

定海总兵张朝发阵亡后，定海县令

《葛云飞增辑两浙海防图》

图中绘制得最仔细的部分就是舟山群岛，岛上绘出了定海城和入城的港湾、扼守港湾的竹山门。1840 年 9 月下旬，英军卷土重来，三总兵打响了第二次定海保卫战。

姚怀祥在城内率领军民继续抵抗登陆的英军。7 月 6 日晨，这座宋代构筑的石头城被英军从东门攻陷，姚怀祥退至北门，眼看无力回天，转身投梵宫池殉国，定海沦陷。

攻下定海后的英军留下一批人驻守定海，另一支队伍继续北上天津。8 月 11 日，英军抵达天津，将《致中国宰相书》进呈大清皇帝。道光皇帝误以为英国人只是对销烟不满意，于是罢免了林则徐，但拒绝赔偿鸦片损失，更拒绝割让岛屿，并令其“反棹南还，听候办理”。英军同意返航，但要求到广东继续与大清谈判。9 月 28 日，英舰队回到定海，但在这里疫病流行，半年时间英军病死 448 人。

1841 年 2 月 23 日，定海镇总兵葛云飞、寿春镇总兵王锡朋、处州镇总兵郑国鸿，从浙江率水师 3000 人杀回定海，收复失地。英军见三总兵声势浩大，自己却战线过长，又有疫病困扰，只得于 2 月 25 日撤出定海城。

葛云飞收复失地后，料定英国人一定会再夺定海。于是，葛云飞深入海岛，踏勘地形，提出对英军入侵必须早做准备，加强海防。从这幅葛云飞编绘的《葛云飞增辑两浙海防图》局部图看，葛云飞做好了全线抗敌的准备。图中绘制得最仔细的部分就是舟山群岛通往这里的几条航线。岛上绘出了定海城和入城的港湾，扼守港湾的竹山门……这年 9 月下旬，英军果然卷土重来，三总兵打响了第二次定海保卫战。

穿鼻海战

——《1841 年 1 月、2 月英军攻打穿鼻大角威远炮台》 约 1841 年绘

——《复仇女神号与大清水师炮战》 约 1841 年绘

——《1841 年 1 月 7 日英军攻击大角炮台图》 约 1841 年绘

1840 年秋，道光皇帝将林则徐革职，年底，新任两广总督兼海关监督琦善到达广州。此时，懿律已因病辞职，他的堂弟义律接任在华全权代表一职。义律与琦善开始谈判。1841 年 1 月 6 日，道光皇帝收到琦善第三期奏折后，下令：“逆夷要求过甚……非情理可谕，即当大军挞伐……逆夷再或投字帖，亦不准收受。”但早于龙颜不悦的前一天，义律已先不悦了，他不满谈判进程与条件，于 1 月 7 日上午悍然派出 7 艘军舰、4 艘轮船和 10 余只舢板，载英军 1500 余人，突袭虎门外第一重门户——穿鼻洋，拉开了攻打虎门的序幕。

珠江入海口，东岸有香港，西岸有澳门；再向内是两个海角守护的穿鼻洋，东岸为东莞县的沙角，西岸是顺德县的大角，两角相距 30 里左右，为虎门外的第一道锁钥。琦善怕与英军生是非，在海口处撤下守军，大角、沙角两炮台仅有数十兵力驻防。虎门形势紧张后，才由副将陈连升率兵 600 余名临时加强两个炮台的防御。

从《1841 年 1 月、2 月英军攻打穿鼻大角威远炮台》标注的舰名来看，参加 1 月 7 日穿鼻洋海战的都是载炮 20—40 门的护卫舰、巡航舰级别的小型战舰。英国伯拉特（Pratt）少校担任了这次战役的总指挥，他将舰队分为两个支队：

图右的东路支队，由英国海军的海阿新号、加略普号（Calliope）、拉尼号（Larne）三舰组成。此支队担任主攻，

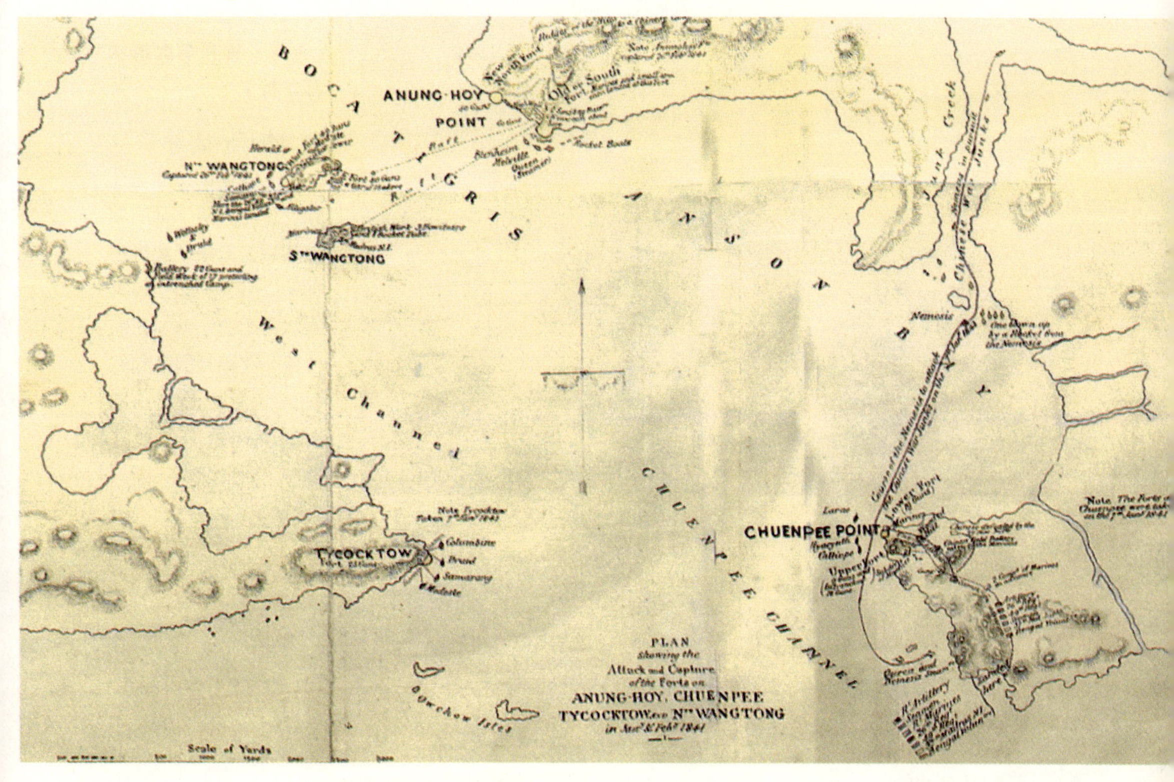

《1841 年 1 月、2 月英军攻打穿鼻大角威远炮台》

此图记录了两个月来英军的进攻路线与战况，既有 1 月 7 日的穿鼻洋海战，也有 2 月 26 日的虎门海战。图为英国海军部 1841 年绘制，现藏大英图书馆。

攻打此图右边的沙角炮台，亦称穿鼻炮台（Chuenpee point）。这里要特别说一下拉尼号。1839 年 6 月 3 日林则徐在虎门销烟之时，英国在珠江口有 20 余艘商船，仅有这艘 400 吨的小型护卫舰拉尼号保护，此舰共有大小炮 34 门。

同时，还有东印度公司的复仇女神号（Nemesis）、皇后号（Queen）武装蒸汽船参战。这幅《复仇女神号与大清水师炮战》西洋海战画，经常被误认为表现的是 1839 年 11 月 3 日的清英“穿鼻之战”关天培击退英国舰队。不过，画右侧英国铁壳明轮战船复仇女神号是 1839 年 11 月 23 日才下水服役的，1840 年 6 月才随英国东方舰队进入中国，它不可能参加 1839 年的穿鼻大战。所以，画面显示的是 1841 年 1 月 7 日的清英穿鼻海战，装炮 7 门的复仇女神号战船发

《复仇女神号与大清水师炮战》

此图表现的是 1841 年 1 月 7 日复仇女神号在穿鼻洋与大清水师的海上激战，记录了复仇女神号以强大火力击毁大清水师船的一幕。在描绘第一次鸦片战争的许多西洋海战画中，都有这个明轮船的独特身影。

炮击毁清军战船。在描绘第一次鸦片战争的许多西洋海战画中，都有这个明轮船的独特身影。

复仇女神号、皇后号武装蒸汽船载着海军陆战队，由汉奸引领从穿鼻登陆（《1841 年 1 月、2 月英军攻打穿鼻大角威远炮台》图的右下方），用竹梯爬上后山，向驻沙角清军阵地进攻，焚毁山下三江口守军和水师船 10 余艘。占领了各制高点的英军安好野战炮，俯击沙角炮台。年逾花甲的大清陆军三江口协副将陈连升指挥兵勇抵抗，终因兵力单薄，战术呆板，经不起英军正面炮击和侧后登陆包围而陷入被动。陈连升和儿子陈举鹏战死在阵地上，沙角炮台陷落。

图左的西路支队由英国海军哥伦拜恩号（Columbine）、都鲁壹号（Druid）、摩底士底号（Modeste）、萨马兰号（Samsrang）4 艘军舰组成。这支舰队的攻击目标是“大角炮台”（Tycock Tow）。

这幅西洋画家所绘的《1841 年 1 月 7 日英军攻击大角炮台图》版画，表现了英军登陆大角后，从大角后山南北两侧包抄炮台。画面显示，英军按照欧洲作战的战法，一是摆好炮对堡垒进行轰击，二是列方阵一边用排枪轮番射击，一边向前推进。这样的攻击令使用鸟枪的守军几乎无法对抗。大角炮台千总黎志安率 200 多名官兵英勇抗击，终因寡不敌众，突围撤退。大角炮台落入英军之手（第二次鸦片战争后，大角炮台增设为振阳、振威、振定、安平、安定、安威、安胜、安盛 8 处炮台，分布在南北两道山梁上）。英军放火烧毁营房，拆毁炮台，然后全部撤回舰上。

《1841 年 1 月 7 日英军攻击大角炮台图》

此图表现的是 1841 年 1 月 7 日英军登陆大角后，按照欧洲作战的战法，一是摆好炮对堡垒进行轰击，二是列方阵一边用排枪轮番射击，一边向前推进。这样的攻击令使用鸟枪的大清守军几乎无法对抗，大角炮台很快被摧毁。

沙角、大角二炮台失守，英军占领了穿鼻洋。

1841 年 1 月 20 日，义律逼迫琦善签订了《穿鼻草约》，主要内容是：香港本岛及其港口割让与英国；赔偿英国政府 600 万银元；开放广州为通商口岸……琦善同意赔款，但割地则要上报皇上，所以，双方未正式签约。虽然如此，1 月 21 日，义律还是单方面公布了《穿鼻草约》，并在 1 月 26 日私自派英舰硫磺号（Sulphur）在香港水坑口登陆，强行占领了香港，义律出任香港行政官（不是总督）。人们通常以这一天为香港沦陷日，香港从此成为英国殖民地。

但是，义律与琦善签订的《穿鼻草约》，清英政府都不承认。道光皇帝因琦善擅自割让香港，令锁拿解京问罪，1841 年 2 月 27 日，清廷对英国宣战，第一次鸦片战争的第二阶段战事由此展开。

虎门大战

——《英军进攻珠江全图》 1842 年绘

——《虎门海战》 约 1841 年绘

1841 年 1 月 26 日，义律私自派出巡航舰硫磺号在香港水坑口登陆，强行占领了香港，并出任香港行政官。从这幅英国海军部绘制的《英军进攻珠江全图》上，可以看到珠江口东侧海口的香港岛已被涂成红色。当年凡英国占领的殖民地，英国绘制地图时皆涂为红色，表明英军已经占领。图的左侧海口西部，标注了澳门。珠江中部标注了虎门及两岸要塞。图的顶部是英军攻击的最终目标——广州城。

1841 年 2 月 27 日，道光皇帝听说大角、沙角被英军攻陷，龙颜大怒，下令对英国宣战，并派侍卫内大臣奕山为靖逆将军，从各地调兵万余人赴粤。史家将此记为“鸦片战争第二阶段”。但就在大清宣战的前一天，即 2 月 26 日，义律又一次抢先“大怒”了，清晨开始向虎门阵地发起进攻。英国海军部绘制的《1841 年 1 月、2 月英军攻打穿鼻大角威远炮台》记录了两个月来英军珠江口的进攻路线与战况。有 1 月 7 日穿鼻洋海战，也有 2 月 26 日虎门海战。此图左上角标注的“WANGTONG 26 FEP 1842”，即 1841 年 2 月 26 日的虎门海战。

虎门是珠江口通往广州的第三道关口。1839 年关天培曾在巩固东北角山根与江心横挡岛间，构拦江锁链两道，以拦截入侵之敌；但一心避战的琦善为向英国人表明“友好”态度，把拦江锁链主动撤了。所以，英军舰队轻易就过了横挡炮台这一关。

从《1841 年 1 月、2 月英军攻打穿鼻大角威远炮台》图左可见英军派出配

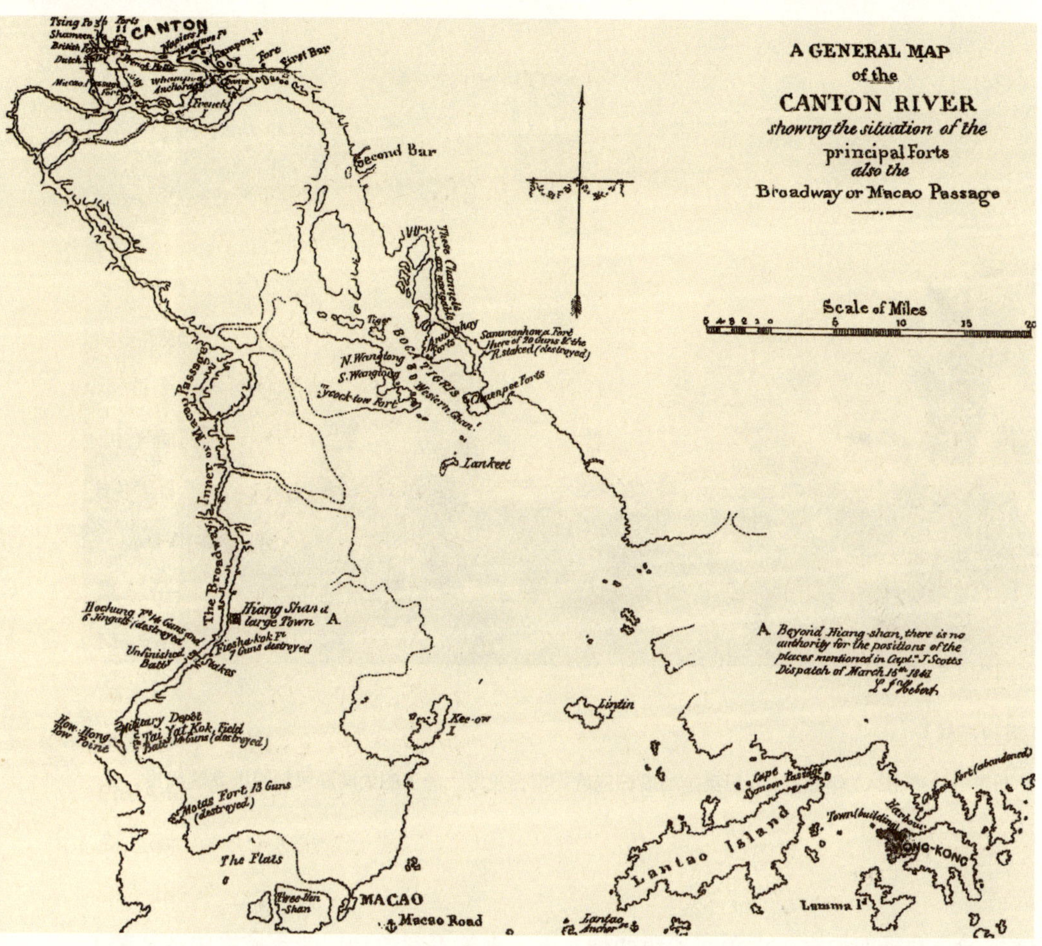

《英军进攻珠江全图》

图中可以看到珠江口东侧海口的香港岛已被涂成红色，表明英军已经占领此地。图左侧海口西部标注了澳门。珠江中部标注了虎门及两岸要塞。图的顶部是英军攻击的最终目标——广州城。此图为英国海军部 1842 年绘制，现藏大英图书馆。

有 74 门炮的威里士厘号（Wellesley）大型战舰，紧随它的是配有 44 门炮的中型战舰都鲁壹号，两艘英舰先克横挡炮台，然后强攻威远炮台。在威远、镇远炮台前，有两艘皆配有 74 门炮的麦尔威厘号（Melville）和伯兰汉号（Blenheim）大型战舰。由于英国三等级战舰所配的大炮射程均比清军炮台大炮射程远，所以英舰几乎不受损失，就将青衣山下由南向北排列的威远、靖远、镇远炮台一一击毁。

此时，总兵李廷钰与提督关天培分

《虎门海战》

此图表现的是 1841 年 2 月 26 日英国炮舰在向虎门炮台发炮，海上的大清渔民划船逃命的场景。

守威远、靖远两炮台。大角、沙角两炮台失守后，道光皇帝以督率无方为名，革去关天培的顶戴，令其戴罪立功。战前关天培曾用西洋重炮重新武装各海岸炮台，并配有西洋原厂火药和炮弹，工事相当坚固。但 1841 年 2 月 26 日清晨，英舰向虎门各炮台大举炮击后，近万名大清守军在 1000 名英军的围攻下竟一哄而散；只有戴罪立功的关天培等 400 多大小军官守在靖远、威远炮台。

麦尔威厘号和伯兰汉号大型战舰用大炮狂轰靖远炮台，关天培率孤军奋战，一直等不到救兵，炮台最终陷落，关天培部众全部牺牲。打下靖远炮台后，英军调转炮位，全力攻打威远炮台。总兵李廷钰终因弹尽粮绝，率部队撤退。以威远、靖远、镇远、巩固、永安、横挡炮台组成的珠江上第三道防线，终于被英军突破。

这幅《虎门海战》西洋水彩画描绘了 1841 年 2 月 26 日英国炮舰在向虎门炮台发炮，海上的大清渔民划船逃命的场景。英军打下虎门后，继续北上，广州告急。

大黄滘之战

——《1841 年 3 月至 5 月英军沿珠江进攻广州图》 1841 年绘

——《大黄滘炮台》 1841 年绘

攻克虎门的英国舰队，几乎是一刻不停地溯流北上，直逼广州城。从这幅英国海军部绘制的《1841 年 3 月至 5 月英军沿珠江进攻广州图》上，可以看到“1841 年 3 月 1 日”的字样，表明此时英国舰队已经到达广州城东江面。英军一边发起广州战役前的又一轮通商“谈判”，一边向广州城下靠近，准备新一轮进攻。

1841 年 3 月 7 日，英舰摩底士底号侵入大黄滘江面。经历了大角、沙角与虎门两次败仗后，清军水师和炮台营兵已全无斗志。当英国炮舰开至广州城外的江面时，大清守军甚至放弃抵抗。据英国人记载，曾有大黄滘守军与英军私通，“请求英军不要放炮，守军只放六次空炮，给朝廷留点面子，而后撤出阵地”，但英军觉得有失英国军人风采，没有答应，还是于 3 月 13 日进攻大黄滘炮台，并且不费吹灰之力就攻占了大黄滘炮台。在《1841 年 3 月至 5 月英军沿珠江进攻广州图》的左边，注记有攻打大黄滘炮台日“13 MARCH 1841”，即 1841 年 3 月 13 日。

大黄滘（滘，水流交汇之地）炮台坐落于广州东塱村大黄滘口只有一亩地大小的龟岗岛上，过黄埔之后，这里是广州的最后关口，距广州老城只有 2 里水路。因船只从虎门到龟岗岛前，必须转舵航行，所以，大黄滘炮台俗称“车歪炮台”。这幅《大黄滘炮台》出自《中国：那个古代帝国的风景、建筑和社会风俗》（*China:The Scenery, Architecture, and Social Habits of That Ancient Empire*）一书，作者为英国版画家托玛斯·阿罗

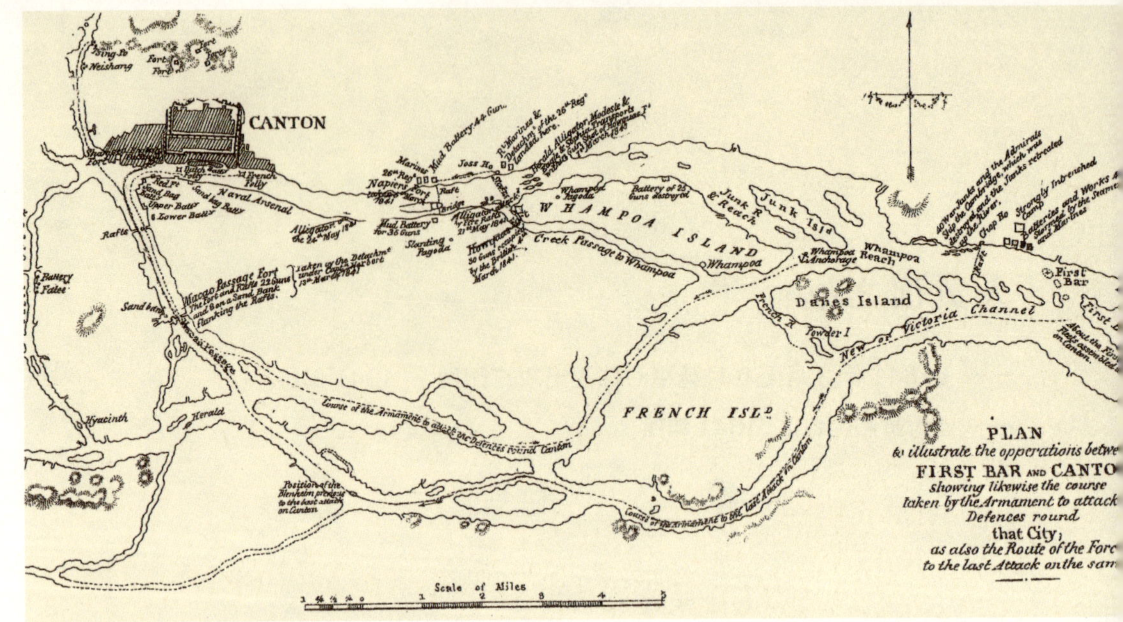

《1841 年 3 月至 5 月英军沿珠江进攻广州图》

左边记有攻打大黄滘炮台的日期："13 MARCH 1841"，即 1841 年 3 月 13 日，表明此时英国舰队已经到达广州城东江面。英军一边发起广州战役前的又一轮通商"谈判"，一边向广州城下靠近，准备新一轮进攻。此图为英国海军部绘制，现藏大英图书馆。

姆(Thomas Allom)。它看似一幅风景画，却记录了第一次鸦片战争时的大黄滘炮台。大黄滘炮台是 1817 年兴建的炮台。夕阳中的大黄滘，一派渔舟唱晚的情景，不久它将被英军攻占。英国人这样评价画中的那座被石砌堡垒围在中央的四层小宝塔："中国宝塔都是五层、七层或九层，此四层塔，有些异样和不祥。"这不祥恰是英国人带来的打破和平与安宁的侵略战争。

英军不费吹灰之力就攻占了大黄滘炮台，从这里北望，隐约可见广州城墙。驻扎在此地的英军，一边等待清廷妥协，答应通商等要求；一边观察地形，准备攻打广州城。5 月 17 日，谈判无望的英国人下令攻击广州城。

《大黄滘炮台》

此画出自《中国：那个古代帝国的风景、建筑和社会风俗》一书，作者为英国版画家托玛斯·阿罗姆。夕阳中的大黄滘炮台一派渔舟唱晚的情景，然而不久将被英军攻占。

攻打广州

——《1841 年 3 月 18 日和 5 月 25 日英军进攻广州图》 1841 年绘

——《登陆广州图》 1841 年绘

——《1841 年 5 月 25 日广州附近堡垒与高地攻占图》 1841 年绘

1841 年 3 月 18 日，谈判无望的英国人下令攻击广州城。

当时守卫广州的是清廷从湖南提督任上调来的已是古稀之年的杨芳，这位新任广州参赞大臣令一位副将以马桶装妇女尿液放在木筏上迎击敌舰，此邪术转眼被英军击破。这幅《1841 年 3 月 18 日和 5 月 25 日英军进攻广州图》详细记录了英军两次攻打广州的作战路线：

第一次攻击是 3 月 18 日。这次进攻从此图下方大黄滘炮台开始，英国海军的摩底士底号和英国东印度公司的马达加斯加号（Madagascar）、复仇女神号等小型战船沿河道行至花地，并进一步攻至广州城外西南部西关“沙面”（Shamcer，地图上广州城外暗影部分），在十三行的英国商馆停留片刻撤离。

第二次攻击是 5 月 25 日。从 5 月初开始，清廷调集各地援军相继抵粤，21 日新到任的两广总督奕山下令火攻英军舰船，英军略受损失。5 月 21 日，英国舰船已达广州城西边的花地，英国海军陆战队随后从西北和东南两方向靠到广州城墙下，于 5 月 25 日从此图的上方和右边攻打广州城北的“大北门”和“小北门”。

《登陆广州图》原载于《爱德华·柯立航海图画日记（1837—1856）》一书，是英国随军医生爱德华·柯立当时画的海战纪实画，表现了 5 月 25 日英国海军陆战队用滑轮放下舰载登陆艇，以及英军划船登陆的战斗场景，远处有宝塔

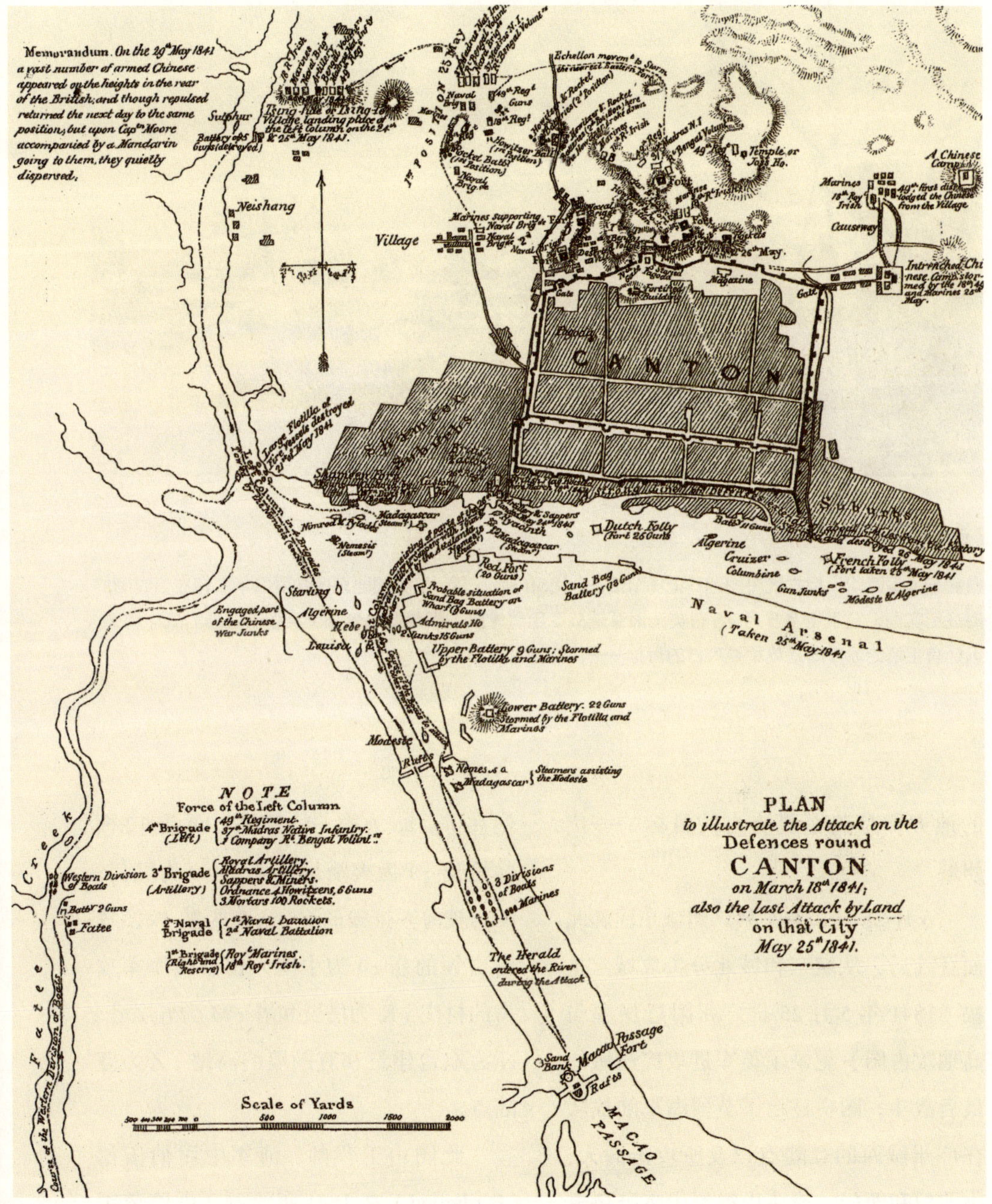

《1841 年 3 月 18 日和 5 月 25 日英军进攻广州图》

图中详细记录了英军两次攻打广州的作战路线。此图为英国海军部 1841 年绘制，现藏大英图书馆。

《登陆广州图》

原载于《爱德华 · 柯立航海图画日记（1837—1856）》一书，是英国随军医生爱德华 · 柯立当时画的海战纪实画，它表现了5月25日英国海军陆战队用滑轮放下舰载登陆艇，士兵划船登陆的战斗场景，远处有宝塔的地方即是英军要攻占的目标——广州城。

的地方即是英军要攻占的目标——广州城。

5月25日，英军从广州城东面和北面登陆后，从城东和城北分头攻城。这幅《1841年5月25日广州附近堡垒与高地攻占图》记录了英军进攻广州城的最后战斗，图中显示了英国海军陆战队在广州城西的登陆点以及所攻击的大、小北门和西门，战斗由海军少将卧乌古（Viscount Hugh Gough，一译郭富）指挥。

图左的图例显示：

绿色，19团；橙色，37团；蓝色，海军旅；黄色，海军陆战队；蓝红色，炮兵等。aa为第一火箭队；bb为12榴弹炮连；f为火箭炮位置；xxx为城门；A为被海军摧毁的炮台；E为被49团攻击占领的庙；I为中国人保卫被海军攻占的村庄；K为塔城和塔；M为五层塔；N为炮台建筑和有围墙的高地；Z为登陆点。

此图由工程师、海军中尉伯伍德（Birdwood）在1841年绘制，由伦敦军事平版印刷局印制。在1842年1月8日送到Hydrog办公室保存，那里还保存了其他广州地区的测绘图和详细的海湾图。此图现藏英国海军部图书馆手稿收藏室。

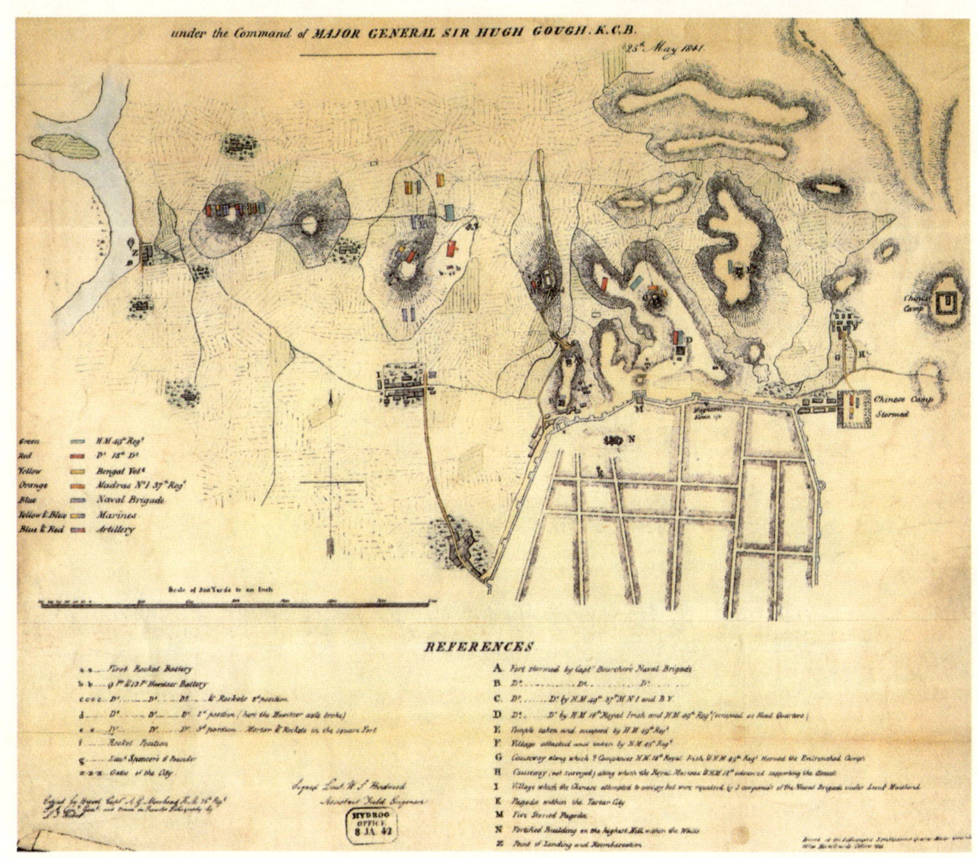

《1841 年 5 月 25 日广州附近堡垒与高地攻占图》

此图记录了英军进攻广州城的最后战斗，图中显示了英国海军陆战队在广州城西的登陆点以及所攻击的大、小北门和西门。此图由工程师、海军中尉伯伍德在 1841 年绘制，由伦敦军事平版印刷局印制，现藏英国海军部图书馆手稿收藏室。

这天，英军攻陷广州城北诸炮台，设司令部于地势最高的永康台，大炮可直轰城内。1841 年 5 月 27 日，奕山保城求和，签订《广州和约》，大清向英军交“赎城费”600 万元，英军撤回香港，广州战役至此结束。

广州之战，英军仅用几艘小船、400 余人、十几门炮，2 万清军就丢弃了 600 多门炮、好几座炮台和大量船只逃跑了，还有炮台与英军联系，英舰过来打炮台，炮台与英舰互射 3 轮空炮交差，然后逃走，英舰不得发炮追击。

7

清英海战

第一次鸦片战争第三阶段

引言：英国海军为何要进入长江打南京

英国对清国的海上进攻，持续了一年，虽然取得了一些军事上的胜利，但与大清签订通商条约的事，一直没有办成。英国政府决定换个指挥官，也换一种打法，以求一场实实在在的胜利，得到一个实实在在的成果。

1841 年 5 月 31 日，英国外相以义律对清国的攻略过于保守为由，改派璞鼎查（Henry Pottinger）接替义律全权办理清国事务。8 月 21 日，璞鼎查带着海军少将巴克尔（Sir William Parker）、陆军中将卧乌古率领 10 艘军舰、4 艘轮船、20 艘运输船以及陆军 2500 人离香港北上，进入厦门海域。

第一次鸦片战争由此进入第三阶段。

英军在璞鼎查的指挥下，8 月 26 日攻破厦门，占据鼓浪屿。10 月 1 日攻陷定海，10 日攻陷镇海，随后占了宁波。面对过长的战线、过多的占领地，英国政府感到"把这些占有地，永久保留在英国领域之内，会使庞大而固定的开支随之而来"，所以要找一个"决定性战役"迫使大清签订通商条约，来结束这场拖得太久的战争。

经过分析，璞鼎查决定放弃攻打沿海港口，将"决定性战役"目标选在南

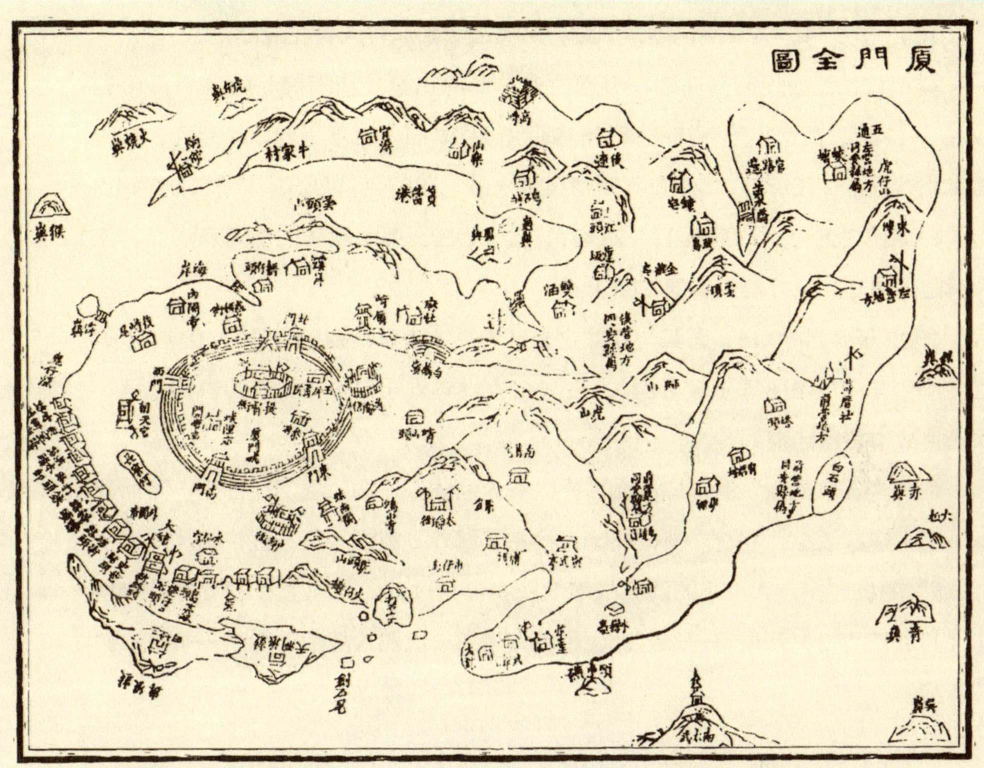

《厦门全图》

明洪武二十年（1387）在厦门设“中左千户所”，纳入海防体系，归同安县管辖。此图为清道光十九年（1839）绘制，图右侧圈出的“白石头”位置可见“同安县属前营地方”的注记，表明这个厦门“锁钥”已有海防驻军。在它西侧的海岬位置绘有兵房，旁边标注“炮台”，这里即是胡里山炮台。在厦门古城东侧长达 4 公里的海岸线上断续筑有海岸炮台。

京。因为清廷物资银财主要由运河输送，只要沿着长江攻占南京，扼住大运河的主要航道，切断清廷经济命脉，清廷就无法拒绝英国的要求。从 1841 年 10 月起，半年多时间里，英军静待援兵。此间，英国政府令驻印度的英国殖民当局集中一切可能调动的海陆军来华，使侵华英军拥有大小战船 76 艘、火炮 724 门、海陆军队 1.2 万余人。

1842 年 5 月，英军决定放弃宁波，沿海战事由此转入长江战役。

英军将长江战役的时间选在春夏之交，此时正是大清南粮北运时节。1842 年 5 月 18 日，英军攻陷浙江平湖乍浦镇。6 月 16 日，打下吴淞口。此后，英国援军相继到达长江口外，璞鼎查不理耆英等人的乞和照会，以舰船 73 艘、陆军 1.2 万人，溯长江进犯。7 月 21 日，攻陷镇江，27 日，英军舰队驶抵南京江面。无力再战的清廷，只好接受英国的要求。

1842 年 8 月 29 日，耆英与璞鼎查签订清英《南京条约》(随后，1844 年美国在澳门与清廷签下《望厦条约》，法国在广州与清廷签下《黄埔条约》)，第一次鸦片战争宣告结束。

依约“五口通商”的口岸应允许外国商人居住，宁波、厦门、福州、上海都准外国人建起领馆，唯有广州把外国人挡在了城外。英国舰队一直在珠江口寻找“入城”的机会，大大小小的清英战事就没有停止过，如英国画家记录的《1847 年 4 月珠江战役》就是其一。因此，也就有了第一次鸦片战争的继续——第二次鸦片战争。

攻占厦门

——《1841 年 8 月 26 日、27 日英军进攻厦门图》1841 年绘

——《1841 年 8 月 26 日英国舰队进入厦门海面》1841 年绘

——《英国战舰伯兰汉号》1825 年绘

——《英军攻占石壁炮台》1841 年绘

厦门是英国早就看中的海上要冲与贸易集合点。早在 1840 年 6 月，英军就曾以递交清宰相书副本为由，欲进入厦门，但被闽浙总督邓廷桢拒绝。清英双方在胡里山及其海面发炮对射，激战 3 个小时，最终，英军离开了此地，北上定海。

一年过后，英国外相以义律对清国过于保守为由，于 1841 年 5 月 31 日撤走了义律，改派璞鼎查接替清国事务。8 月 21 日，璞鼎查带着海军少将威廉·巴克尔、陆军中将卧乌古率领 10 艘军舰、4 艘轮船、20 艘运输船以及陆军 2500 人进入厦门海域，第一次鸦片战争由此进入第三阶段。

这幅《1841 年 8 月 26 日、27 日英军进攻厦门图》全面记录了英军进攻厦门的时间、路线与参战舰船。图上可见，英军五等战舰布朗底号（Blonde）等两艘战舰分布于厦门“内港”（Inner Harbour）；在“外城”（Outer Town）与“外港”（Outer Harbour）间停泊了 9 艘战舰；舰队前的两艘战列舰为威里士厘号和伯兰汉号。图右侧黄色工事为胡里山防线，英国战舰在胡里山炮台至沙坡尾外的深水区时，恰好处在石壁炮台射程外，而石壁炮台却在英舰射程内。图右下标注有英军第 18 团登陆点。图左侧的“CO-LONG-SOO”为英军用闽南话拼写的鼓浪屿，8 月 26 日 15 时左右，英军先后在鼓浪屿和石壁炮台登陆。

英军攻打厦门的战斗于 8 月 26 日

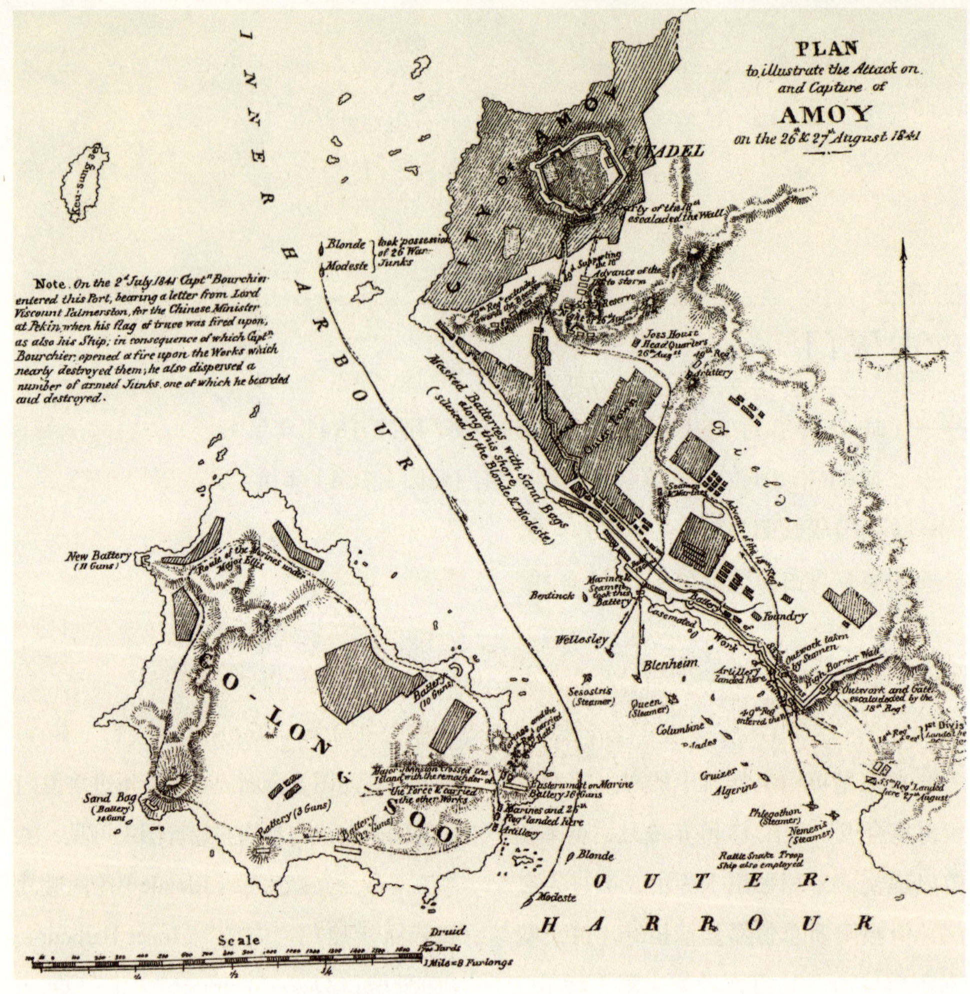

《1841 年 8 月 26 日、27 日英军进攻厦门图》

此图全面记录了英军进攻厦门的时间、路线与参战舰船。图为英国海军部 1841 年绘制，现藏大英图书馆。

13 时 45 分打响。英国随军画家格劳弗的这幅题为《1841 年 8 月 26 日英国舰队进入厦门海面》的水彩画，为人们提供了当时攻打胡里山防线的战斗细节。据英国宾汉（J.E.Bingham）所著《英军在华作战记》（*Narrative of the Expedition to China*）载，随军画家格劳弗当时就在运送英国海军陆战队的武装轮船弗莱吉森号（Phlegethon）上，他曾自告奋勇随陆战队的小艇登岸，并第一个"在攻克的炮台上挂起英国国旗"。

这幅海战纪实画特别可贵的地方

《1841 年 8 月 26 日英国舰队进入厦门海面》

这是英国随军画家格劳弗所绘制的海战纪实水彩画，表现了英国舰队在厦门海面的战斗部署。图纵 18 厘米，横 25 厘米，现藏英国国家海事博物馆。

是画家在图的下方标注了参战的英国战舰与方位：左起第一艘为五等军舰卑拉底士号（Pylades）；第二艘、第三艘为运载海军陆战队的皇后号和西索斯梯斯号（Sesortris）；画面正中央的 3 艘大船，中间为载炮 74 门的旗舰、三等战列舰威里士厘号；右边为载炮 74 门的三等战列舰伯兰汉号；左边为测量领航船、载炮 10 门的等外舰班廷克号（Bentinch）；最右边的二桅军舰为运送海军陆战队的武装轮船弗莱吉森号。

战斗中，火力较弱的测量领航船兼战舰班廷克号，负责围绕锚泊的 2 艘战列舰进行警戒，防止清军水师战船从背后偷袭，画中一艘折成两截的小船即是被班廷克号击沉的清军战船。更值得注意的是战列舰伯兰汉号，它是英国第一次鸦片战争中参战舰中最高级别的主力战舰，以风帆为动力，船身为木制，有三层炮位舱板，载炮 74 门，属于三等级战舰。早期的英国海军军舰分为六等，一级为最高级，也就是说英国没派最高级的战舰参战。作为主力战舰，伯兰汉号受到高度重视，曾有英国人绘海战画《英国战舰伯兰汉号》描绘它的英姿；英国人占领香港后，尖沙咀东部的白兰轩大道即以此舰命名。

从图上对英军各舰的位置、关系和攻击形态来看，此时英舰威里士厘号、伯兰汉号这两艘吨位较大的战列舰，已行进至沙坡尾外的深水区，并在此收帆下锚，一起利用重型舷列炮对石壁炮台进行猛烈炮击。两艘战列舰在攻击时，先是逆潮向，利用舵效控制舰体姿态，使用右舷炮火分层间隔齐射 5—8 轮后，再利用潮动和锚定换舷，使用左舷炮继续攻击，既保证火力持续，又可冷却使用过热的火炮。就这样，英舰向石壁炮台炮击两小时后，于15时多，开始发起侧翼冲锋。画上的船形小黑点，即是英国海军陆战队和炮队搭乘的小舢板，在编队舰炮火力的掩护下，靠向石壁炮台东侧。

厦门的海防主要是胡里山海边构筑的石壁炮台，英军称其为“长列炮台”。此炮台号称鸦片战争初期大清国的三大炮台（虎门、石壁、镇江）之一，是闽浙总督颜伯焘历时8个月、耗银200万两，精心打造的海防壁垒。炮台建在厦门白石头至沙坡尾一带的海岸线上，防线长约1.6公里，高3.3米，石壁厚2.6米，全用花岗岩建成，每隔16米留一炮洞，共安设大炮100门。

笔者到厦门东海岸实地考察，感到英国人称石壁炮台为“长列炮台”也有道理。这个炮台确实是长长一列，东起白石头海角，西至胡里山海岬，共有4公里长。白石炮台在清道光十九年（1839）绘制的《厦门全图》上，即可看到这里已是“同安县属前营地方”。虽然现在这里已找不到当年炮台的遗迹了，但2008年在白石炮台西侧的曾厝垵沙滩出土了多门清代大炮，上面铸有“清嘉庆十一年夏铸”的字样，再次证明当年这里确是一条绵延4公里的海岸炮台。今天人们看到的胡里山炮台是1896年重新构筑的，炮台摆着1893年购自德国克虏伯兵工厂的一门280毫米克虏伯大炮，有效射程可达16000米，但此炮台再没参与过任何晚清海战了。

英军对付大清所有的炮台都用一个战法，先是发起正面佯攻，随后派舰船迂回至炮台侧面攻击。石壁炮台在此种对抗中显露出“先天不足”，炮台的炮洞皆为方形孔，火炮只能朝前射击，不能左右转动，大大限制了两侧的射击范围。这幅英国随军画家格劳弗绘制的《英军攻占石壁炮台》水彩画，让人们看清了石壁炮台的历史面目和英军在石壁炮台登陆的战斗场面。15时45分，英军第18团在石壁炮台东侧沙滩登陆。画面上的清军“藤牌兵”，身穿虎衣，头戴虎帽，手持藤牌、片刀与手持火枪的英军搏杀，16时左右炮台即失守。当晚，总兵江继芸投海自杀。次日，英军攻下厦门城。据说，道光皇帝经过此役才得知：侵华英军中还有海军陆战队。

英军攻克厦门休整20天后，留下5艘军舰驻泊鼓浪屿，其余29艘战舰，在海军司令巴克尔和陆军司令卧乌古两位将军的率领下，编队北上，攻打定海。

《英国战舰伯兰汉号》（上图）

此画约绘于1825年，伯兰汉号为风帆动力舰，三层炮位载炮74门，属三等级战舰，是第一次鸦片战争时英军参战舰中最高级的战舰。

《英军攻占石壁炮台》（下图）

这是英国随军画家格劳弗所绘制的海战纪实水彩画，表现了英军第18团在石壁炮台东侧沙滩登陆的场景，清军藤牌兵身穿虎衣，头戴虎帽，手持藤牌、片刀正与手持火枪的英军对抗，炮台转眼失守。图纵18厘米，横25厘米，现藏英国国家海事博物馆。

二打定海

——《1840 年至 1841 年进攻定海与舟山图》 1841 年绘

——《定海海防图》 1841 年绘

——《1841 年 10 月 1 日定海之战》 1841 年绘

第一次鸦片战争期间，英军曾两次攻占定海。这幅英国海军部绘制的《1840 年至 1841 年进攻定海与舟山图》是对这两次战役的一个总结，为后世留下了宝贵的战事记录。

1840 年 7 月 5 日，英军第一次攻击定海。清英双方在海上用舰炮对轰不足 10 分钟，清军溃退到陆上防线。7 月 6 日晨，英军从东门攻城，定海沦陷。

1841 年 2 月，英军从定海撤军，开赴广州与清廷谈判。广州谈判失败后，英军于 8 月末再度北上，攻下了厦门。9 月下旬，英军重返舟山海域，准备再夺定海。

清军收复定海之后，料定英军还会再夺此城。于是沿海一线自西向东，在晓峰岭、竹山、东岳山、青垒山等处建起炮台和土城，架设大炮 22 门，在城垣周围架炮 40 门，拨给水师船载铁炮 10 门；派寿春镇总兵王锡朋守晓峰岭，处州镇总兵郑国鸿守竹山，水师定海镇总兵葛云飞守土城，并将镇守定海的兵力增至 5600 人。

从英国随军医生爱德华·柯立画的海战纪实画《定海海防图》，可以看到英军已靠近东港浦海岸，阵地后是定海县城，也就是今天的舟山老城。前景应是竹山，如今这里已建成“鸦片战争遗迹公园”，登临山顶，可以领略当年的防线与炮位布局。葛云飞的阵地是山下沿海临时筑起的滩头阵地，当时称为“土城”。这里是英军最初正面进攻的要冲。据说，首战中葛云飞的大炮曾击断 1 艘敌舰主桅，英舰从这一线退出。

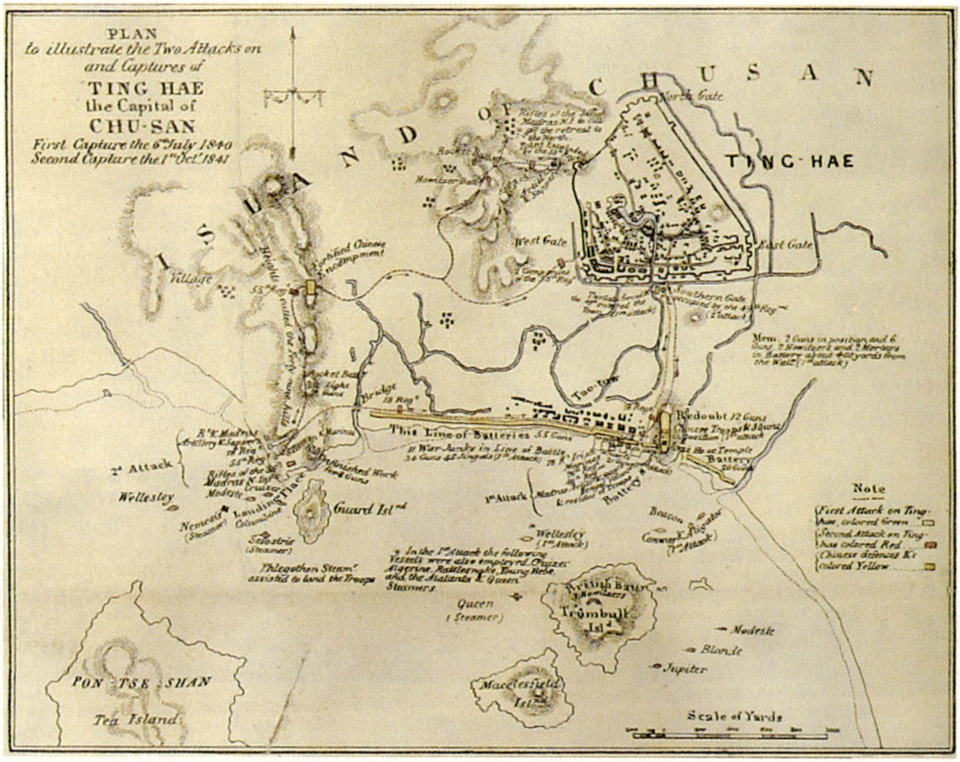

《1840 年至 1841 年进攻定海与舟山图》

此图是对英军两次攻打定海的总结。图为英国海军部 1841 年绘制，现藏大英图书馆。

《定海海防图》

此图原载于英国海军医生爱德华·柯立的《爱德华·柯立航海图画日记（1837—1856）》，从中可以领略当年定海的防线与炮位布局。

英军于9月23日进入定海水域，测量航道，侦察军情，选择登陆地域。两天以后，英军占领了距定海城南约1海里的大五奎山岛和小五奎山岛，英军一边用架在岛上的大炮攻击海防线，一边用海上舰炮从左、中、右三个方向炮击竹山、晓峰岭、东港浦等阵地。双方炮击5天后，英军于10月1日开始强行登陆。

这一天，英军采取的是正面炮击牵制清军，两翼包抄登陆的进攻战术。上午，先是在城南水域重炮猛轰定海正面守军。同时，左路英军开始从后山攻击晓峰岭，岭上的寿春镇总兵王锡朋并无大炮设防，官兵只有鸟枪、火铳、大刀和长矛应战。在英军密集的炮火下，王锡朋阵前战死，士兵也大多牺牲，晓峰岭首先失陷。英军趁势向晓峰领下的竹山门进攻，处州镇总兵郑国鸿率领将士浴血奋战，不幸阵亡，竹山门也落入敌手。守在南部沿海土城的定海镇总兵葛云飞率部从东岳宫沿土城向西抵抗已突破晓峰岭、竹山门的英军，不幸殉国，士兵也大多战死。此时，在五奎山岛炮火和英军海上炮火的轰击下，右翼的东岳山、东港浦等处阵地先后失落，英军从东线登岸。沿海防线全线溃败。

这幅英国随军医生爱德华·柯立画的《1841年10月1日定海之战》，形象、真实地记录了10月1日英军的登陆战。图右英舰正对着的东港浦为英军辅攻方

《1841 年 10 月 1 日定海之战》

原载于英国海军医生爱德华 · 柯立的《爱德华 · 柯立航海图画日记（1837—1856）》，此画记录了 10 月 1 日英军在定海登陆的作战路线与战斗场景。

向；图中央白色土城由葛云飞镇守，这一线为英军牵制方向；图中央山坡上的炮台应为竹山炮台，这里是英军的主攻方向。图左描绘英军从西面登陆，攻打晓峰岭和竹山的场面。图左的晓峰岭上冒着白烟，竹山上的炮台已不再发炮；图右的英国海军陆战队正在登陆。

这天下午，丢失了沿海防线的清军退至定海城，英军围城不久，守军即溃散，定海第二次被英军占领（此后，英军在岛上守了 4 年，最终放弃了舟山，再度南下广东）。此役为鸦片战争中清英双方参战人数最多、规模最大、交火时间最长的一场战役。清军损失惨重，葛云飞、王锡朋、郑国鸿三总兵同日殉国，英军损失微小，仅死 2 人，伤 27 人。

英军打下定海后，10 月 10 日，又向镇海发起攻击。

镇海抗英

——《1841 年 10 月 10 日进攻镇海图》 1841 年绘

1840 年 7 月，鸦片战争在舟山打响第一战后，道光皇帝已感到浙江海防吃紧，1841 年 2 月急派裕谦为钦差大臣驰赴浙江，会同浙江提督余步云专办镇海海防事宜。镇海，宋代叫定海县，清康熙二十六年（1687）别置定海县于舟山，原定海县被改为镇海县。镇海地处宁波甬江的入海口，南岸有金鸡山，北岸有招宝山，两山夹江对峙，扼守险要；此外，甬江口外 10 余里处，有笠山、虎蹲、蛟门等岛屿，共同构成了镇海的天然屏障。

裕谦抵浙江后，一方面加强镇海各要地炮台，一方面以巨石、木桩填塞甬江海口，防止英舰溯江而上攻打宁波。此时，镇海有守军 5000 人，提督余步云领 1000 余人驻守北岸招宝山、东岳宫，总兵谢朝恩带 1500 人防守南岸金鸡山，总兵李廷扬率数百人守东岳宫以西的拦江埠炮台，三处互为犄角。甬江两岸还配置了许多火攻船，凡可登陆之处均挖掘暗沟，埋上蒺藜，由兵勇守卫。裕谦在镇海城内担任总指挥。

英军于 1841 年 10 月 1 日打下定海，10 月 10 日清晨即向镇海发起攻击。英国海军部绘制的《1841 年 10 月 10 日进攻镇海图》描绘了英国舰队进攻镇海的路线：英国舰队在甬江口外黄牛礁海面集结，兵分三路，进入甬江口。

图左边的西南路军：由弗莱吉森号载兵 1000 余人，绕至金鸡山侧后突袭；中路英军由复仇女神号铁壳明轮战船载兵 400 余人，在金鸡山东北部登岸，随后向金鸡山顶突进。金鸡山南岸的守军正面遭到英军登陆部队所带的大炮轰击，身后又被英军堵死，腹背受敌，总兵谢朝恩被炸死，金鸡山很快失守。

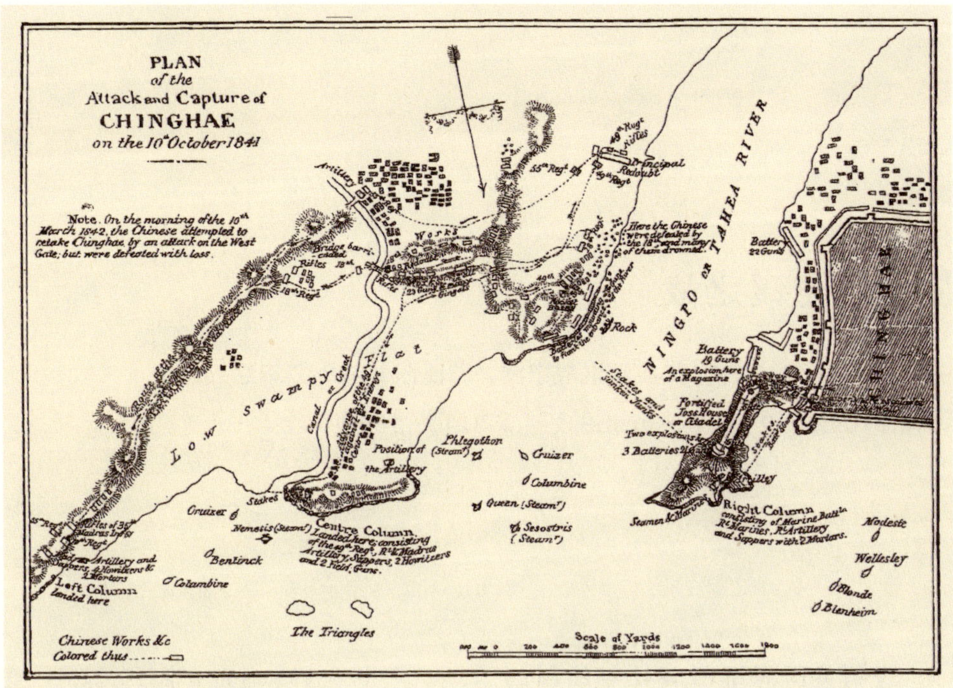

《1841 年 10 月 10 日进攻镇海图》

此图描绘了英军在这一天展开的战斗。图为英国海军部 1841 年绘制，现藏大英图书馆。

图右下角的东北路军：由两艘战列舰威里士厘号、伯兰汉号和巡航舰布朗底号、轻巡舰摩底士底号等组成的舰队炮阵，猛轰招宝山炮台。英军登陆部队一路从招宝山正面登山，另一路绕至招宝山后攀缘而上。战斗进行到 11 时左右，招宝山炮台被毁，防御工事被夷为平地。守在招宝山的提督余步云看形势不妙，绕山逃往宁波。

英国海军陆战队占领招宝山后，用山上大炮居高临下轰击图右侧所绘的四方城“CHING HAE”，即镇海县城，掩护英军从东门破城，大清兵民由西门逃出，势如山倾。城中的总指挥钦差大臣裕谦见大势已去，投水殉节，镇海失陷。

笔者赴镇海考察，登招宝山观古战场，山上有几尊铁炮，威远城仍在，山下建有一座海防历史纪念馆，设有抗倭、抗英、抗法、抗日四展厅，但对岸的金鸡山已无遗迹可寻。

宁波、慈溪之战

——《1841年、1842年英军进攻宁波、慈溪图》 1842年绘

——《1842年3月15日英军进攻慈溪草图》 1842年绘

这幅英国海军部1842年绘制的《1841年、1842年英军进攻宁波、慈溪图》描绘了跨度为两年的英军在甬江一线的战斗。图的右侧标注为“CHING HAE”的即镇海，英国舰队1841年10月10日攻克镇海，休整3天后，由舰队司令巴克尔率摩底士底号等4艘军舰，及西索斯梯斯号等4艘汽船，载兵700余人，溯甬江直进图中央标注的“NING PO”，即宁波，此处注记了英军进攻宁波的时间：“1841年10月13日”。此时，刚从镇海逃到宁波的提督余步云和知府邓廷彩等人，听说镇江失守，英国舰队正溯江而上，未作任何抵抗，又向上虞逃去。英军不费一枪一弹，又得宁波城，在此掠夺了够吃两年的粮食和12万银元，安安稳稳地驻扎下来。

宁波失陷令道光皇帝万分惊慌，急封其侄奕经为扬威将军，调八省援军入援浙江。1842年2月，经过几个月的准备，奕经终于抵达杭州。3月10日，奕经下令，同时攻打英军占领的宁波和镇海，决心收回失地。

宁波之战由川北调来的藏军为破城先锋，百余名藏族士兵在城里内应的配合下，攻入宁波西门，清军大部队随后攻入城中，直奔英军指挥部。但英军爬上临街的屋顶，射击拥挤在街心的清军，百余藏军全部牺牲，夺城失败。

镇海之战以清军将领朱贵的部队为先锋，首先攻打招宝山威远城。战斗中，向山上进攻的清兵不仅遇到了山上守军的抵抗，还受到停泊于海口的英舰从背后的炮击，腹背受敌的清军没攻多久就

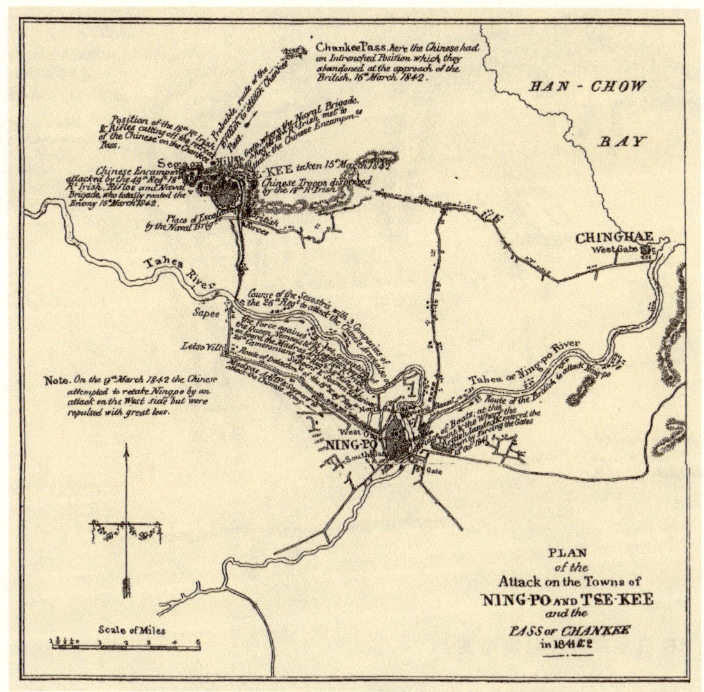

《1841 年、1842 年英军进攻宁波、慈溪图》

在图中央“宁波”（NING PO）处注记了攻克宁波的时间：“1841 年 10 月 13 日”；在图左上“慈溪”（TSE KEE）处注记了英军攻打慈溪的时间：“1842 年 3 月 15 日”。图为英国海军部 1842 年绘制，现藏大英图书馆。

败退下来。

从宁波与镇海两个战场败退下来的清军，撤到慈溪城西的大宝山，由收复失地转入防御战。在《1841 年、1842 年英军进攻宁波、慈溪图》的左上方“TSE KEE”即慈溪旁，标注有英军攻打慈溪的时间：“1842 年 3 月 15 日”。

接下来，我们看这幅 1842 年英军攻克慈溪（今慈城）时留下的《1842 年 3 月 15 日英军进攻慈溪草图》，它比上一幅作战图表现得更为细致。从宁波追来的近千英军只是从慈溪城穿过，说明此役英军并非为攻城而来，打的是一场围歼战。战斗地点即城外的清军驻地大宝山。此图左下方的图例显示：长方格为清军驻扎地，中方格为英国陆军，短方格为英国海军陆战旅。

一个月前，英国新任全权代表璞鼎查曾遣兵 200 余人，从宁波驾火轮船溯姚江而上，在大西坝上岸，经裘市、夹田桥直犯慈溪。清军守将朱贵指挥部队奋力迎战，打得英军退回到夹田桥边。

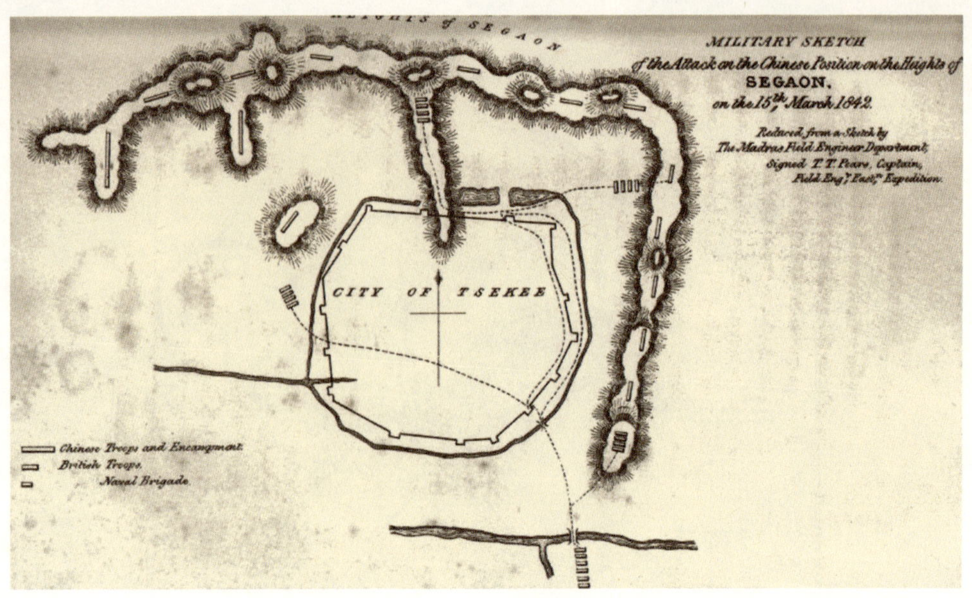

《1842 年 3 月 15 日英军进攻慈溪草图》

此图表现了从宁波追来的近千英军并非为攻城而来，军队只是从慈溪城穿过，而后围攻城外清军驻地大宝山。图为英国海军部 1842 年绘制，现藏大英图书馆。

驻扎宁波的英军再派近千名士兵前来增援。朱贵这才率次子、三子及陕甘军 900 人退至城外的大宝山上。

3 月 15 日清晨，围歼大宝山清军的战役打响，战斗一直持续到下午。此役英军出动了 1200 多兵力，清军有万余将士守卫。但两军交战不久，清军纷纷落荒而逃。只有朱贵将军所率领的 500 勇士誓死抵抗，血战大宝山。经过 10 多个小时的激烈战斗，守军弹尽粮绝，朱将军与儿子先后战死，大宝山失守。

笔者 2012 年冬到慈溪城小西门古战场考察时，看到了著名的大宝山，它仅有几十米高，山下的小村里尚存一座 1846 年慈溪民众捐款建的朱贵祠。祠前马路湾是朱将军阵亡处。祠后大宝山是当年的古战场，山上尚存堑壕、残垣。山脚下有安葬阵亡将士的“百丈坟”。虽然小村流水潺潺，群峰相映，景色秀丽，但这里还不是所谓的 A 级景区，朱贵祠难免有些“正在维修，暂不开放”的破败之相。

当年英军攻打大宝山，并不想占领慈溪城，所以“围剿”结束后就撤军回宁波了。5 月 7 日，英军又全部撤出宁波，集结兵力，准备新一轮能迫使清廷投降谈判的有效进攻——攻打南京。

钱塘江口战役

——《1842 年 5 月 18 日英军攻打乍浦图》 1842 年绘

——《1842 年 5 月 18 日英军进攻乍浦天尊庙图》 1842 年绘

——《1842 年 5 月 18 日英军攻克乍浦图》 1842 年绘

虽然英国舰队在舟山、珠江口、厦门都取得了军事上的胜利，但与大清签订通商条约的事一直没有办成。英国政府考虑到“把这些占有地永久保留在英国领域之内，会使庞大而固定的开支随之而来”，并且会“在政治上同中国人发生更多不必要的接触”。于是，从英国、印度增派陆、海军来华，准备以“决定性战役”迫使大清签订通商条约，尽早结束战争。

经过分析，英国新任在华全权代表璞鼎查决定改变策略，放弃攻打沿海港口，将“决定性战役”目标选在南京。因为清廷物资银财主要由运河输送，只要沿着长江攻占南京，扼住大运河的主要航道，切断清廷经济命脉，大清就无法拒绝英国的要求。所以，从 1841 年 10 月打下宁波后，半年多时间里英军没有大的行动，静待援兵，将长江战役的时间选在次年春夏之交南粮北运时节。

笔者从上海乘汽车赴乍浦考察，仅一个多小时就到了位于钱塘江口东岸的乍浦城。乍浦，唐代置镇，明初筑城，清雍正时设满洲大营。千年过去了，今天笔者见到的乍浦，仍是一座小城。这里南临大海，东南有绵延的小山为屏障。

1842 年 5 月 13 日，英国舰队离开甬江口外的黄牛礁海域，开始向长江口进犯，北上途中，准备顺路摧毁乍浦港。5 月 18 日，英军司令卧乌古率领先期停泊于海上的 7 艘英国战舰和 4 艘武装汽船及运输船、小舢板，驶入莱莽门，打响乍浦之战。

这幅《1842 年 5 月 18 日英军攻

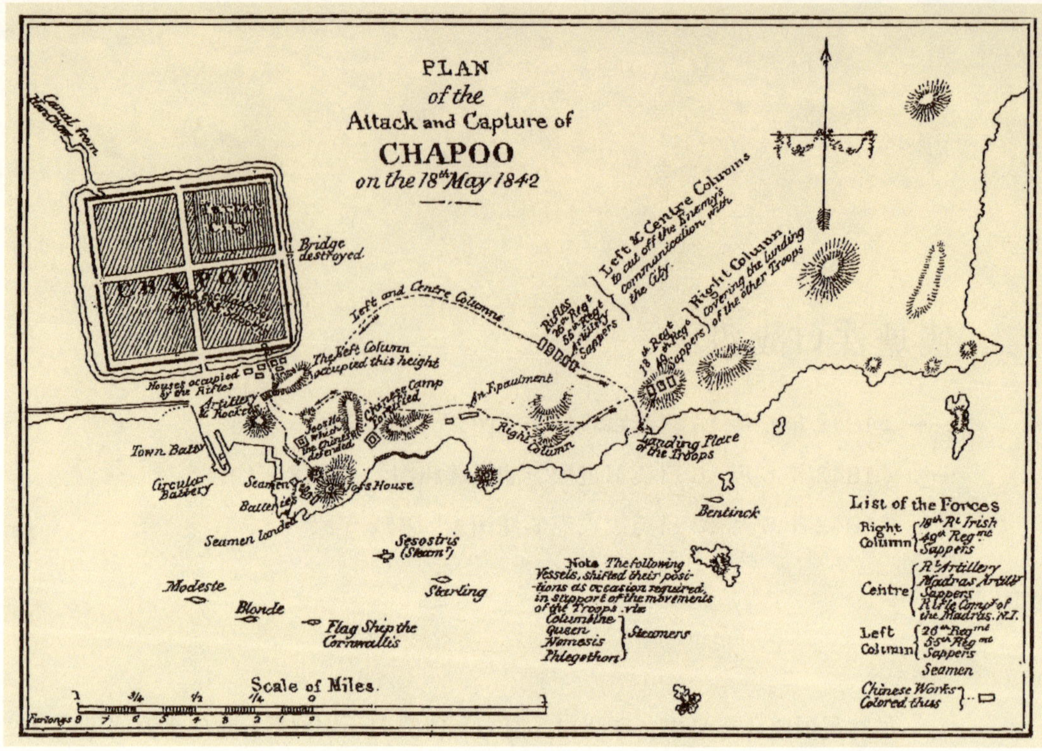

《1842 年 5 月 18 日英军攻打乍浦图》

图的左下方，以三级战舰康华丽号为首的英国舰队在乍浦海面摆开战阵。右侧有等外舰班廷克号在东部海岸进攻。英军登陆部队在军舰的掩护下分三路登陆，攻克乍浦城。图为英国海军部 1842 年绘制，现藏大英图书馆。

打乍浦图》记录了当时的战况。此图左下可见，以三级战舰康华丽号（Cornwallis）、巡航舰布朗底号、轻巡舰摩底士底号组成的英国舰队，在乍浦城前的天后炮台正对的海面摆开战阵。此图右下可见，有载炮 10 门的等外舰班廷克号在东部海岸展开攻势。

这天上午 8 时左右，英舰以复仇女神号、椋鸟号（Starling）、皇后号、哥伦拜恩号、伯劳弗号（Plouer）和弗莱吉森号作掩护，向乍浦沿海各阵地发起猛烈炮击。随后，英军乘运输船、舢板船分三路强行登陆，由卧乌古司令、叔得（Schoedde）上校、蒙哥马利（Montgomerie）中校、莫里斯（Morris）中校等分头指挥，向乍浦城进攻。此图右下角注记显示，登陆部队有皇家爱尔兰联队 49 团，苏格兰来复枪联队 26 团、55 团和马德利斯本地步兵 36 团，以及炮兵、工兵等。

《1842 年 5 月 18 日英军进攻乍浦天尊庙图》(上图)

此图描绘了英军西路纵队攻陷前沿阵地后，在灯光山与小观山之间的天尊庙与清军遭遇。画面上由士兵抬着的军官是被清军打死的上校汤林森。双方苦战 3 小时，300 名清兵除 40 余人突围外，其余全部战死。这是乍浦之战最为惨烈的战事，被随军画家司达特记录了下来。

《1842 年 5 月 18 日英军攻克乍浦图》(下图)

画面表现了英军攻克乍浦后，派水手在海面搭救落水士兵的场景。

西路军由中校莫里斯率领，有爱尔兰联队第18团、第49团以及工兵等1000余人，猛攻灯光山、葫芦城、天妃宫。清军奋力抵抗，驻军协领英登布在灯光山与敌搏斗时捐躯；海防同知韦逢甲在天妃宫海塘边中弹身亡。英军攻陷前沿阵地后，冲过群山窜向乍浦。清军退路已被敌第26团切断，佐领隆福率众突围，退至灯光山与小观山之间的天尊庙内。这幅《1842年5月18日英军进攻乍浦天尊庙图》是英国随军画家司达特当时的形象记录，记录了著名的清英天尊庙之战。

英军发现部分清军退至天尊庙后，越岭来攻。画面显示，英军采用欧洲传统的列队进攻阵法，前后排轮番射击和装弹，交替前进。这种暴露式的战阵受到了守军火铳与弓弩的打击，第49团、第18团都有伤亡，上校汤林森（Tomlinson）被当场击毙。画面上由士兵抬着的军官应是上校汤林森。双方苦战3小时，英军用火药炸开庙墙，攻入庙内，300名满族士兵除40余人突围外，全部战死。这是乍浦之战最为惨烈的战事，所以被随军画家司达特记录了下来。

东路军由叔得上校率苏格兰来复枪联队第26团、第55团官兵近1000人，从陈山嘴、唐家湾登陆。守军山东军稍战即退，陕甘军在唐家湾山北与英军交战，因后援不至，全营367人全部牺牲。

中路军由蒙哥马利中校率第36团及工兵约400人，在观山南坡牛角尖、檀树泉登陆，沿山脚进攻。后协同东路英军，攻至乍浦城下。三路纵队在东门会合后，缘梯而入，占领了乍浦城。

英军入城后，将乍浦炮台、子弹库、修理厂等军事设施彻底破坏，70多门铜炮被作为战利品掳走。英军撤走时，纵火焚镇，天妃宫、关帝庙、潮阳庙、军功庙、葫芦城及普照禅院皆化为灰烬，古城乍浦的精华全被毁灭，百年未能恢复。所以，笔者在乍浦海边古战场考察时，仅见到两座古炮台：一座是《1842年5月18日英军攻克乍浦图》中，在县城南端标注的炮台——天妃宫炮台。此炮台始建于1729年，而今尚存石头垒砌的弧形长廊和一组四间的炮台，呈扇形排列。另一座是南湾炮台，在镇东南灯光山上，此图上没有标注，因是第一次鸦片战争后建的。

英国烧毁乍浦后，于5月28日移至洋山停泊，准备攻打吴淞。

长江口战役

——《1842 年 6 月英军进攻吴淞、宝山和上海图》 1842 年绘

英军在乍浦休整 10 天后，于 1842 年 5 月 28 日北上，6 月 8 日抵达长江口外的鸡骨礁一带集结，13 日和 14 日，英军陆海军司令率舰船 6 艘、运输船 12 艘至吴淞口外探测航道，侦察宝山县境的吴淞口设防情况。

吴淞口位于黄浦江与长江汇合处，是长江的第一道门户，战前已做充分准备。在吴淞镇至宝山县城六七里长的黄浦江西岸上，“筑有土塘，高约两丈，顶宽一丈七八尺……缺口处安设大小炮位，自外视之，俨如长城一道”，土塘上共安炮 154 门，称西炮台。在吴淞口黄浦江的东岸筑有一个略呈圆形的炮台，安炮 27 门，称东炮台。另在吴淞与上海间的东沟两岸添设了数十尊大炮，驻兵 500 名，防止英军进窥上海。

吴淞口是江苏海防重点，新任两江总督牛鉴亲自坐镇于此。整个吴淞口由江南提督陈化成和徐州镇总兵王志元等率兵 2400 人驻守。其中 500 名由总兵周世荣率领驻守东炮台，其余则防守吴淞镇至宝山一线。

1842 年 6 月 16 日凌晨，英军全部出动进攻吴淞。这幅英军绘制的《1842 年 6 月英军进攻吴淞、宝山和上海图》，清晰地描绘出英军的进攻路线与目标；图上方长江边的县城为宝山（PAON SHAW），长江与黄浦江汇合处的城池为长江第一道门户吴淞（WOO SUNG），图下方的城市为上海（SHANG HAE）。针对清军设防情况，英军确定以康华丽号等两艘重型军舰进攻西炮台；以轻巡舰摩底士底号等 4 艘轻型军舰攻击对岸的东炮台；而后驶入黄浦江，逼近吴淞镇南面的蕰藻浜，以猛烈炮火压制吴淞

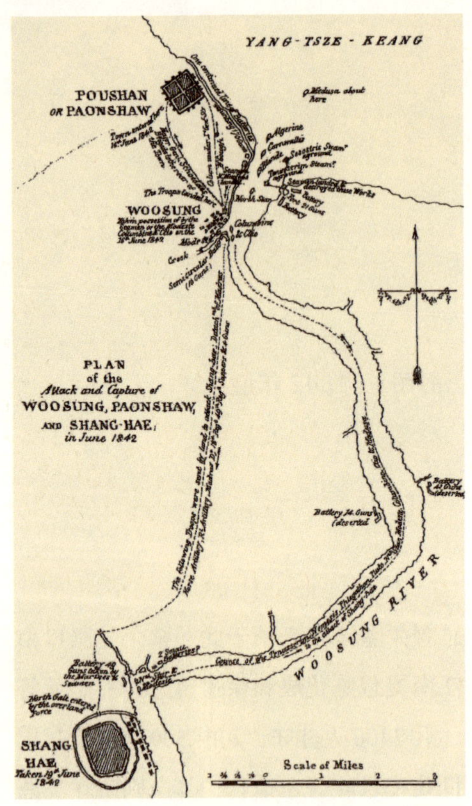

《1842 年 6 月英军进攻吴淞、宝山和上海图》

图中表现了英军的系列海上战斗：以康华丽号等 2 艘重型军舰进攻西炮台，以轻巡舰摩底士底号等 4 艘轻型军舰攻击对岸东炮台。攻下东西炮台、占领吴淞后，部队北上攻占了宝山县城。6 月 19 日，英军南进，顺利占领上海。

镇炮台火力，威胁清军的侧后，掩护登陆部队占领该炮台。

当康华丽号等两艘重型军舰进入西炮台附近作战水域时，清军以猛烈炮火阻击英舰，炮战进行了两个半小时，西炮台正面被英军突破，江南提督陈化成等官兵全部阵亡。此间，两江总督牛鉴曾从宝山率兵增援吴淞，见形势不妙，返身后退，率兵西逃嘉定。总兵王志元也跟着奔阵而逃。

英军占领西炮台后，随即北上攻占了此图上方的宝山县城。12 时，吴淞东岸的东炮台也被英军两艘轮船上的海员和陆战队占领。战斗至 12 时，清军全部逃散。吴淞口的大小火炮，一部分被毁，大部分为英军缴获。

6 月 16 日晚，英舰狄多号护送运输船队载着从印度来援的英军 2500 人到达吴淞口外。6 月 19 日，英军派出第 18 团和第 49 团以及炮兵、工兵分队共约千人，由吴淞口兵分两路，一路从陆上南下，一路溯黄浦江南进，直逼此图下方的上海。上海守军听说吴淞失陷，望风而逃，英军未遇任何抵抗，轻松占领上海。英军在上海大肆抢掠之后，于 6 月 23 日退至吴淞口外，扬言北上京、津，实则准备溯长江西进南京。

笔者来到今天的吴淞口，昔日的古战场现已建成上海的一个湿地公园，当年的炮台故址仅存一尊古炮，炮身铸有铭文：“大清道光二十一年（1841）五月平夷靖寇将军”。

镇江战役

——《1842 年萨勒顿勋爵舰队停泊在金山岛对面》 1842 年绘

——《1842 年 7 月 21 日攻击镇江府图》 1842 年绘

——《炸开镇江西门》 1842 年绘

1842 年 7 月 5 日，英军在吴淞口等援兵全部到齐后，随即由上年 4 月接替查理·义律担任在华全权代表的璞鼎查指挥英国舰队展开深入长江的战斗。璞鼎查、巴克尔和卧乌古率领 11 艘军舰、9 艘轮船、4 艘运兵船和 48 艘运输船，装载陆军 1 万余人，驶离黄浦江吴淞口，溯长江而上。

璞鼎查命英国舰船编成一个先锋舰队和五个纵队，每个纵队有 8—13 艘运输船，由一艘战舰率领；每纵队之间保持 3—5 公里距离，沿途以测量船为先导，边测量，边前进；另外，在吴淞口留下 2 艘战舰，用以封锁长江口，确保英军后路安全。

英国舰队溯江西进的过程中，曾在福山、鹅鼻咀和圌山等长江险隘处，受到炮台守军的轻微抵抗，稍后，守军弃阵而走。7 月 15 日，英国海军陆战队在舰队炮火支持下，登陆焦山（TSCAOU SHAN）。驻守炮台的蒙古八旗兵百余人在云骑尉巴扎尔带领下，与英军展开激战，最后全部牺牲。笔者到镇江考察最先看的就是焦山，当年的 8 个江防炮垒，现已成为焦山风景区著名景点之一。与焦山隔江相望的是象山，当年也曾建有江防炮台，但山顶现存的两个炮台遗址都是第一次鸦片战争以后建的，当年的遗址已找不到了。

焦山失守后，英舰驶进镇江江面，不损一兵一卒占领了金山。这幅随军医生柯立绘制的纪实画《1842 年萨勒顿勋

《1842 年萨勒顿勋爵舰队停泊在金山岛对面》

图中表现的是 1842 年 7 月 15 日下午英舰驶进镇江江面，不损一兵一卒占领金山，镇江江防尽失。此画为英国随军医生爱德华·柯立所绘，绘制时间约为 1842 年 7 月。

爵舰队停泊在金山岛对面》表现了镇江尽失江防后英军封锁瓜洲运河河口，阻断漕运的情景。笔者在镇江考察时，很想找到这个重要的河口，最终只找到近年开发的仿古的西津街，街口是清代的码头，据说是六朝老码头旧址，附近有英国人后来建的领事馆。

7 月 19 日，英军全部军舰在镇江江面集结完毕。次日，巴克尔和卧乌古登上金山察看地形，决定 21 日攻打镇江府。镇江城位于长江和运河的交汇处，是运河的咽喉、南京的屏障。古城雄峙长江南岸，西北有金山，东北有北固山、焦山、象山。战前由副都统海龄率八旗兵 1600 名、绿营兵 400 名驻守。城内大炮因已大多调运吴淞，仅留下数门。英军占领吴淞口后，四川提督齐慎带江西兵千余名、湖北提督刘允孝带湖北兵千余名仓促赶到，驻扎城外，协助防守。但在英军兵临城下的危急时刻，几支部队没有统一的指挥，将领间互不协同，各自为战。负有防守镇江主要责任的海龄未派大部队控制金山与北固山等制高点，而将全部八旗兵收缩城内，紧闭四门，不准百姓出城。

1842 年 7 月 21 日，英军开始攻城。此时镇江城内驻军仅有 1600 人，城外有 2700 人，火炮很少。英军参加攻城的兵

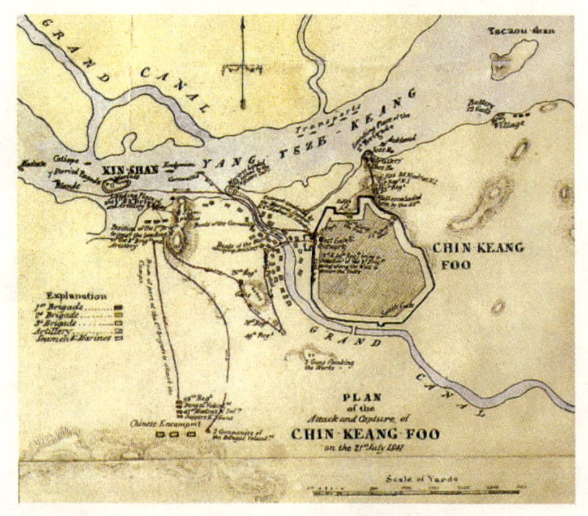

《1842 年 7 月 21 日攻击镇江府图》

从图中可见，位于“长江”（YANG TSZE KEANG）和运河的交汇处的“镇江府”（CHIN KEANG FO）雄峙长江南岸，是运河的咽喉。它西北有金山，东北有北固山、焦山、象山，是南京的屏障。图中从镇江府南门流过、在西门汇入长江的即是大运河。英军先封锁了瓜洲运河北口，阻断漕运，7 月 21 日晨开始攻城。

力达 6905 人，占绝对优势。战斗开始后，英军组织火力猛轰城外清军，城外清军缺少掩护，也没有任何反击手段，很快便溃散。占尽火力优势的英军从北、西、南三个方向突入城内。

《1842 年 7 月 21 日攻击镇江府图》是英国海军战后整理出版的进攻图（此图在整理出版时将 1842 误写为 1841，但图上进攻路线与军团的标注都与史实相符）。此图详细地记录了英军在 7 月 21 日早晨展开的攻打镇江府的战斗。此图显示，进攻吴淞主要由海军担任，而进攻镇江则主要由陆军负责。此图左下角图例显示：此次参战的陆军编为 1、2、3 旅和炮兵旅，分成两路对镇江城发起攻击。

东路进攻镇江东北的北固山和北门：此图右边注明了“2 旅”（2 BRIGADE）在北固山一带登岸，以牵制和分散清军兵力。10 时许，北门被打开，大队英军冲入城内，向西门方向进攻。

西路攻打镇江西南高地和镇江西门：此图左边注明了“1 旅、3 旅”（1、3 BRIGADE）和炮兵旅担任主攻。金山（KIN SHAN）江面上有摩底士底号、加略普号、布朗底号舰队护卫，英军在镇江西北附近顺利登陆。1 旅上岸后，为分割城内外清军，先攻打西南山坡上的清军兵营，经过数小时激战，清军不支，齐慎、刘允孝率部退往新丰镇（今江苏丹阳北）。3 旅登岸后，沿着西城根直指西门。康华丽号守在运河与长江交汇处，英军海军一部由此溯运河而上，直抵镇江府西门。

英军第 3 旅在西门遭遇蒙古族军人的顽强抵抗，久攻不下，最后，用三个火药包才将瓮城门炸开。英军随军医生爱德华·柯立画下了《炸开镇江西门》

《炸开镇江西门》

此图记录了进攻西门的英军第 3 旅遭到清军顽强抗击，城门久攻不下。后来，爆破小队用三个火药包将瓮城门炸开。镇江之战是鸦片战争中英军投入兵力最多的一次，画上满是登陆小艇和陆战队。此画为英国随军医生爱德华 · 柯立所绘，绘制时间约为 1842 年 7 月。

这一幕：瓮城门被炸开，浓烟滚滚，大队英军涌向西门，攻下了这个要塞。镇江之战是鸦片战争中英军投入兵力最多的一次，所以，画面上满是登陆小艇和英军。此时，由北门冲向西门的英军已将内城门打开。从两个城门涌入的英军与守军进行激烈巷战。16 时，英军包围了都统署，海龄自杀。第一次鸦片战争中的最后一战——镇江战役结束，英军下一个目标就是南京城。

今天，当年的西门已无踪影，据当地人讲，原址附近仅留有西门桥，位于大西路东端。2002 年，为纪念镇江保卫战 160 周年，当地政府在北门原址修建了忠烈亭，亭内竖有石碑。现为红色教育景点之一。

围困南京

——《站在响尾蛇号上眺望南京城》 1842年绘

——《1842年8月英军围困南京图》 1842年绘

1842年8月3日，攻下镇江的英军，一部分留守，另一部分进逼南京。

早在7月16日英军围攻镇江时，道光皇帝就已密谕耆英，只要英国息战退兵，便同意割让香港，并增开通商口岸。镇江失守后，清廷决心“议抚”，授权耆英、伊里布“便宜行事，务须妥速办理，不可稍涉游移”，并令奕经所率援军暂缓由浙江赴江苏，“以免该逆疑虑”。然而英军并不理睬清政府“议抚”这一套，决心打到南京，签城下之盟。

8月9日，英舰抵达南京江面，摆开了围城的架势。英国随军医生爱德华·柯立绘下了《站在响尾蛇号上眺望南京城》的纪实画，画面反映了英军兵临城下的场景：远处长长的城墙是下关城，城背后是狮子山，江面落帆停泊的是英国战舰，冒黑烟的是英国蒸汽运兵船，往来穿梭的是英国登陆小艇，图右侧的小房子是清英四次议约（即《南京条约》）的静海寺。

这幅英国海军部绘制的《1842年8月英军围困南京图》，比之纪实画更能看出紧迫的时局，图中的“YANG TSZE KIANG RIVER”（英军按汉语音译扬子江，又在后边缀上了“河”）与秦淮河交汇的下关城外，标注了停泊在此地的几艘战舰中的两艘名舰：五等木壳蒸汽战舰布朗底号和后来签“和约”的三等木壳蒸汽战舰康华丽号。英国人对南京城可以说是了如指掌。图上绘出了北边的幕府山、西面的狮子山、东边的紫金山；图中的南京城自东面起顺时针方向十一座城门分别是：朝阳门、正阳门、通济

门、聚宝门、三山门、石城门、清凉门、仪凤门、神策门、佛宁门、太平门。其中地处长江西岸下关的仪凤门是进入南京城的要道，军事位置十分重要。图的右侧标注了参加围城的部分英国部队，苏格兰来复枪联队26团、55团和马德利斯本地步兵36团等。

清国的全权代表耆英在英军坚船利炮的威胁下，派人与英方开始“和谈”。此间，道光皇帝先后发出了“不得不勉允所请，借作一劳永逸之计”和“各条均准照议办理”的谕旨。8月14日，耆英接受了英方提出的所有苛刻条件。8月29日，经过在静海寺的多次议约后，耆英、伊里布、牛鉴等人与英国代表在英军旗舰康华丽号签订了近代中国第一个不平等条约——《南京条约》。条约规定：清政府割让香港；开放广州、厦门、福州、宁波、上海5处为通商口岸；赔款2100万元。广州实行了百年的十三行商制度废除，十三行独揽外国贸易的制度终结，历时两年三个月的第一次鸦片战争遂告结束。璞鼎查作为有功之臣，1843年6月26日就任香港第一任总督。

笔者在《南京条约》签订170周年时，访问了原址复建的静海寺，这里已建成爱国主义教育基地，馆内唯一的文物是从天妃宫旧址迁移过来的明朱棣《御制弘仁普济天妃宫之碑》。从郑和下西洋的风光四海，到鸦片战争被海上列强欺侮，这个小寺院可谓一院收藏500年。

《站在响尾蛇号上眺望南京城》

此为英国随军医生爱德华 · 柯立所绘的纪实画，它表现了当时英军兵临城下的场景，远处的城墙即是下关城，图右侧的小房子应是清英四次议约（即《南京条约》）的静海寺。

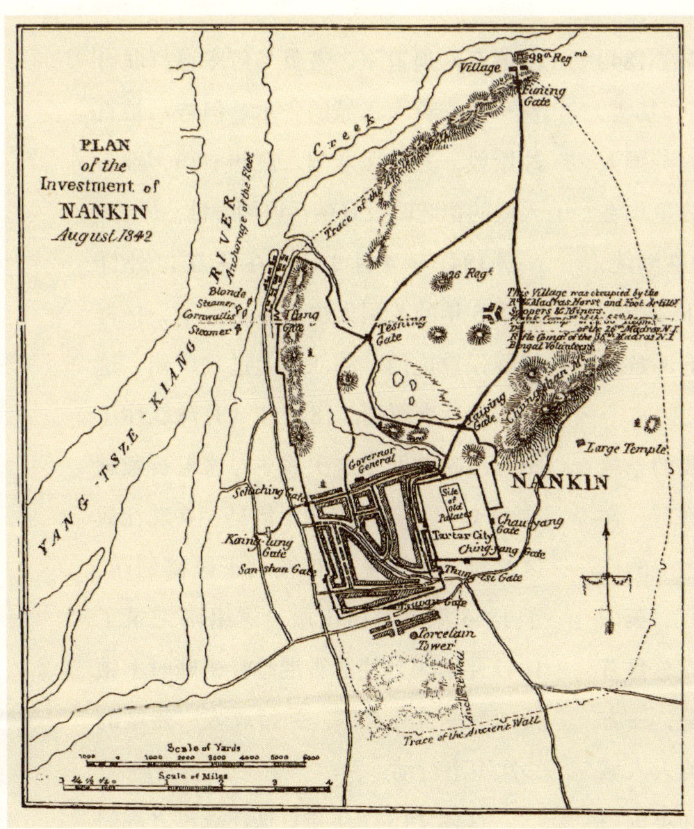

《1842 年 8 月英军围困南京图》

图中可以看到长江与秦淮河交汇处的下关城外停泊着三等蒸汽战舰康华丽号，8 月 29 日，清、英经过下关静海寺的多次议约后，在这艘战舰上签下了近代中国第一个不平等条约——《南京条约》。

1847年攻打虎门、广州

——《1847年4月珠江战役之虎门炮台远眺》 1847年绘

——《1847年4月珠江战役之虎门威远炮台陷落》 1847年绘

——《1847年4月珠江战役之广州东水炮台被炸毁》 1847年绘

——《1847年4月珠江战役之归航香港》 1847年绘

第一次鸦片战争表面上是在1842年签订《南京条约》后就结束了，其实，英国舰队并没有完全撤离大清，英国人的目的并没有完全达到，局部战争仍在继续。列强与清廷的“谈判”也在继续，1844年，美国在澳门与清廷签下《望厦条约》，法国在广州与清廷签下《黄埔条约》。

在《南京条约》中，最重要的条款即“五口通商”，在通商之“五口”，洋人有权进入定居。但“五口”之一的广州城由于市民开展“反入城斗争”，英国人的贸易只能在城外进行。两广总督耆英一方面跟英国人说要平息民乱，一方面又鼓动乡勇反对英人入城，英人入城的事一拖就是几年。1846年，在英国公使德庇时逼迫下，耆英与广东巡抚联合发布准许英人入城的告示。但告示被百姓撕毁，数千民众闯入广州府衙，准备入城的德庇时只好带兵退回香港。

1847年4月3日，在珠江口外洋等了5年的英国人决定不再等了，指挥战舰强攻虎门，溯江北上进攻广州。这组系列战事图画《1847年4月珠江作战图》反映的即是这次战斗。这组石版画共11幅，由英国海军上尉马丁在珠江战区绘制，由画家皮肯按马丁原稿刻印，于1848年在英国出版。这组画记录了1847年英国公使兼香港总督德庇时率领英国海军攻克虎门，强行攻入广州城的一次军事行动。

这幅《1847年4月珠江战役之虎门

《1847 年 4 月珠江战役之虎门炮台远眺》

此为组画的第 3 幅，1847 年绘，图纵 27 厘米，横 46 厘米。

炮台远眺》为组画的第 3 幅。它描绘的是 4 月 2 日战舰秃鹰号驶进虎门要塞所见两岸炮台布局。画右边珠江东岸山头下两个紧邻的炮台是威远炮台和镇远炮台；画中央的是横挡炮台；画左边珠江西岸的是大角炮台；画中央冒着蒸汽的是英国战舰秃鹰号。

这幅《1847 年 4 月珠江战役之虎门威远炮台陷落》为组画的第 4 幅。4 月 2 日，虎门失守，威远炮台陷落。当时英军分两路进攻，图左的战舰攻击南北横挡炮台，图右的两艘战舰由德己笠（D'Aguilar）将军率领，进攻并占领威远炮台。这一路上，各炮台均无招架之力，转眼都被攻占。图右侧即是威远炮台。战舰侧翼挡板打开，放下梯子，登陆艇载着英军顺利登陆，列队进入要塞的大门。

这幅《1847 年 4 月珠江战役之广州东水炮台被炸毁》为组画的第 9 幅。图中英舰炮击广州东部的东水炮台。炮台上浓烟滚滚，碎片四射，可见爆炸的威力巨大。登陆艇载着小型火炮和海军陆战队正向岸边靠拢。

《1847 年 4 月珠江战役之虎门威远炮台陷落》（上图）

此为组画的第 4 幅，1847 年绘，图纵 30 厘米，横 46 厘米。

《1847 年 4 月珠江战役之广州东水炮台被炸毁》（中图）

此为组画的第 9 幅，1847 年绘，图纵 30 厘米，横 46 厘米。

《1847 年 4 月珠江战役之归航香港》（下图）

此为组画的第 11 幅，1847 年绘，图纵 26 厘米，横 30 厘米，图中秃鹰号正驶过虎门。

虎门到广州的 40 里水路上，两岸设有近 10 个炮台，但被英军两天即全部攻陷。4 月 3 日英军攻陷沿岸所有大清炮台。当天傍晚，舰队抵达广州英国商馆。4 月 4 日，戴维斯与耆英进行了谈判。4 月 5 日，英军得到应允。整个珠江战役前后仅 5 天，英军一路势如破竹，沿岸炮台不堪一击。

这幅《1847 年 4 月珠江战役之归航香港》为组画的最后一幅，即第 11 幅。设色石版画，纵 26 厘米，横 30 厘米。它记录了英国舰队得胜后归航香港的情景。图中秃鹰号正驶过虎门以北的大虎洲。蒸汽机动力的英舰落下帆，靠机械动力驶出虎门。右边的炮台应是大虎山下的巩固炮台。此时的炮台已不再发炮了，炮台上站着列队致敬的英军。

耆英知道打不过英国人，在对方动武后就怕了，急忙允诺英国人“目前条件还不具备，两年后一定让你们入城”，哄骗走洋人，广州举城欢腾。

英国人哪知道耆英马上就要调走了，中了对方的计，还真等了两年。1849 年 4 月，英国公使文翰（George Bonham）以两年期满来广州要求履约入城，结果迎接他们的是新任总督徐广缙和巡抚叶名琛。新任总督和巡抚认为，这事既然前任能拖 7 年，再拖 70 年也无妨，因此“遇中外交涉事，略书数字答之，或竟不答”。英国人再次使用武力威胁，把兵船驶入省河，广州各乡社学勇 10 万多人齐集在珠江两岸示威，迫使文翰放弃入城要求。徐、叶二人由此成为民族英雄，还得到了道光封爵嘉奖。

但洋人也不那么好哄，他们在等一个借题发挥的机会，一场更大的战争实际上已箭在弦上。

8

清英法海战

第二次鸦片战争

引言：以旗立国，却不知有旗

为什么会有第二次鸦片战争？教科书说，第二次鸦片战争是第一次鸦片战争的延续。这个延续是什么呢？

有一部分是“历史遗留问题”，有一部分是“现实冲突”。

第一次鸦片战争签订的《南京条约》中，规定五个通商口岸允许外国商人居住，但宁波、厦门、福州、上海都准许外国人居住并建领馆，唯有广州把外国人挡在了城外。所以，占据香港的英国舰队每隔一段时间就要到广州来谈一次或打一仗，以此解决“入城”问题。

1854 年，《南京条约》满 12 年，英、法、美依 12 年后贸易及海面各款稍可变更的规定，要求改约，但交涉无果。1856 年，《望厦条约》满 12 年，美、英、法再次要求改约，仍被咸丰朝廷拒绝。

寻机开战的英国人选择“亚罗号事件”为战争导火索，并称此役为“亚罗号战争”或“第二次清英战争”，中国人把它看成是第一次鸦片战争的延续，称其为“第二次鸦片战争”。

看着海战图中花花绿绿的西洋海军军旗，又想起“落后就要挨打”这句话。至少大清在旗帜上落后了，至少第二次鸦片战争挨打是因“旗”而起。

看来有必要先说说大清的旗。

经历第一次鸦片战争后，珠江口的外国船越来越多了，由于海上情况复杂，没有旗帜的商船有可能被视作无国籍或海盗船，所以，许多清国商船向外国机构申请注册，并升挂注册国国旗，这种“挂靠”商船也由此拒绝接受清国管辖。1856 年 10 月 8 日，一艘名为亚罗号的华人商船从厦门来到黄埔港，被广东捕快以疑为参与海盗活动为由扣押。因亚罗号在港英当局注册，并升挂英国国旗，英国领事巴夏礼（Harry Smith Parkes）借口广东水师侮辱英国国旗，要求两广总督叶名琛立即释放被捕人犯，向英国政府道歉。22 日叶名琛把 12 人全部送还时，巴夏礼拒收。次日，英驻华海军悍然向广州发动进攻。

如此来看，“亚罗号事件”也可以称为“辱旗事件”。

大清可谓历朝历代中最重视“旗”的一朝。满洲人以“旗”打天下，谓之“八旗”。满洲人的“旗”是一种兵民合一的社会组织制度，由太祖努尔哈赤在女真人牛录制基础上建立的。1601 年始建四旗：正黄旗、正蓝旗、正白旗和正红旗。1615 年增设四旗，称镶黄旗、镶蓝旗、镶白旗和镶红旗。但以“旗”立国的满洲人建立清国后就没考虑以什么“旗”代表国家这个问题。所以到了咸丰朝，不仅大清商船、大清海军无旗可挂，连大清国的国旗也没个模样，以至今天大清国旗是何时确立的也说法不一。

一种说法是，1858 年，咸丰朝，因广东商人上书朝廷“请仿各国成例，制定一种国徽，俾便商民遵用”，于是定黄龙旗为代表清国之旗。这个说法与 1856 年发生的“亚罗号事件”时间相近，比较可信为“最早”。

另有一说是，1862 年 10 月 17 日，同治朝以总理衙门正式照会各国驻华公使：“希即行知贵国各路水师及各船只。嗣后遇有前项黄龙旗帜，即系中国官船，应照外国之例，不准擅动。”这件事因海关总税务司英国人李泰国（Horatia Nelson Lay）建立清英联合舰队需要军旗而起，所以更近于大清海军军旗的“诞生”。当年，李泰国曾将清国的黄龙旗与他自己设计的旗帜结合，做成清国海军军旗，并于 1863 年 2 月 13 日将它在英国官方的《伦敦政报》（*London Gazette*）上公布，使之成为第一面获得世界认可、但并没有最终使用的清国海军军旗。

这两种关于大清国旗的说法虽然时间不同，但都说明了一个问题，即清廷并未意识到需要一面国旗，而是海上交往中大清商船和海军都需要一面代表国家的船旗才催生了不尴不尬的三角黄龙旗。它不是正规的清国海军的军旗，也不是清国的正式国旗。但这总好过一个国家没有代表性的旗帜，好过清国船挂外国旗。

顺便说一句，近代海军因国际交往与战事需要将海军军旗分为舰艉旗、舰艏旗、各级主官旗、长旒旗和通信旗等。海军旗因主要升挂于舰船尾部旗杆上，故又称"舰艉旗"，它是识别海军舰船所属国籍的标志，也是国家的象征。舰艏旗是悬挂在军舰舰艏旗杆上的一种海军专用旗。长旒旗是一种悬挂在舰艇桅杆上、尾端分叉的长条旗，用于表示舰艇在役的海军专用旗，又称舰艇服役旗。海军军旗的悬挂方法是：停泊时，挂于舰艉旗杆；航行时单桅舰挂于桅杆斜桁，双桅舰挂于后桅杆斜桁；作战时，所有舰艇不论昼夜均悬挂海军旗。

第二次鸦片战争中，清国的对手不只是英国，还有法国。如果说"亚罗号事件"是给了英国"侮辱国旗"的借口，那么，"马神甫事件"可以说是给了法国以"违反国际法"的借口。

这就要说到国际上的"法"。

1856 年 2 月 29 日，非法进入广西西林县活动的法国神甫马赖（Auguste Chapdelaine）被拿获正法，史称"西林教案"，又称"马神甫事件"。依《中法黄埔条约》，允许法国在清国通商口岸设立天主教堂。马赖潜入非通商口岸的广西西林县传教，即为违法。但按照当时大清对外签订的和约，外国人具有领事裁判权，马神甫这类事件按照程序应该将其带到就近领事馆，由双方协商处理，不能上刑，更不能杀头。所以，西林县不懂国际法，不按条约办事，随意杀了马神甫，给法国发动对清战争提供了一个"合法"的借口。

法国为了换取英国支持它在越南的"自由行动"，并取得天主教在清国传教的"合法"保证，便接受了与英国联手攻打清国的建议，以"马神甫事件"为借口，派葛罗（J.B.L.Gros）为专使率远征军出兵大清。

此时清国正陷入内乱。1850 年太平军在广西金田起义，1853 年太平军攻下南京，至 1864 年，清廷绝大部分军队都用于镇压太平天国起义。在海上，清廷

《广州入口地图》

英、法两国的舰队虽然是在第二次鸦片战争攻打珠江口沿岸炮台和省城广州，但早在18世纪英、法两国已经多次借商贸之机进入珠江口，并早早绘出了珠江口与广州城的地图。这幅英国人1738年翻印的《广州入口地图》即是复制1735年法国人绘制的《广州入口地图》。图中不仅描绘了通往广州城的珠江航路，还专门绘出了广州城图，并标注了城外的炮台位置。可以说，英、法攻打广州是蓄谋已久。

尚未建立起一支现代化的海军，旧水师仍用木制帆船，岸炮射程最远的不过千米，如此军队，怎么面对英法联军。所以，开战不久，南方就丢掉了广州，北方谈谈打打，最终又丢掉了大沽口，稀里糊涂地输掉了已经跟鸦片没有任何关系的“第二次鸦片战争”，签下了与《南京条约》一脉相承的《北京条约》。

《北京条约》签订后，没有国旗，也不清楚国际法的大清国，才意识到外交的重要性。1861年1月20日，由咸丰帝批准成立总理各国事务衙门，简称“总理衙门”，也就是外交部。不久，咸丰撒手归西，“鬼子六”恭亲王奕䜣提出“强国”口号，洋务运动由此展开。

广州城防

——《广东水师营官兵驻防图》 1867 年绘

——《海珠炮台》 1832 年绘

——《中流沙炮台图》 晚清绘制

——《大黄滘炮台图》 1843 年绘

——《猎德炮台图》 1844 年出版

广州从唐代开始设市舶，一直到晚清，是中国唯一千年以来从未关闭的通商口岸。入清以来荷兰、英国多次想在广州设立机构通商，但都没能得到清廷的同意。为保障广州的安全，清廷规定外国护货兵船不准进入内洋，只能在虎门停泊，由粤海关丈量船只，缴纳关税，然后雇请小船运到广州十三行进行贸易。在 1838 年刊刻的《广东海防汇览·虎门海防图》中，绘在图中央大横挡山上的两个大房子，即是清廷的“关税馆”。这个虎门口与上游 130 里的黄埔口,同为粤海关负责外船稽查盘验的“挂号口”。

从这幅清代的《广东水师营官兵驻防图》来看，在通往广州的河道上水师布防层层叠叠：以沙角炮台为第一重门户；镇远、横挡炮台为第二重门户；大虎炮台为第三重门户。值得注意的是广州城的河防，西有西关炮台、新固西炮台镇守，东有东炮台、猎德炮台，南有海珠炮台镇守；航道上布满了汛所、营寨、炮台，形成共同抵御外敌入侵的防线。广州城外大小炮台星罗棋布，有十余处之多，这里择其要者选介一二。

实际上，清代以前，广州不设炮台。广州设河防炮台始于清顺治时期。

广州最著名的炮台要数老城南面的海珠炮台。海珠岛曾是老广州城外珠江上的一个小岛。南宋番禺人李昴英在岛

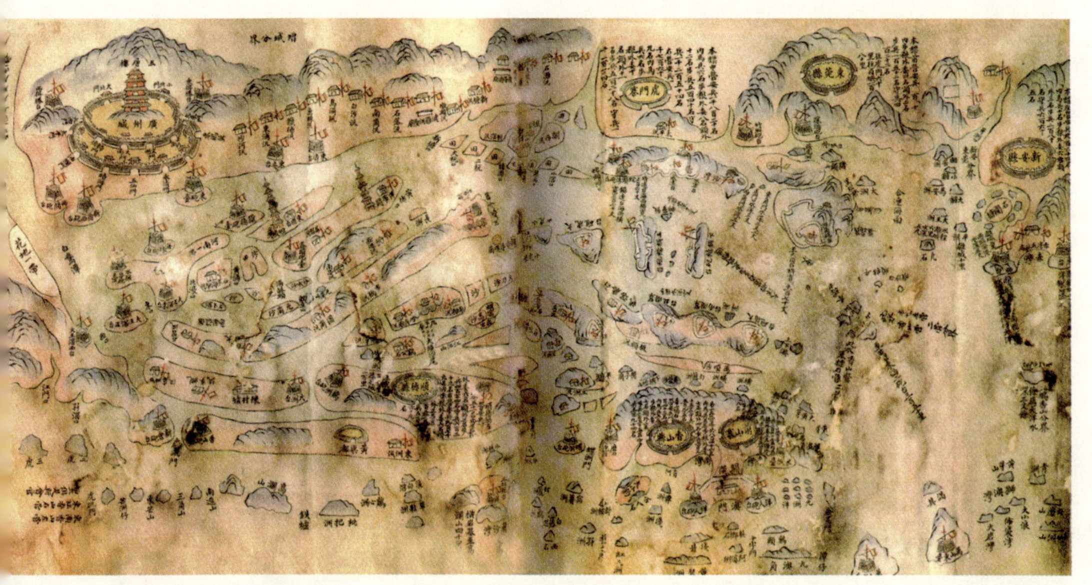

《海珠炮台》（左图）

此图描绘了广州老城南部珠江中海珠岛上的海珠炮台，1832 年绘。

《广东水师营官兵驻防图》（右图）

图中表现了广州河道上层层叠叠的水师布防：以沙角炮台为第一重门户；镇远炮台、横挡炮台为第二重门户；大虎炮台为第三重门户；广州城西有西关炮台、新固西炮台，东有东炮台、猎德炮台，南有海珠炮台。此图绘于 1867 年，彩绘纸本，纵 32 厘米、横 560 厘米，现藏中国第一历史档案馆。

上慈度寺读书，后中举，为官清廉，后来人们为了纪念他，在岛上修建了文溪祠和探花台，使这里成为广州一景。清顺治时，为防范外敌，始在岛上建炮台，安放大炮 20 门。1655 年，荷兰访华使团商船曾在这里停泊，其后，西洋人便称这里为“荷兰炮台”（Dutch Folly Fort）。它也成了晚清中西画家经常描绘的珠江风物之一，这是一幅 1832 年的佚名西洋画《海珠炮台》。第一次和第二次鸦片战争时，英军和英法联军都曾占领此岛。

清顺治年间，在广州城西白鹅潭北岸还建了中流沙炮台。此炮台的炮口直指珠江江面，扼守着广州城的西南面。1841 年 5 月 21 日，守城清军曾在此炮台向盘踞在白鹅潭上的英军舰队炮击，后退守到沙面西炮台，与英军炮舰奋战三天。1859 年广州失陷后，清廷批准英、法在中流沙临江一面建立租界，即“沙

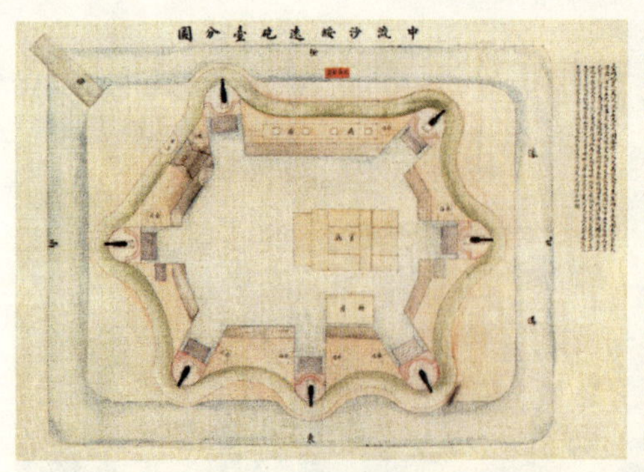

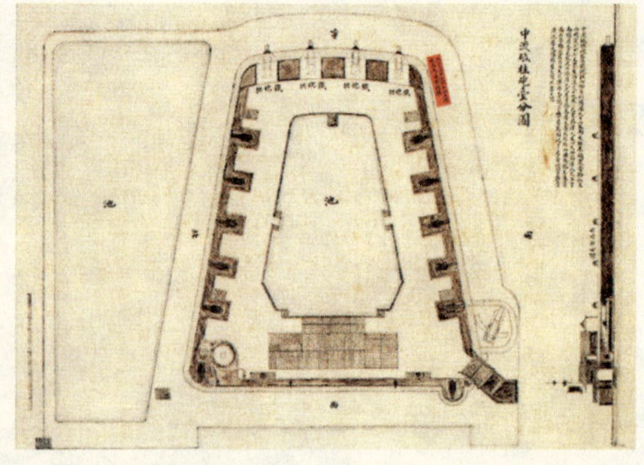

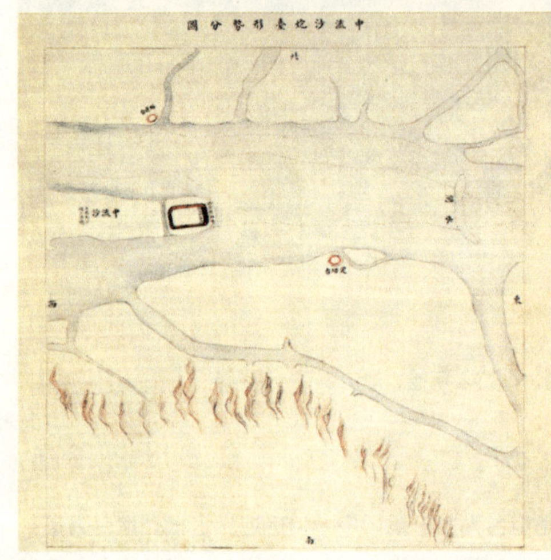

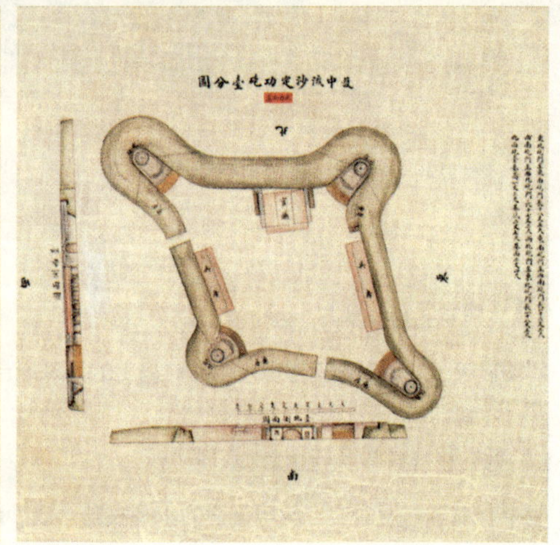

《中流沙炮台图》

此炮台 1861 年英、法两国入侵时被摧毁。图为晚清绘制，清宫旧藏。

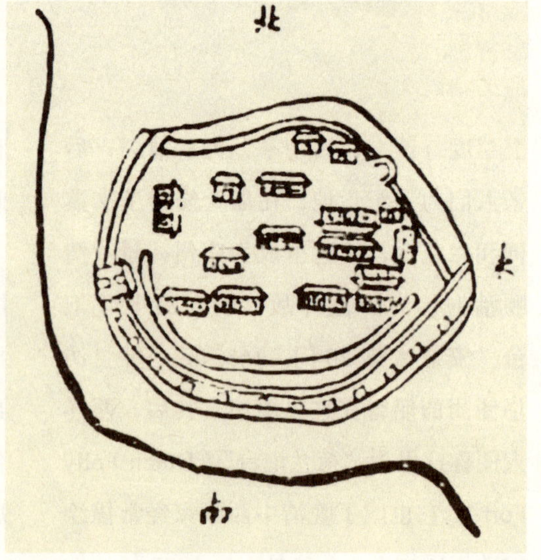

《猎德炮台图》

此图选自 1844 年出版的《虎门内河炮台图说》一书。书载，猎德炮台坐北向南，西面是猎德涌，有大门一道；南面是珠江。炮台略呈椭圆形，全部石砌墙脚。

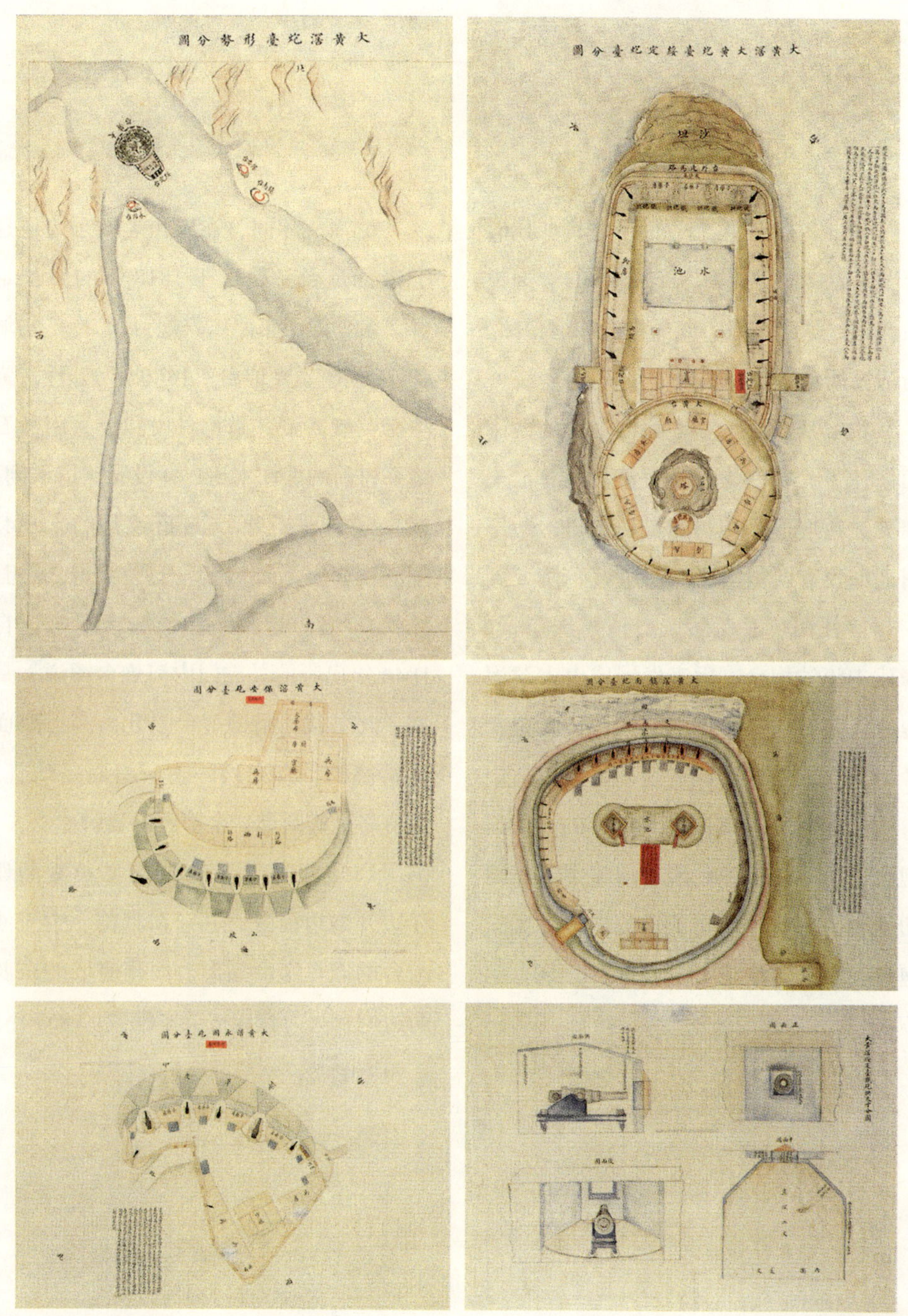

《大黄滘炮台图》

图中描绘的是 1843 年后扩建的大黄滘炮台，主炮台附近增建了 3 座辅助炮台，东崖边加建了镇南炮台、保安炮台，西岸边加建了永固炮台，共有炮位 41 个。

面”，取“中流沙滨海一面”之意。1861年英、法入侵者将中流沙炮台的大炮投入江中，炮台被毁。此《中流沙炮台图》为清宫所藏，晚清绘制，年代不详。

清嘉庆年间，在中流沙炮台的西南面修建了大黄滘炮台，大黄滘是海上来船驶过黄埔进入广州的最后关口，距广州老城仅有两里水路。1817年，阮元到广州接任两广总督后，奏请嘉庆皇帝，修建中流沙炮台。后来发展成由大黄滘炮台、南石头炮台、东朗炮台、大黄腰沙炮台组成的炮台群。这幅《大黄滘炮台图》描绘的是1843年后扩建的大黄滘炮台，当时在主炮台附近增建了3座辅助炮台，东崖边加建了镇南炮台、保安炮台，西岸边加建了永固炮台，共有炮位41个。

清嘉庆年间，在广州老城东边还建了猎德炮台。始建于1818年的猎德炮台又名“内河东路东安炮台”，是广州城防东面的重要炮台。1840年12月，为防御英舰入侵，猎德村民和清兵用沙石堵塞村前的珠江水道，并设置河道水闸。1841年初，英军攻陷猎德炮台。1842年清廷修复猎德炮台，安装大炮35门，驻兵60名。这幅《猎德炮台图》选自1844年出版的《虎门内河炮台图说》一书。此书载，猎德炮台坐北向南，西面是猎德涌，有大门一道；南面是珠江。炮台略呈椭圆形，全部石砌墙脚。

1856年10月23日，3艘英舰溯珠江边开炮边前进，驻守在猎德、中流沙炮台的守军奉命撤离。广州府城的东西两边炮台火力点遂被英军摧毁。1857年，广州城陷落。

英军围攻广州

——《1856 年 11 月 12 日至 13 日攻打广州诸要塞计划图》 1857 年出版

——《1856 年 11 月在广州近郊登陆炮击广州城》 1857 年出版

没有国旗的大清国，没能想到商船挂国旗的事会酿成一场国与国的战争。

第一次鸦片战争后的珠江口虽然是通商口岸，但海面上走私严重，鱼龙混杂，大清海巡船只能根据商船挂没挂国旗来区分谁是走私船或海盗船。由于大清没有法定的国旗，许多中国商船只好向外国机构申请注册，升挂注册国国旗，并由此拒绝接受大清海巡船管控。

1856 年 10 月 8 日，一艘名为亚罗号的华人商船被疑参与海盗活动，遭到广东水师的捕快扣押。由于该船已在港英当局注册，升挂英国国旗，英国驻广州代理领事巴夏礼在英国驻华公使、香港总督包令（John Bowring）的指使下，致函两广总督叶名琛，要求送还被捕人员。叶名琛将全部嫌犯送到英领事馆后，巴夏礼又要求赔偿英商损失，提供通商便利，遭到叶名琛拒绝。

10 月 12 日，英舰以“亚罗号事件”为由，突然闯过虎门海口，围攻广州城的战斗 10 月 24 日正式打响。英国海军上将西摩尔（Michael Seymour）指挥战舰和 2000 名海军陆战队队员攻打广州，拉开了第二次鸦片战争的序幕。

英国舰队在广州城外沿珠江水道一路炮击猎德、中流沙、凤凰岗、海珠等炮台，大清守军按照朝廷的意图“遵令走避”，放弃诸炮台，退守广州城内。10 月 25 日，英国舰队在海珠炮台安营扎寨，并用海珠炮台上的大炮和舰船上的大炮向广州城轰击。10 月 29 日，英军炮火击破 3 米多厚的广州城墙，200 多名英国海军陆战队士兵冲入外城，清军退守

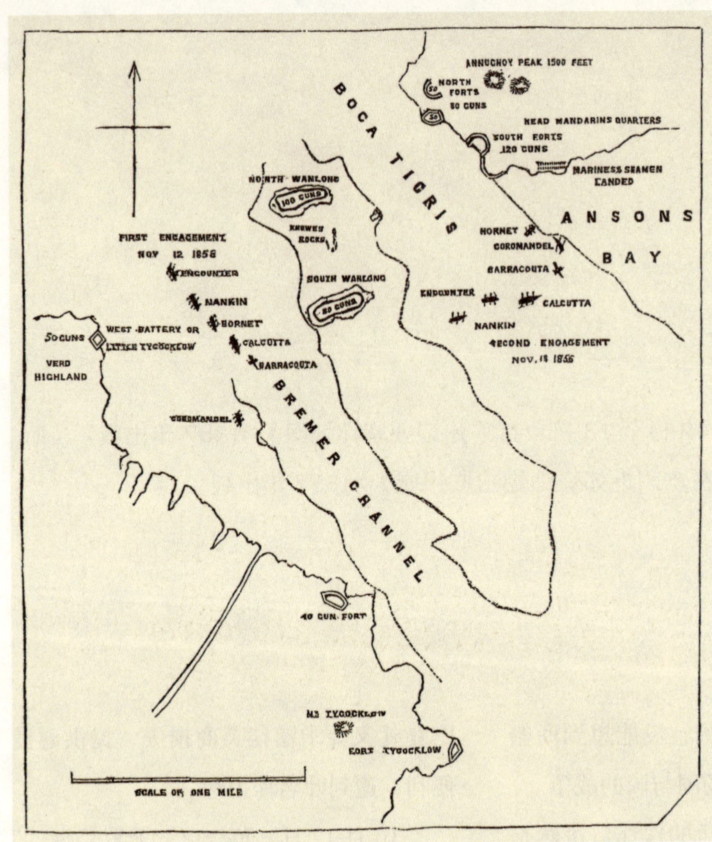

《1856 年 11 月 12 日至 13 日攻打广州诸要塞计划图》

这是一幅细线木刻海战计划图，图上绘出了英国舰队从珠江口逆流而上的航线、舰队排列位置，图上记录了攻克虎门炮台的日期："1856 年 11 月 12 日、13 日"。

内城。

从 11 月开始，英军沿珠江航道荡平所有大清炮台——东定炮台、猎德炮台、横挡炮台、威远炮台、靖远炮台、镇远诸炮台——广州城孤立无援。

这幅刊登在 1857 年 1 月 24 日出版的《伦敦新闻画报》上的《1856 年 11 月 12 日至 13 日攻打广州诸要塞计划图》绘出了英国舰队从珠江口逆流而上，通过此图左下方的大角炮台（Tycock Tow）进入虎门之后，舰队的排列位置、攻击目标和进攻日期。

图左侧的"海湾"（Bremer Channel）处，绘出舰队通过虎门口西岸水道的日期："1856 年 11 月 12 日"。图右侧的虎门（Boca Ticris）处，绘出舰队围攻虎门炮台的日期："1856 年 11 月 13 日"。攻击目标是图右侧的虎门炮台，右侧登陆地点上注明海军陆战队（Marines Seamen）陆地进攻的两列横队的进攻阵形。从这幅战斗计划图看，11 月 12 日和 13 日是攻克虎门炮台的日期。

此后，英国人多次照会两广总督叶名琛，要求其 10 天内出面谈判。叶名琛

《1856 年 11 月在广州近郊登陆炮击广州城》

此图原载于 1857 年 3 月 14 日出版的《伦敦新闻画报》。原图说为“广州及近郊，绘于交战期间”。图的前景显示攻至广州城近郊的英军架起了大炮；图中央显示炮击令十三行和附近的民房燃起大火。图的右侧为珠江，江中小岛为海珠岛。

毫无反应，时人讥之为“六不总督”:“不战、不和、不守、不死、不降、不走”，这更加激怒了英军，开始疯狂炮轰广州。

这幅英国随军画家绘制的版画《1856 年 11 月在广州近郊登陆炮击广州城》描绘的即是英军随后在广州郊外登陆、炮轰城里的场景。此画原载于 1857 年 3 月 14 日出版的《伦敦新闻画报》。原图说为“广州及近郊,绘于交战期间”。画的前景显示，攻至广州城近郊的英军架起了大炮；图中央显示炮击令十三行和附近的民房燃起大火。画右侧为珠江，江中小岛为海珠岛。

12 月 14 日，广州民众放火烧了驻扎英军的十三行地区，大火烧了一天一夜，十三行从此消失。英军被迫退到军舰上，并于 1857 年 1 月退出珠江内河，战事陷入僵持阶段。英军一边在珠江口等待援军，一边做再打广州城的战斗准备。

英法联军进攻广州

——《1857 年 12 月 14 日巴特勒号珠江西路段遇袭》 1858 年出版

——《联军占领海珠炮台》 1858 年出版

——《1857 年 12 月 28 日联军围攻广州图》 1858 年出版

英军在珠江上等待援军之时，1857 年 3 月英国议院改选，主张对大清开战的一方获胜，于是议院任命前加拿大总督额尔金（James Bruce, 8th Earl of Elgin）为全权代表，率领一支英军增援中国战场；同时，英国向法国提出联合出兵的要求。此时，法国正因“马神甫事件”（法国天主教神甫马赖违法进入中国内地传教，于 1856 年 2 月在广西西林县被处死一案）向中国交涉。于是，法国以此为借口，任命葛罗为全权代表，率一支法军协同英军攻打大清，联合舰队在香港完成集结。此时，美、俄两国亦声明支持英、法侵华。

1857 年 10 月到 11 月，英、法两军在珠江口积极备战，部队中除英、法两国的士兵外，还有大量印度兵和香港的中国苦力。12 月开始探路，准备攻城，这幅《1857 年 12 月 14 日巴特勒号珠江西路段遇袭》，表现的即是英军皮姆中尉率领 14 个侦察兵，乘巴特勒号在广州城西的珠江岸登陆，试图搜集清军的守备情报，正要返回时被当地军民发现，双方发生激烈战斗的情景。从画面上看，英军仅有几人，且战且退，岸上的大清军民乘胜追击。第二天，也就是 12 月 15 日，英法联军对这一地区进行了报复性打击，有一支 250 人的部队在此登陆，并占领了广州城外河南地区，建立营地。12 月 24 日，额尔金、葛罗向叶名琛发出最后通牒，限 48 小时内让城。

这幅《联军占领海珠炮台》出自

《1857 年 12 月 14 日巴特勒号珠江西路段遇袭》

此图原刊于 1858 年 3 月 6 日出版的《伦敦新闻画报》，表现的是英军皮姆中尉率领 14 个侦察兵在 1857 年 12 月 14 日乘巴特勒号在广州城西的珠江岸登陆，试图搜集清军的守备情报，正要返回时被当地军民发现，双方发生激烈战斗的情景。

1858年出版的法国《世界画报》(*Le Monde Illustre*),此铜版画描绘了1857年英法舰队溯珠江而上围攻广州城的情景。画面中央为广州城外的海珠岛,可以看到海珠炮台上立有英国旗和法国旗,表明这里已是英法联军占领地。此时,清廷正全力镇压太平天国和捻军起义,咸丰皇帝对外国侵略者采取"息兵为要"的方针,所以,叶名琛也没有把英法攻城当成重大战事看待。大清守军更是"遵令走避",所以,广州1.3万名驻军,城郊和珠江沿岸30多座炮台,出现了打不还手和望风而逃的一幕。

这幅《1857年12月28日联军围攻广州图》可以看作上一幅图向东部的接续,它表现的是英法联军登陆后在广州城东部的进攻路线。此图下边自左向右的英文标注是:"东门"、"英法联军在炮击"、"法军"、"英军用迫击炮轰击四方炮台(图下方标注'卧乌古'[Gough]炮台,即以第一次鸦片战争时英国陆军司令卧乌古命名,他曾占领过四方炮台)、攻打广州城"、"东北门及高塔(即越秀山上的望海楼)"、"英军"、"炮台"。此图刊登在1858年3月13日的《伦敦新闻画报》上,它表现了1857年12月28日英法联军进攻广州的过程。

这天早晨6时,联军先是在广州城外河南地区炮轰广州城,随后有5000多名联军士兵从猎德炮台和东固炮台之间地带登陆,而后分三路向广州城东部挺进。中路由斯特劳本茨(Charles van Straubenzee)少将指挥英军和一部分法国水兵,主攻东固炮台;左路由里戈·德热努依里(Rigault de Genouilly)海军少将指挥法军,阻击从东门和郊区增援的清军;右路由摩尔海军上将指挥英国水兵,阻击从城北各炮台支援的清军。2000名守城清军在东固炮台抵抗,至晚上失守,清军督统来存死守四方炮台。12月29日,英法联军由小北门入城,占领了观音山(即越秀山)。城外25艘英舰、7艘法舰的120门大炮一起向广州城轰击,城内燃起大火。

12月30日,不足两天的攻城战斗结束,广州巡府柏贵、广州将军穆克德讷向英法联军投降,并在以巴夏礼为首的"联军委员会"的监督下,在沦陷的广州继续担任原职。两广总督叶名琛在副督统双喜的衙署内被擒获,解往停泊在香港的军舰无畏号,后被押往印度,1859年病死在当时的英属印度首都加尔各答。

《联军占领海珠炮台》（上）

图中表现了英法舰队溯珠江而上炮轰广州城的情景，前景为海珠岛上的海珠炮台。此铜版画绘制于1857年，次年在法国《世界画报》上刊载。

《1857年12月28日联军围攻广州图》（下）

此为铜版画，1858年出版，第二次鸦片战争时英国《伦敦新闻画报》刊载。画面显示了广州古城的方位与造型，图中央为观音山（今称越秀山）古城墙及镇海楼（今又称五层楼）。

大沽口海防

——《大沽口加筑炮台图》 约1841年绘

——《北塘口加筑炮台图》 约1841年绘

——《天津保甲图说·大沽口炮台营盘图》 1846年绘

大沽口在天津东南45公里处，是千年前黄河改道形成的泥滩海口，海河（古称白河）进入渤海的入海口，海上进入天津的门户。在天津文化街内至今存有元代建的天后宫，体现了天津作为漕运和海运集散地的传统地位。

大沽口因白河上游有大直沽、小直沽、西沽诸水道一并由此入海，故得名。广义的大沽口包括海河口以北几十里的北塘口，北塘口为明代开蓟县新河引入大海的蓟运河的入海口，所以大沽口通常是指南北两条河的两个入海口。

大沽口虽然是个海口，但元代以前，它并不是一个重要的港口和通商口岸。元朝定都北京后，大沽口因海上漕运而成为重要的港口。明永乐皇帝迁都北京后，这里从海上漕运港口升级为抵御倭寇和赴朝抗倭的海门要塞与海口通道，构筑堡垒，驻军设防。所以，现在从天津坐轻轨到塘沽，途中还会看到“军粮镇”、“洋货市场”这样古老的地名。

初叩京津海门的洋人首先是1655年以“朝贡”名义访问顺治王朝的荷兰人哥页（Pieter de Goijer），他是从大沽口乘船进入天津的第一位西方使臣。随后是1793年以祝贺乾隆八十大寿为名访华的英国马戛尔尼使团，由大沽口登陆进京，并借此机会探明了大沽口海防形势。不过，这两个西方使团来华并没生出什么战事，所以，海防虽在，但形同虚设。

1815年，拿破仑在滑铁卢战役败北，次年英国派使臣阿美士德访华，英国船队到达大沽口，阿美士德经天津进北京，

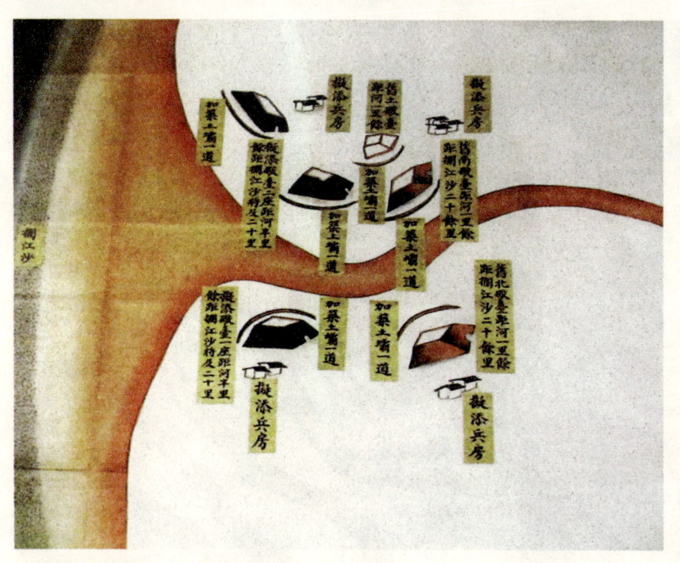

《大沽口加筑炮台图》

图中，白河南岸炮台：两个黑色的注为“拟添礅台二座”，即后来的“威”字炮台和“镇”字炮台；两个红色的注为“旧礅台”。白河北岸炮台：黑色的礅台是因旧炮台距海口太远而增设的，即后来的“高”字炮台。两岸皆有“拟添兵房”。此图显示大沽口炮台已成网络布局。

向拥有巨大贸易顺差的清廷提出通商请求。西方来使几次经大沽口进天津，进而到达北京的举动，令清廷对作为京津门户的大沽口高度警觉，遂下令在天津“复设水师营汛”。1817 年清廷在大沽口南北两岸各建了一座圆形炮台，并设水师一营，这便是大沽口最早的炮台。或因时间久远，或因后来炮台增设变动，笔者没能查到这一时间的炮台地图。现在能见到的最早的大沽口炮台地图是鸦片战争时期的。

1840 年鸦片战争爆发，曾有 8 艘英舰闯入大沽口，这让清政府感到现有的两个炮台不足以抵抗西洋舰队的进攻。于是，任命讷尔经额为直隶总督，亲临大沽口加固炮台，至 1841 年完成新的大沽口军事防御体系，即南边的大沽口炮台和北边的北塘炮台，共有大炮台 5 座、土炮台 12 座、土垒 13 座，基本组成了大沽口炮台群。

在讷尔经额的《大沽口加筑炮台图》中，可看到白河的南岸有四个礅台。两个黑色的注为“拟添礅台二座”，即后来的“威”字炮台和“镇”字炮台；两个红色的注为“旧礅台”，新旧墩台旁有两个“拟添兵房”。在白河北岸也绘有两个礅台。黑色的新礅台是因旧炮台距海口太远而增设的，即后来的“高”字炮台。新旧炮台旁，皆有“拟添兵房”。此图显示出大沽口炮台布局已成网络，兵力也大大增加了。

在讷尔经额的《北塘口加筑炮台图》中，图左注为“东”，海口注有“拦江沙”。在弯曲的蓟运河两岸画有三个圆圈，分别注为“北礅台”和“南礅台”。这两个墩台原是明嘉靖时所建，台上曾设炮位。

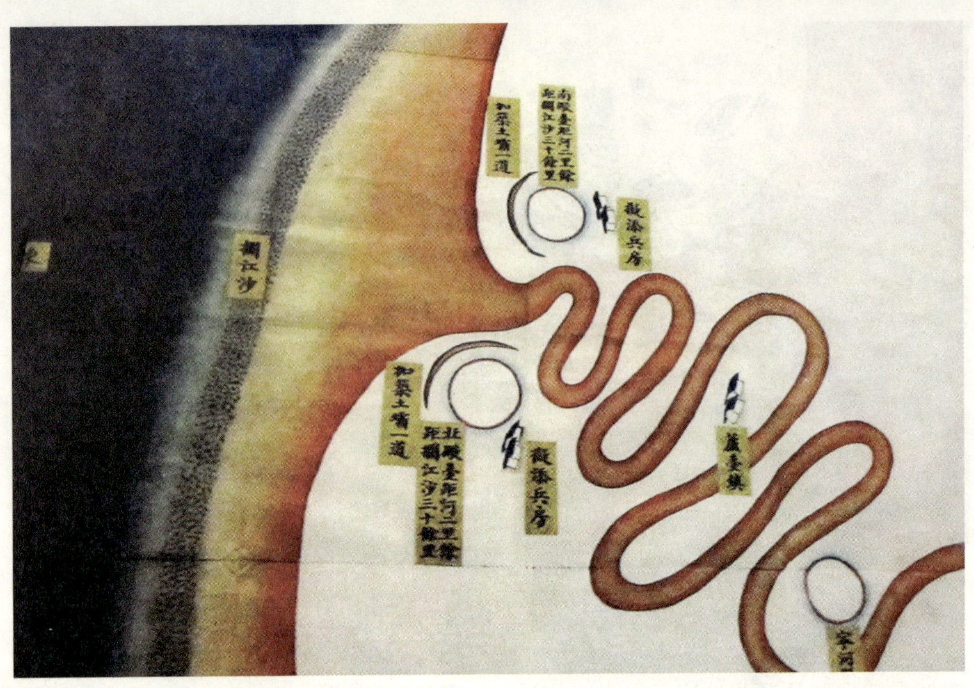

《北塘口加筑炮台图》

图左注为“东”，海口注有“拦江沙”。在弯曲的蓟运河两岸画有三个圆圈，海口处的“北礅台”和“南礅台”为讷尔经额到天津后重筑的“北塘双垒”，炮台前注有“加筑土坝”，小房子注为“拟添兵房”；同时，在蛏头沽、青坨子、海滩站加建了三座新炮台。

但清初海上无战事，礅台荒废。讷尔经额来到天津后，重新构筑了“北塘双垒”。炮台向着海口一侧注有“加筑土坝”，两个炮台旁都画有小房子，注为“拟添兵房”。在修复旧炮台的同时，讷尔经额又在蛏头沽、青坨子、海滩站加建了三座新的炮台。图中标注宁河县的“芦台镇”，可以看出讷尔经额对此海防的新部署。

第一次鸦片战争扩建大沽口炮台的同时，对天津卫的民防也有所加强。从1846年出版的《天津保甲图说》中，可以看到天津卫的保甲制度已经达到了“网格化”的水平。不仅每一个村屯的保甲体系有详细的文字记录，同时还为每一个保甲网格都绘制了地图。这种地图既有民屯图，也有炮台营盘图。如《天津保甲图说·大沽口炮台营盘图》，可以看清楚炮台与兵营的结构，还有瞭望台，以及元明时期开辟的盐池、泥滩和四至。

在第二次鸦片战争开战时，1858年咸丰朝廷调派僧格林沁作为钦差大臣镇

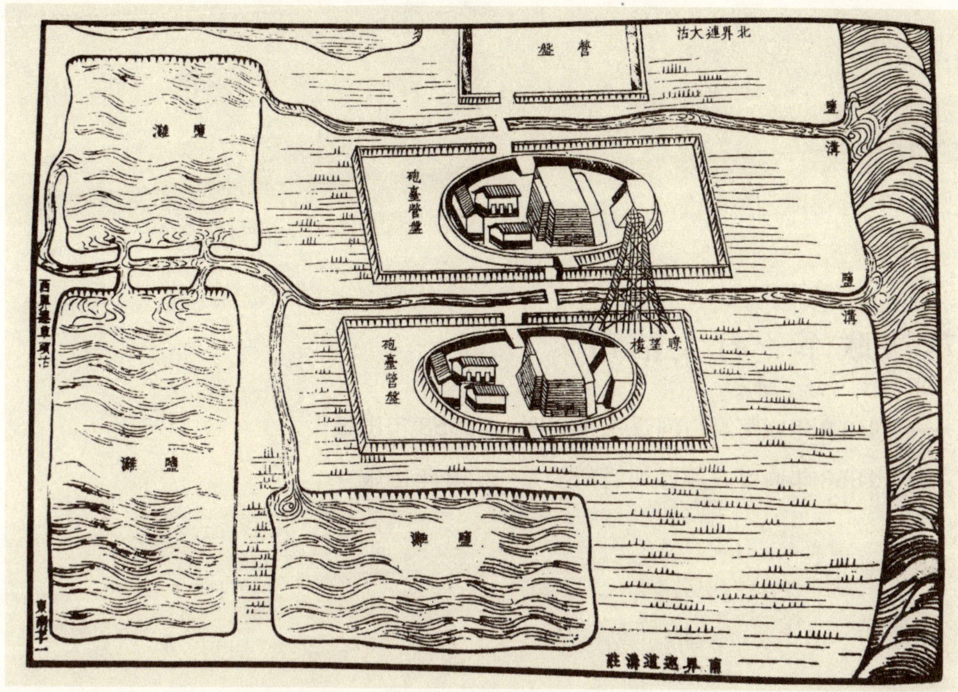

《天津保甲图说·大沽口炮台营盘图》

图中可以看清楚炮台与兵营的结构，还有瞭望台，以及元明时期开辟的盐池、泥滩和四至。

守大沽口。僧格林沁到任后即对白河两岸的炮台进行全面整修，其中3座在南岸，2座在北岸，由南至北分别以“威”、“震”、“海”、“门”、“高”五字命名，寓意炮台威风凛凛镇守在大海门户的高处。后来，又在“高”字炮台北边建了一个“石头缝炮台”。

这是中国沿海最现代化的海防网，但仍没抗住英法联军1858年、1859年、1860年的三次攻击和1900年八国联军的攻击。天津、北京失陷后，根据1901年签订的《辛丑条约》，清政府被迫将大沽口炮台拆毁，北塘炮台北炮台拆毁，南炮台被炸成13段，遗迹无存。古代海防图中的“威”、“震”、“海”、“门”、“高”及“石头缝炮台”，如今仅有“威”字南炮台和“海”字老炮台的两个土台遗址了，其他炮台连土台都荡然无存。

2011年，大沽口炮台遗址博物馆落成。次年，笔者来这里考察时，所能见到的也仅是一座现代化的博物馆和一个刚修复的“威”字炮台。那个威风过、惨烈过的海防格局，只能存留在古代海防地图中了。

英法联军一打大沽口

——《1858年联军沿白河进军天津图》 1858年出版

——《1858年联军天津城外谈判图》 1858年出版

1857年底，英法联军攻下广州后，英、法、俄、美四国公使遂联合起来北上大沽。1858年4月，抵达大沽口的英法联军要求进京递交国书，而咸丰皇帝则坚持在天津换约。英国副公使李泰国声称：必须应允公使驻京，方可在天津议事。两方僵持之际，英法联军选择了武力解决。1858年5月20日上午8时，英法舰队先是限清军在2小时内交出大沽口炮台，未待答复，联军即先行开炮，第一次大沽战役打响。

此时，大清守军约有万人，英法联军仅有2600余人。图上描绘英法联军在大沽口北岸登陆后，陆战队列阵攻击北岸炮台，并在炮台墙上架设梯子。大清守军在火力与兵力上皆占有优势，南北炮台兵勇亦奋力抵抗，但直隶总督谭廷襄却坐上轿子临阵脱逃，天津总兵也随之逃走。群龙无首的大清守军抵抗了两个小时即丢弃炮台后撤。英法联军以伤亡不足30人的轻微损失，轻取大沽口炮台。

这幅法国《世界画报》1858年刊载的铜版画《1858年联军沿白河进军天津图》，表现的是轻松攻陷大沽口炮台的英法联军舰队溯白河（即海河）而上，直扑天津的场景。图中标示出各舰行进序列，以及沿岸炮台的位置。英法联军通过东浮桥，将舰队停泊在天津城外三岔河口一带。此时，清军守军已退至天津城南的海光寺外。

驻扎在天津城外的英法联军5月26

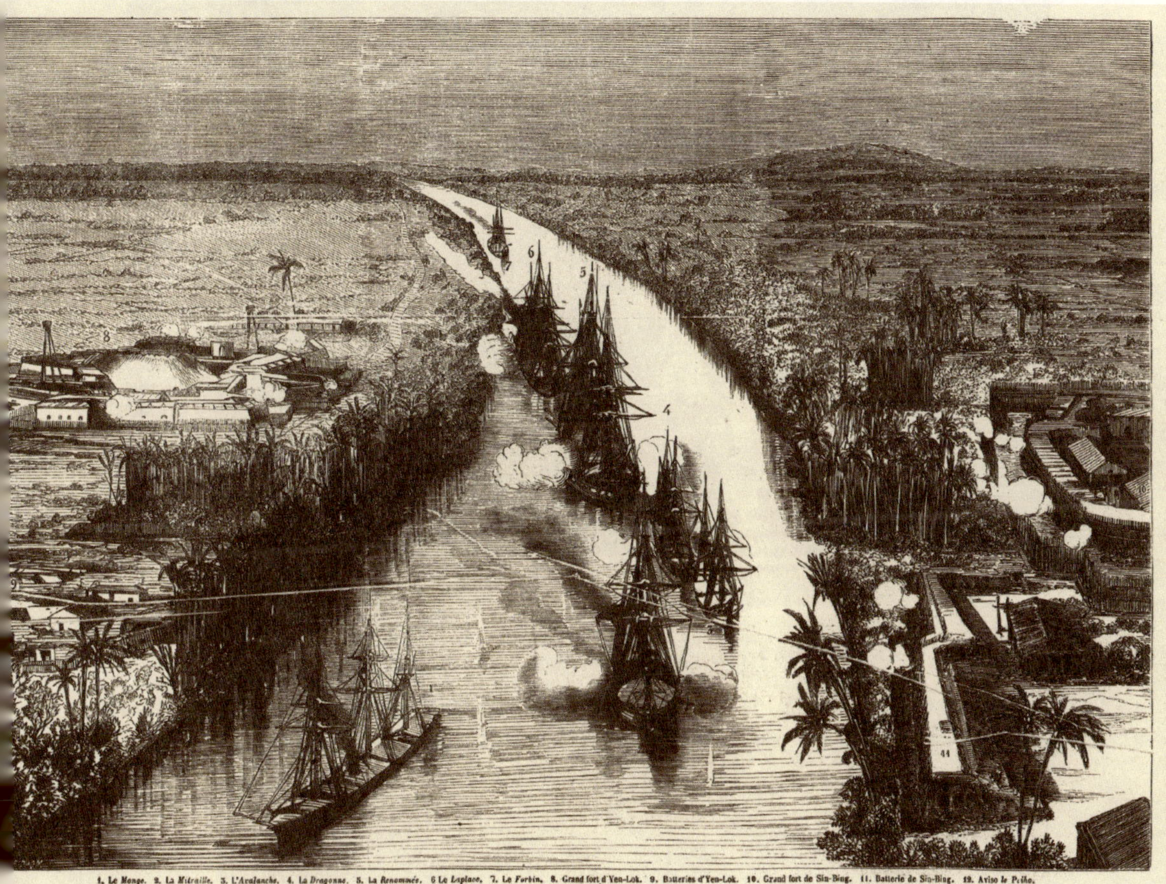

1. Le *Monge*. 2. La *Mitraille*. 3. L'*Avalanche*. 4. La *Dragonne*. 5. La *Renommée*. 6 Le *Laplace*. 7. Le *Forbin*. 8. Grand fort d'Yen-Lok. 9. Batteries d'Yen-Lok. 10. Grand fort de Sin-Bing. 11. Batterie de Sin-Bing. 12. Aviso *le Peiho*.

Prise et destruction des forts et batteries de Yen-Lok et de Sin-Bing, par la division navale sous les ordres du contre-amiral Page, le 24 février. (D'après un croquis de M. Co..., officier de l'expédition.)

《1858 年联军沿白河进军天津图》

此图表现了轻松攻陷大沽口炮台的英法联军舰队于 5 月 24 日溯白河（即海河）而上直扑天津的场景。此铜版画 1858 年刊载于法国《世界画报》。

Arrivée des plénipotentiaires chinois au camp des alliés à Tien-tsing. (D'après un croquis envoyé par M. L. Th., officier de l'expédition.)

《1858 年联军天津城外谈判图》

图中表现的是 6 月 5 日英、法、俄、美代表在天津城外会合与清廷代表最初议约的场景，画中寺庙是被联军当作大本营的海光寺。此图是迪朗 · 布拉热根据一名法国远征军官寄回的素描稿制作的铜版画，1858 年刊载于法国《世界画报》。

日通知清廷速派人到天津议事，否则先取天津，再打北京。咸丰皇帝得知大沽口失守，深恐天津重蹈广州覆辙。如果英、法两国“以大沽为香港，而以天津为广州，将来何能驱之使去”。于是，急派大学士桂良、吏部尚书花沙纳驰往天津求和。这幅《世界画报》1858 年刊登的铜版画《1858 年联军天津城外谈判图》，表现的即是 1858 年 6 月 5 日在天津城南的海光寺，清廷代表与英、法代表进行最初议约的场景。

此后，四国与大清在 1858 年 6 月中旬至月底，分别签署了《天津条约》。如同 1842 年的英国画家柯立描绘南京议约的静海寺一样，这一次是法国画家记下了天津海光寺的“城下之盟”。

英法联军二打大沽口

——《1859 年联军攻打大沽口防御炮台图》 1859 年出版

——《河北及北直隶湾图》 1860 年出版

英、法两国按上一年所签《天津条约》之换约规定，于 1859 年 6 月又来到大沽口，欲进京换约。但清廷对《天津条约》的苛刻条款不满，一方面希望英、法等国能放弃这些条款，一方面任命蒙古亲王僧格林沁组织大沽和京东防务，以防英法舰队再次入侵。

钦差大臣僧格林沁镇守大沽口，对炮台进行全面整修，共建炮台 6 座，其中 3 座在南岸，2 座在北岸，分别以“威”、“震”、“海”、“门”、“高”五字命名，寓意炮台威风凛凛镇守在海门高处。以 1000 米射程划定了大沽口火力范围，登陆者即便渗透到相邻两座炮台之间，也处在轻武器射程之内。

1859 年以换约之名来到大沽口的英法舰队虽然还是木制帆船，但多已配置蒸汽动力装置。英法联军共出动战舰 22 艘；其中，英国蒸汽巡洋舰 1 艘、蒸汽炮舰 3 艘、蒸汽浅水炮艇 14 艘、蒸汽运输舰 2 艘；法国蒸汽巡洋舰 1 艘、蒸汽浅水炮艇 1 艘；联合舰队司令由英国海军少将贺伯（Hope）担任。美国虽然是中立国，但仍派托依旺号（Toey Wan）等几艘军舰参加了英法联军的大沽口行动，主要是负责救援。

1859 年 6 月 17 日，英法联军舰队到达大沽口，即派人越过拦江沙，向大清守军投递信件，要求 3 日内开放一个入口，以便公使溯河去天津。但清政府要求公使往北边的北塘登陆，并由清军保护到北京换约。英法联军不理清廷要求，直闯禁止外国船只进入的大沽口，拉开了二打大沽口的序幕。

《1859 年联军攻打大沽口防御炮台图》

从图上可以看出，英军为适应海河口浅水作战环境，特派出多艘浅水蒸汽炮艇担任前锋，图上以数字序号标注了各舰的准确位置。此图为铜版画，刊于 1859 年出版的《伦敦新闻画报》。

6 月 18 日下午，英国 8 艘军舰乘风潮之势直入白河，在夜里拉倒拦江铁戗 4 架，拆毁清军布设的河上障碍。6 月 23 日夜，英法联军破坏大沽河口拦河铁链后，将 13 艘军舰开入大沽拦江沙内，为舰队进入白河（海河）做好了准备。

这幅铜版画《1859 年联军攻打大沽口防御炮台图》，曾刊于 1859 年的《伦敦新闻画报》上。从画上可以看出，英军为适应海河口浅水作战环境，此役特派出多艘浅水蒸汽炮艇担任前锋，图上以数字序号标注了各舰的准确位置：5、7 号为装备 6 门炮的乌木号（Coromandel）、猎人号（Nimrod）；10、11、12、13、14、16、17、18 号为装备 4 门炮的负鼠号（Opossum）、茶隼号（Kestrel）、杰纽斯号（Janus）、庇护号（Lee，被击沉）、巴特勒号（Banterer）、鸬鹚号（Cormorant，旗舰，被击沉）、傲慢号（Haughty）、鸻鸟号（Plover，被击沉）等 11 艘小型舰艇。在这些炮艇的后方还有一些较大的战船作为后援，2 为英国帆船、3 为法国浅水蒸汽炮舰、4 为美国浅水蒸汽炮舰，有 500 名陆战队

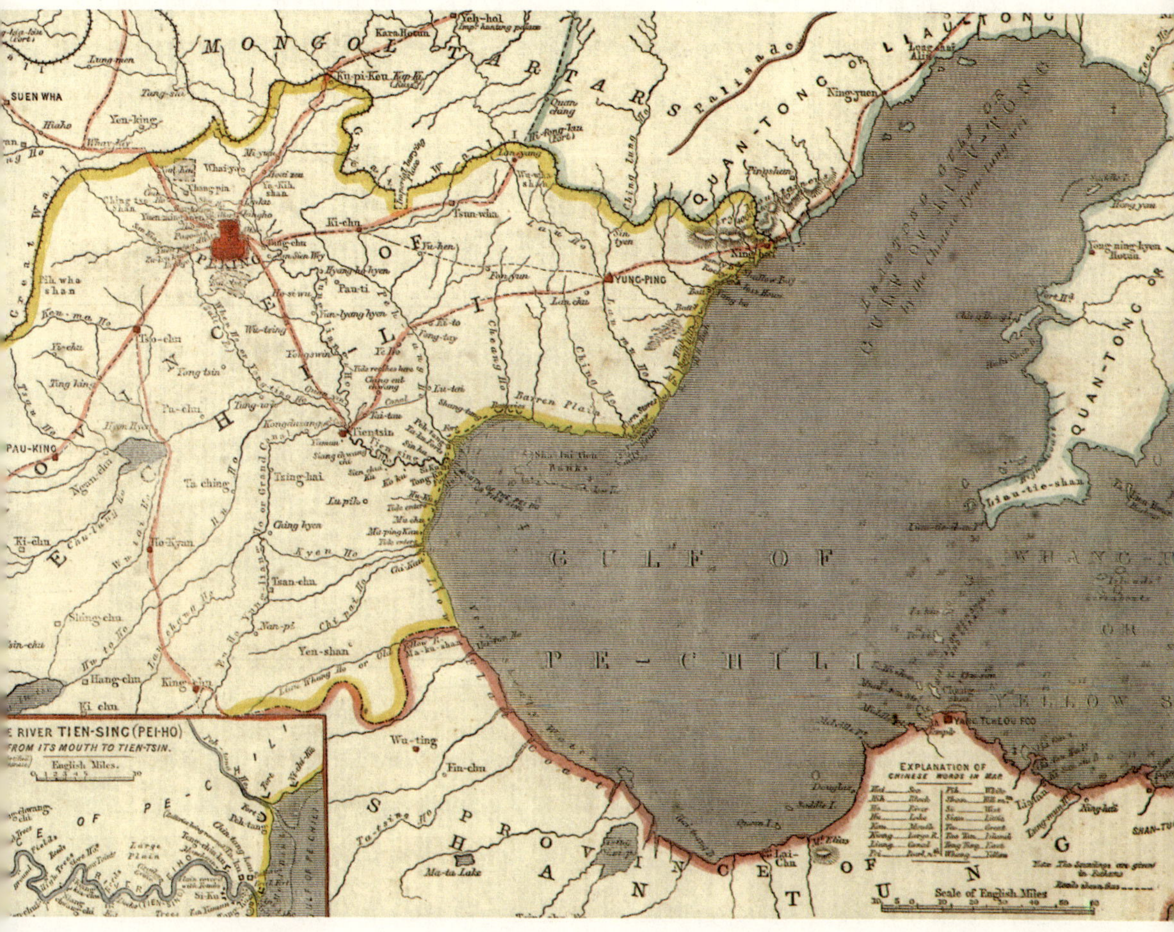

《河北及北直隶湾图》

左下角小图显示了从大沽到天津的路线，并注明："这里是 1856 年《天津条约》签署地。"此时，第三次攻打大沽口战役尚未打响，可见英国对天津开战的舆论一直没停。10 天之后，英法联军发起对大沽口的第三次进攻。此图刊登于 1860 年 7 月 21 日出版的《伦敦新闻画报》。

士兵及水兵准备登陆。

僧格林沁与直隶提督史荣椿亲自坐镇大沽南炮台，要求炮台和围墙上的兵士不准露头，所有火炮用帘子遮掩，炮台上偃旗息鼓。6月25日15时，当联合舰队司令英国海军少将贺伯率舰队驶入白河河口时，双方都进入了对方的射程以内。僧格林沁下令开炮，遮掩着炮台大炮的草席都卷了起来，顷刻之间全部大炮一齐开火。

僧格林沁在南北6座炮台上安装了大小火炮60门，包括2门5000斤、2门12000斤、9门10000斤的铜炮和从西方进口的23门铁炮。此时，大清与英法联军的火器在同一量级，均为青铜和黄铜所制，都是前装滑膛炮，使用黑火药。

大沽口甚为开阔，南北两岸的炮台火力设置又能相互重叠。英法舰队所处的位置刚好对着清军炮口，占据地形优势的清军突然发射猛烈炮火，多艘联军军舰被击伤，死伤400余人，联合舰队司令贺伯也负了伤。战至16时，包括旗舰鸬鹚号在内的4艘联军军舰被击沉，其余军舰也被击伤。一旁“中立”观战的美国舰队司令达底那（Josiah Tattnal）海军准将急忙率托依旺号救援英法联军。

17时，身负重伤的联合舰队司令贺伯下达在南岸炮台登陆的命令。英、法海军陆战队千余人在英军勒蒙上校指挥下，分乘帆船、舢板20余只，利用舰炮火力作掩护，向海口南岸强行登陆。此时大海退潮，从白河河道到炮台虽然只有500米左右距离，却是烂泥滩涂。僧格林沁调集火器营的抬枪队和鸟枪队射杀登陆后陷于泥泞中的联军陆战队士兵。幸存的海军陆战队员不得不返回舰艇，当夜狼狈逃出大沽口，英法联军第二次攻打大沽口以失败告终。

这是第一次鸦片战争以来清军取得的最大一次胜利。英法联军失败后，在大沽口外兵舰上观战的美国公使华若翰（John Eliott Ward）派人给清廷送来照会，并于8月按清政府的要求在北塘完成换约。但英法联军不甘心就这样退出中国。这是一幅1860年7月21日在英国《伦敦新闻画报》上刊登的《河北及北直隶湾图》。在图的左下角小图中，特别描绘了从大沽到天津的路线，并在天津位置上注明：“这里是1856年《天津条约》签署地。”此时，英法联军第三次攻打大沽口的战役尚未打响，可见英国对天津开战的舆论一直没停。10天之后，英法联军发起了对大沽口的第三次进攻。

英法联军三打大沽口

——《联军北塘登陆路线图》 1860 年出版

——《联军攻克北塘溯河攻打塘沽图》 1860 年出版

——《1860 年 8 月 21 日联军攻打大沽口左岸炮台图》 1860 年出版

——《1860 年 9 月 18 日联军攻打北京路线图》 1901 年出版

1859 年英法联军在大沽口惨败，令联军十分恼火，经过一段时间的准备，1860 年额尔金与葛罗指挥英法联军重返大沽口。此役英军 18000 人参战，法军 7000 人参战，共派出舰船 173 艘，由联军总司令格兰特（James Hope Grant）、孟托班（Montauban）率领，陆续向天津大沽口逼近。

大沽口之战，防线不仅是大沽一个口子，其北面 3000 米处还有北塘口。对于缺少有效海军的大清而言，海岸防御处处布防几乎是不可能的，所以，其岸防必是一条顾此失彼的防线；而英法蒸汽战舰日行数百里，在漫长的海岸线上可以随机选择薄弱环节进行攻击。

这一次，英法联军汲取了强攻大沽口的教训，定下了绕开炮台林立的大沽口，北袭北塘口，从大沽炮台身后攻击大沽的作战方针。这幅《联军北塘登陆路线图》清楚地反映了英法联军从北塘登陆的作战路线。图上方为南，下方为北。在图上方海口处标注了北塘（Peh Tang），河道里绘出了北上塘沽的联军舰队。而此时的僧格林沁则认为大沽为重中之重，采取了弱化北塘的策略，正好给联军以可乘之机。

1860 年 8 月 1 日，联军出动军舰 30 多艘，载 5000 名陆战队队员，趁北塘清军守备空虚，借涨潮之际驶入北塘河口，开始攻打北塘炮台，第三次大沽

Expédition de Chine. Débarquement des forces a

口战役由此打响。这幅法国《环球画报》（*L' illustration Journal Universel*）上刊载的铜版画《联军攻克北塘溯河攻打塘沽图》，表现了英法联军攻克北塘后，继续溯河而上攻打塘沽的一幕。画面上北塘河口的北炮台与南炮台都插有英、法两国的国旗，表明这里两个海口要塞已被占领，河道上联军舰队继续上行，进军塘沽。

此时，僧格林沁坐镇大沽口，远远望见北方3公里外冒着黑烟的英法蒸汽舰队驶入北塘河口，一无海上舰队可以支援，二无火力可以打到北塘，只好命令骑兵队迎头抵御在北塘登陆、正向塘沽营垒推进的联军。经过几个小时的战斗，清军将溯河而上的联军击退。

8月12日，英法联军从北塘兵分两路向新河、军粮城进攻。驻扎在新河的蒙古骑兵不及2000人，近万联军将蒙古骑兵包围，新河很快失守，清军败退至塘沽。塘沽在大沽以北，仅一河之隔，是大沽北岸炮台身后的重要屏障。8月14日，英法联军以6000兵力、100门火炮攻击塘沽。顶不住联军进攻的满洲军队和蒙古骑兵由塘沽败退至大沽炮台，大沽由此陷入腹背受敌的境地。

8月21日凌晨，英法联军集中全部火力向大沽北岸炮台猛烈轰击。这幅《1860年8月21日联军攻打大沽口左岸炮台图》描绘了英法联军当天的作战路线。此图左下方为英军进攻队形，右下

《联军攻克北塘溯河攻打塘沽图》

此图表现了英法联军攻克北塘后继续溯河而上攻打塘沽的一幕。画面上北塘河口的北炮台与南炮台都插有英、法两国的国旗，表明这里两个海口要塞已被占领，河道上联军舰队继续上行，进军塘沽。这幅铜版画原刊于 1860 年的法国《环球画报》。

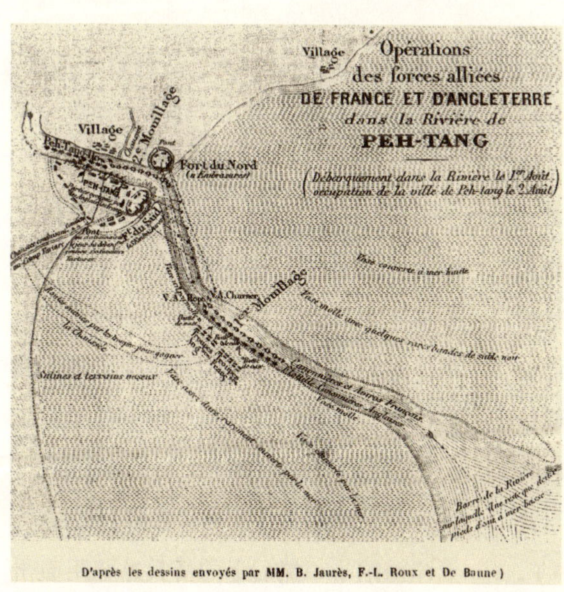

《联军北塘登陆路线图》

从此图可以看出，英法联军吸取了强攻大沽口的教训，这一次绕开了炮台林立的大沽口，突袭北塘口，随后打下塘沽，从大沽炮台背后攻击大沽。图上方为南，下方为北。图上方海口处标注了“北塘”（Peh Tang），河道里绘出北上塘沽的联军舰队。

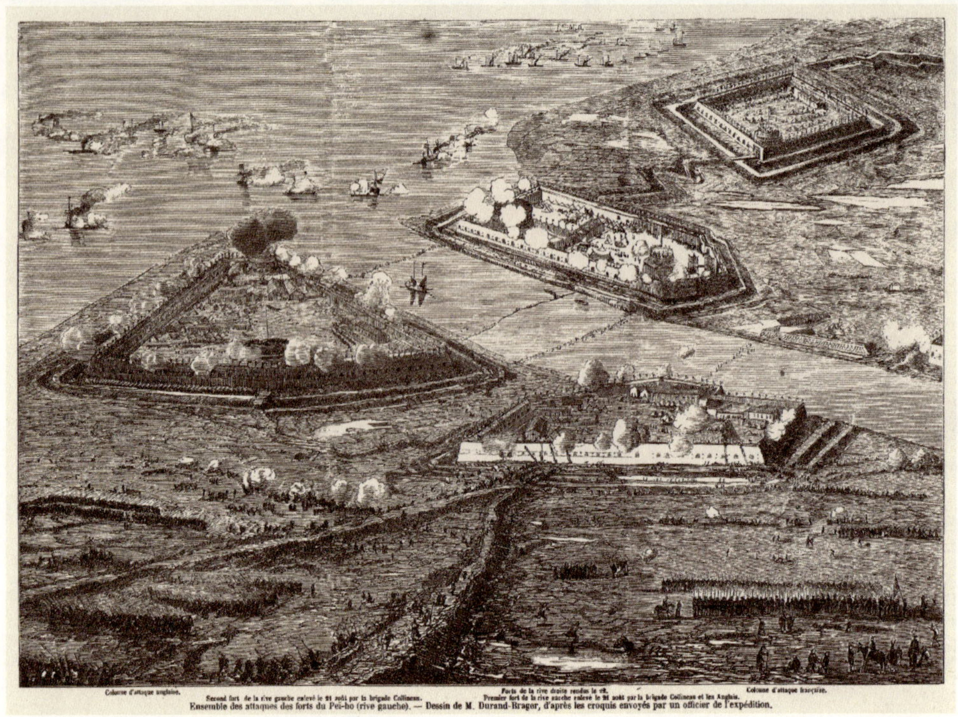

《1860 年 8 月 21 日联军攻打大沽口左岸炮台图》

此图描绘的是英法联军由科利诺上尉率领于 8 月 21 日攻占左岸，图左下方为英军进攻队形，图右下方为法军进攻队形。此图是由迪朗·布拉热根据一名法国远征军官寄回的素描稿而制作的铜版画，原刊于 1860 年的法国《世界画报》。

方为法军进攻队形。上午 8 时许，在炮火支援下，英法联军分为左右两翼，向建在北岸石壁之上的“石缝炮台”猛攻。此图说明称：“英国部队和由科林诺（Collinot）率领的法国部队 8 月 21 日占领左岸要塞。此图为由迪朗·布拉热根据一名法国远征军官寄回的素描稿而制作的铜版画。”高达 3—5 丈的“石缝炮台”，火药库被联军炮火击中，引起爆炸。图中可见英法步兵架梯攀登炮台高墙，守军以抬枪、鸟枪回击。战至中午，提督乐善及官兵寡不敌众，皆壮烈牺牲，“石缝炮台”落入联军手中。图说最后称“8 月 22 日右岸交出诸要塞”。

北炮台失守后，僧格林沁认为南岸炮台万难坚守，遂遵照咸丰皇帝“天下根本不在海口，实在京师”的指示，命南岸炮台守军和蒙古骑兵尽撤天津，随后，直隶总督恒福在南岸炮台挂起免战白旗，把三座炮台拱手交给了英法联军。

英法联军占领北塘、塘沽、大沽后，天津沦陷；一路后退的清兵逃至距通州

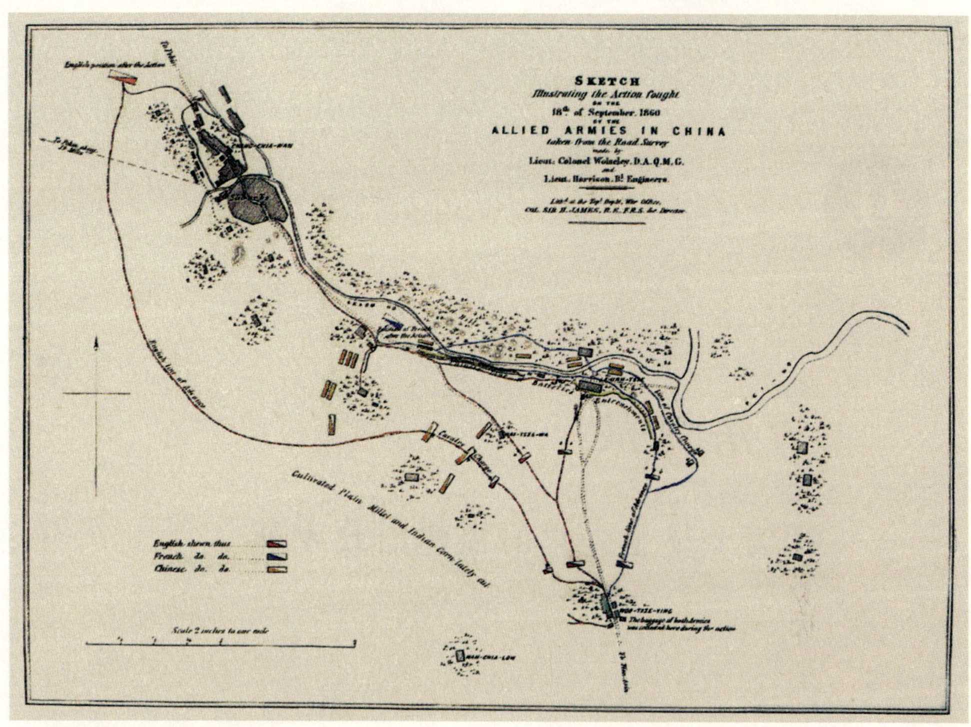

《1860 年 9 月 18 日联军攻打北京路线图》

此图原载于乔治·奥尔古德 1901 年出版的《1860 年的中国战争：信札与日记》一书。图中表现了英法联军打下天津后，北上攻打北京的作战路线。图上方标注的“张家湾”（Chan Chia Wan），其北道口“通往北京”（To Pekin），西面距北京仅“14 英里”。10 月 13 日联军由此攻入北京，18 日火烧圆明园。

五里的张家湾。这幅《1860 年 9 月 18 日联军攻打北京路线图》原载乔治·奥尔古德（George Allgood）1901 年出版的《1860 年的中国战争：信札与日记》（*China War 1860: Letter and Journal*）一书。地图用红、蓝、黄三色方格分别代表英、法、清三国军队所处位置。它记录了英法联军从图的下方“通往天津”（To Tian Jin），继续北上的作战路线。9 月 18 日，英法联军攻陷张家湾和通州。在图的最上方标注的“张家湾”（Chan-Chia-Wan），其北道口“通往北京”（To Pekin），西面距北京仅“14 英里”。清军在这里抵抗不久，便退入京城。

兵败如山倒，接下来，10 月 13 日，英法联军攻入北京；10 月 18 日，英法联军烧毁圆明园；10 月 24 日，清廷与英、法两国签订了包含将天津辟为通商口岸条款的《北京条约》。英法联军三打大沽口终以清廷的彻底失败而告终。

9

清法海战

引言：早生先亡的福建船政水师

1856 年法国以“西林教案”为由与英国联手进攻大清之时，法国的远东舰队同时以越南处死法国传教士为由，攻击中国传统的属国越南，先是炮轰土伦港，后于 1858 年占领越南西贡。1862 年，法国和越南阮朝签订了《西贡条约》，将西贡一带的地区割让给法国。但在越南北部一直有清国军队驻防。随着 1882 年法军占领河南，并不断北进，清军与法军在越北地区时有交战。

1884 年 6 月 23 日，法军依 5 月刚刚在天津签订的《清法会议简明条约》，冲进谅山清军管辖的北黎地区“接防”，清法两军再度开火。法国以此为借口，于 7 月 12 日向光绪朝廷发出最后通牒：7 天内满足“从越南撤军”、“赔款”等要求，否则法国将占领福州港口作为“担保”。清法战争就这样由越南陆地扩大到福州海面。

第二次鸦片战争失败后，恭亲王奕䜣主持新政，开展洋务运动，在同治朝，福建海防已得到重视。1864 年清廷剿灭太平天国，1866 年同治帝命沈葆桢总理福建船政事务，统管造船厂和前后学堂、水师营。1874 年日本以“牡丹社事件”为由攻打台湾，令大清失去了对琉球的控制，洋务派的“海防”之论由此压倒“塞防”。

1875 年光绪登基后，朝廷开始筹建南洋、北洋水师。1879 年，清廷诏令闽

《窝尔达号》

此舰为马江海战旗舰，为二等木壳轻巡洋舰，排水量 1300 吨，载官兵 160 人，配备来复线后膛炮。该舰在马江海战中受轻伤。此画 1884 年刊载于法国《环球画报》。

局轮船先行练成一军，以此取代旧式福建水师（负责内河巡护的旧式绿营水师），福建船政水师，亦称福建水师，由此成为近代中国最早的新式水师。

但是，自第二次鸦片战争起，西洋海上列强的舰船装备已有了质的飞跃。工业革命的成果不光是火车冒烟那么简单，同时冒烟的还有铁甲蒸汽舰：1859 年法国建造出世界上第一艘全蒸汽动力的排水量 5630 吨的铁甲战列舰光荣号，1860 年英国建造出全蒸汽动力的排水量 9137 吨的铁甲战列舰勇士号，世界由此进入了全蒸汽动力钢铁战舰时代。

此时，大清的工业化才刚起步．钢产量直至 1910 年才有 5000 吨，不及法国 1884 年的百分之一。所以，清法马江海战开战不到半小时，以蒸汽舰、钢铁舰为主的法国舰队就将木壳帆船为主的福建水师 11 艘战舰全歼于马尾港内。

1884 年 8 月 25 日，马江海战失败后，清廷被迫向法国宣战。为解救法军包围的台湾，清廷调派南洋水师，从上海吴淞口赶往台湾参战，但舰队在中途被封锁台湾海峡的法国舰队追打，逃入镇海内港不出。如此，大清就没有舰队护卫台湾，台湾清军只剩下岸防一条路了。

福州海防

——《清代福建沿海海防图》 约绘于1728—1743年之间

2011年台北故宫举办了一个名为“笔画千里——院藏古舆图特展”的展览，研究古代福建海防的专家发现展品中有一幅《清代福建沿海海防图》，并确认这是此前人们从未见过的福州海防地图，这幅彩绘地图由此进入大陆海图研究者的视野。

这是一幅山水画地图，画面色彩鲜艳，山形水势较为真实，但此图方位并非上北下南，而是坐北朝南，面朝大海以江北的视角绘制的。其四至为，东至五虎门，南至长乐港，西至罗星塔，北至马尾，显示了福州闽江入海口的清代海防。

福州是清代福建海防的第一军事门户。闽江口为乌龙江、琴江、马江三江汇流之处，南岸的长乐琴江与北岸的马尾闽安曾共建军事要塞，形成福州海防第一道防线。

在图的上方，可见到两个重要的海防阵地，一个是“长乐港”口“前营”旁边的“洋屿满洲营”；一个是“金刚腿”旁边的“水寨”。

据说，雍正皇帝曾提出八旗应知水务，遂从福州省城选派500名八旗兵进驻洋屿，组成水师营。值得注意的是图中的“洋屿满洲营”只绘有营房，没绘出围墙。据福州驻防志记载，立营时并没有建城墙，直到乾隆八年（1743）才建立围墙。据此，专家推测这幅海防图的绘制时间应在雍正六年到乾隆八年（1728—1743）之间。

绘在自然地标“金刚腿”旁边的“水寨”，即圆山水寨。史载雍正六年（1728）之后，清廷常年在此设兵，寨中驻军也

《清代福建沿海海防图》

此图描绘了大约雍正六年到乾隆八年（1728—1743）之间闽江口的海防状况。此图现藏台北故宫博物院。

由满族八旗兵担任（今天这里还有一个著名的“满洲屯”）。在圆山水寨的山顶上建有炮台，炮口朝向闽江口，且固定朝外，不能旋转。

东北隔江是闽安镇的崇新城，闽安镇设有副将把守，在北岸闽安，绘有“罗心（星）塔”、水寨闽安等，对岸是闽安，这里是闽安水师所在。福建水师闽安协辖督标左、右两水师营，岸防区域从马尾罗星山城寨至闽安。

据1745年福州将军新柱给乾隆的关于闽台海防部署的奏折记载：“闽县洋屿地方三面环江，与闽安营互相犄角，密通海口，实省会紧要门户也……闽安亦设副将一员，兼摄两营官兵防守，而洋屿旗营又在闽安内十里，联络声援，巩护省会有备无患。”奏折说明，琴江与闽安曾共建军事要塞，形成福建海防的第一道防线，互为战略犄角，构成当时福州第一军事门户。

在马江入海口（今连江县），绘有汛旗和兵船，标注有“官头”和“金牌”。这里是进入闽江的门户。图上描绘了驻防部队，但没有标注炮台。因为康乾盛世海防并没有投入那么大，也没有太大的危机。虽然清顺治十四年（1657）长门电光山与金牌山同时建了炮台，在长门相继设有提督统领衙门、校场、兵营，但修建完善的炮台多是19世纪的事。

这幅古代福建海防图描述了清初闽江下游闽安与琴江共同防卫福州的史实。

清法马江海战

——《罗星塔海战图》 1884 年绘

——《法国舰队进攻福建水师图》 1884 年绘

——《法舰马江列阵图》 1884 年绘

清法马江海战是大清建立近代海军后的第一次海战，但清军却没有留下任何一幅海战图，直到2006年底，福建马尾造船厂才得到一批由法国友人捐赠的马江海战图和照片等珍贵资料。笔者曾造访过马尾造船厂的厂史馆，这是个对公众开放的博物馆，馆中有它的第一任船政监督日意格（Prosper Marie Giquel）的大照片，正是这个洋监督留下了这些珍贵的资料。

鸦片战争后，闽浙总督左宗棠奏请朝廷在马尾设局造船，1866年同治帝批准设船政于马尾，命沈葆桢总理船政事务，统管造船厂和前后学堂、水师营，并请来法国专家日意格任船政监督。日意格在这里工作了20年,为大清造了兵、商轮船15艘，其中就有参加马江海战的1560吨级的旗舰扬武号。不幸的是击沉这艘战舰的恰是日意格的老同学、远东舰队司令孤拔(Amédée Courbet)。据说，看到自己参与创办的福建船政和战舰被孤拔率领的法国舰队击毁，日意格十分伤心，于1886年病逝。日意格的这些文献后来被法国人魏延年（René Viénet）购得，娶了位台北太太的魏延年长期在台湾工作，退休后把珍藏多年的马江海战文献无偿捐给了日意格参与创建的马尾造船厂。

笔者看到在魏延年所捐文献中,有一幅标有外文图名“PAGODA ANCHORAGE”，即“罗星塔”。此图右侧有中文题记 :“中法交战于光绪十年

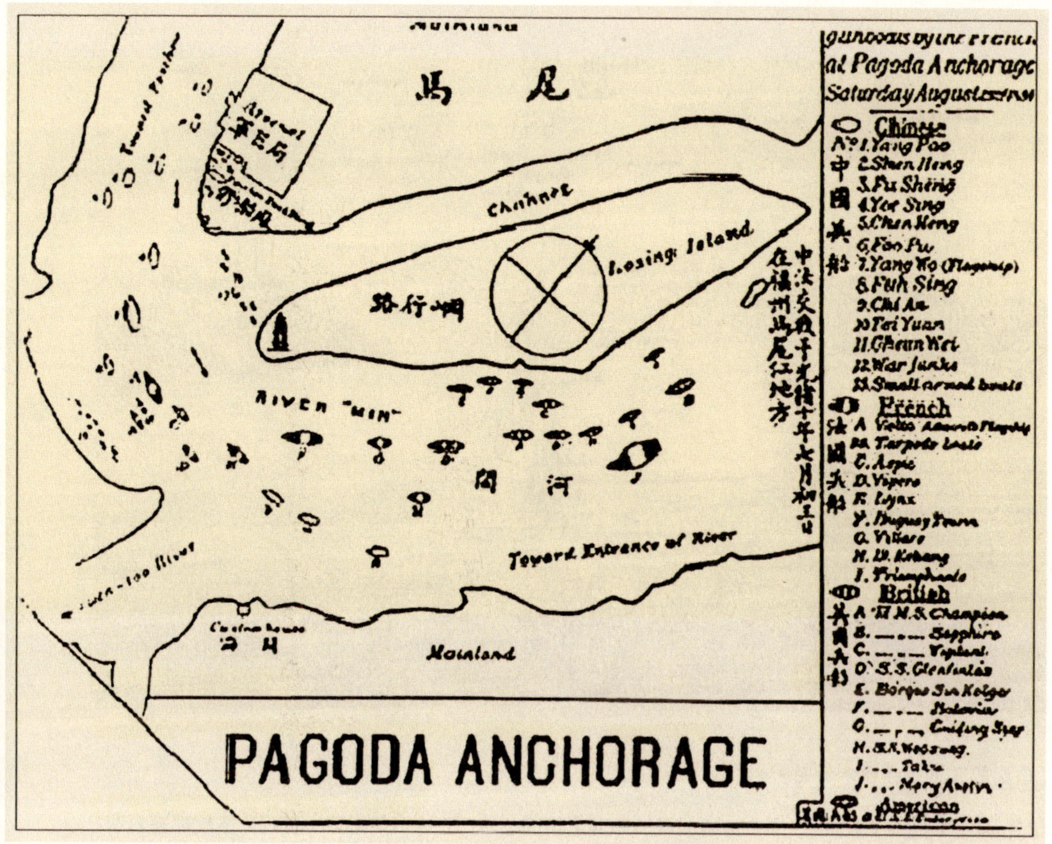

《罗星塔海战图》

这是一幅完全按照西方海战图传统绘制的军用地图，右边详细列出交战双方的战舰表格与图例，整个战阵跃然纸上：中白框船为中国兵船，共 13 艘；福建水师 8 艘战舰停泊在罗星塔之西，3 艘停在罗星塔之东。福建水师基本上被法国舰队封死在港口里。

七月初三日，在福州马尾江地方。”所以，称其为《罗星塔海战图》或许更为贴切。此图中央注明的“闽河”即闽江，按当地传统称为“马江”，特指福州东南乌龙江与南台江汇合后流至入海口的这一江段，它是闽江入海口的俗称。传说江边有巨石形似马，其尾对着三江口，所以这里还有另一个名字“马尾”，其名标注在图的上方，因此，马江海战也称马尾海战。这里是福州的南大门，有重要的港口，有最大的造船厂、最早的海军学校，驻有福建水师，战略地位非常重要。

此图的下方标注有“陆地”和“海关”。图中心的岛上标注为“路行山”，应为“罗星山”。小岛北部的江汊现已同

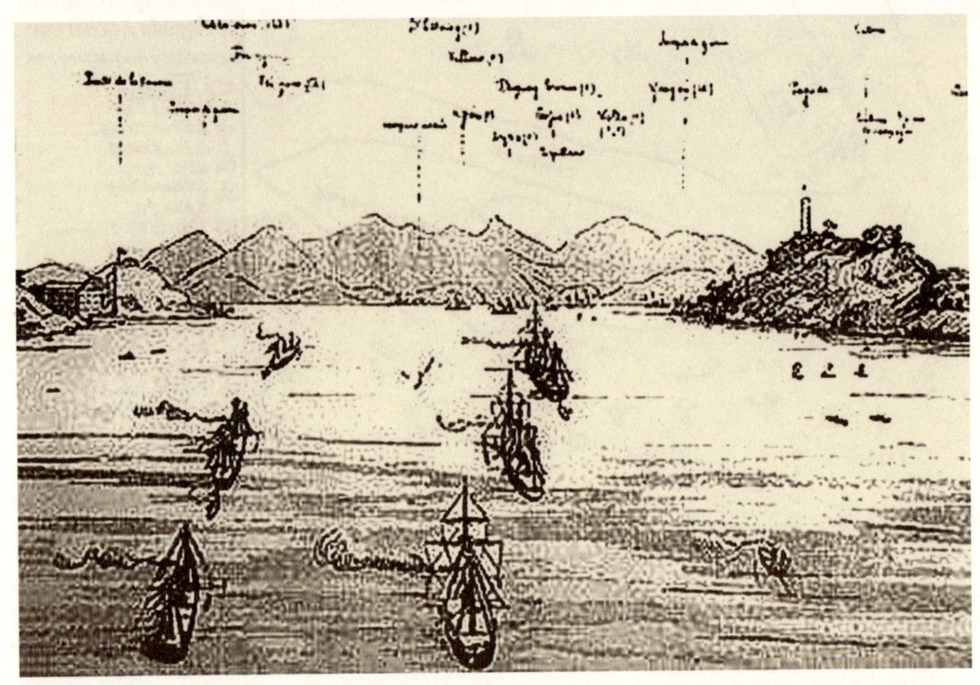

《法国舰队进攻福建水师图》

这是法国海军的手绘地图，图上法国战舰的头完全转向上游，舰艉可见拖有小艇，蒸汽舰都冒着烟，维持一定的速度以稳定方向，舰上的帆全都张着。上游方向，以法文标注了大清舰船的名字与位置，进攻之势了然，只待司令孤拔下令。

陆地相连，但小山还在，图上绘的塔还在，此塔即是建于宋代的“罗星塔”。早在明初，它已是国际公认的港口灯塔标志，被绘在中外航海图中，外国水手称其为“中国塔”。此图即以它为中心，并在罗星山的中央绘有一个指北针。作为一幅海战图，它的主要地标与方向已绘制得十分清楚了。

通过这幅一百多年前的海战图，可以清楚地看到法国人完全是有备而来。1884年7月14日，孤拔率法国舰队依“五口通商”的条约规定自行进入福建马尾港，说是“游历”著名的罗星塔。大清明知法军的侵略意图，却心存侥幸，命令福建水师“彼若不动，我亦不发”。钦差会办福建海疆事宜大臣张佩纶、闽浙总督何璟、福建船政大臣何如璋、福建巡抚张兆栋等，在对方没有宣战之前，不能封江堵死航路，更不敢贸然开炮，只能任由法舰在马尾港里排兵布阵。

事实上，1884年8月5日，法军舰队副司令利士比（Sébastien Lespès）曾率舰3艘进犯基隆，并用大炮击毁了二沙湾炮台，清法海战已经在台海拉开序幕。1884年8月19日，法军炮击基隆后，再次向清政府提出巨额赔款最后通牒，遭到清廷断然拒绝。8月22日，法国政府电令孤拔消灭大清福建水师。当日10时，闽浙总督何璟接到法方送来的战书。8月23日13时45分法军率先发炮，马江海战爆发。

法军为何不在上午而是选择下午开战呢？有点港口常识的大清水师应该明白：上午涨潮时受海水上涌的影响，船头会摆向下游方向；午后退潮时受下退海水的扯动，船头会转向上游方向。关于这一点，看看法国海军手绘的这幅《法国舰队进攻福建水师图》就能明白。图中的法国战舰的船头完全转向上游，舰艉可见拖有小艇，蒸汽舰都冒着烟维持一定的速度以稳定方向，舰上的帆全都张着。尤其值得注意的是在上游方向，图上用法文标注了大清舰船的名字与位置，即他们的攻击目标。进攻之势了然，只待司令孤拔下令，向背对法舰的福建水师开炮。

8月23日13时56分落潮，正当清军舰艏主炮朝向上游时，法军旗舰、装甲巡洋舰窝尔达号（Volta）突然升起白色黑点的进攻信号旗，两艘法国鱼雷艇立即出动攻击大清战舰，当一号旗收回，升起方式红旗时，法舰众炮齐鸣向清舰袭击。窝尔达号以左舷炮攻击清扬武舰和福星舰，以右舷炮攻击其他福州水师战船。

《罗星塔海战图》是一幅完全按照西方海战图传统所绘的标准地图，右边详细地列出了交战双方的战舰表格与图例，整个战阵跃然纸上。

图示注明：中白框船为中国兵船，共13艘；福建水师8艘战舰停泊在罗星塔之西，3艘停泊在罗星塔之东。另几艘中国船没有绘在图内，中国水师基本上被法国舰队封死在港口里面。

图示注明：两头黑的船为法国兵船，共9艘。从此图可以看出，开战之前，法国军舰已全部开进马尾港，分别停泊在罗星塔的南面和东南面。此外，还有2艘法国战舰梭尼号（Saone）、雷诺堡号（Chateau Renault）没有绘入此图内。当时它们停泊在马江入海口外围的琯头、金牌峡一带，防止清军塞江把法国舰队关在里面，确保进退安全。此时，法国已是世界第二海军强国，不仅军力强大，而且战术精当，进退有法。

罗星塔上游方向，福建水师的伏波、艺新两舰，在法舰发出的第一排炮火中就被击伤起火，遂逃往上游，驶至林浦搁浅。孤拔指挥旗舰窝尔达号等舰集中火力攻击福建水师旗舰扬武号。击沉旗

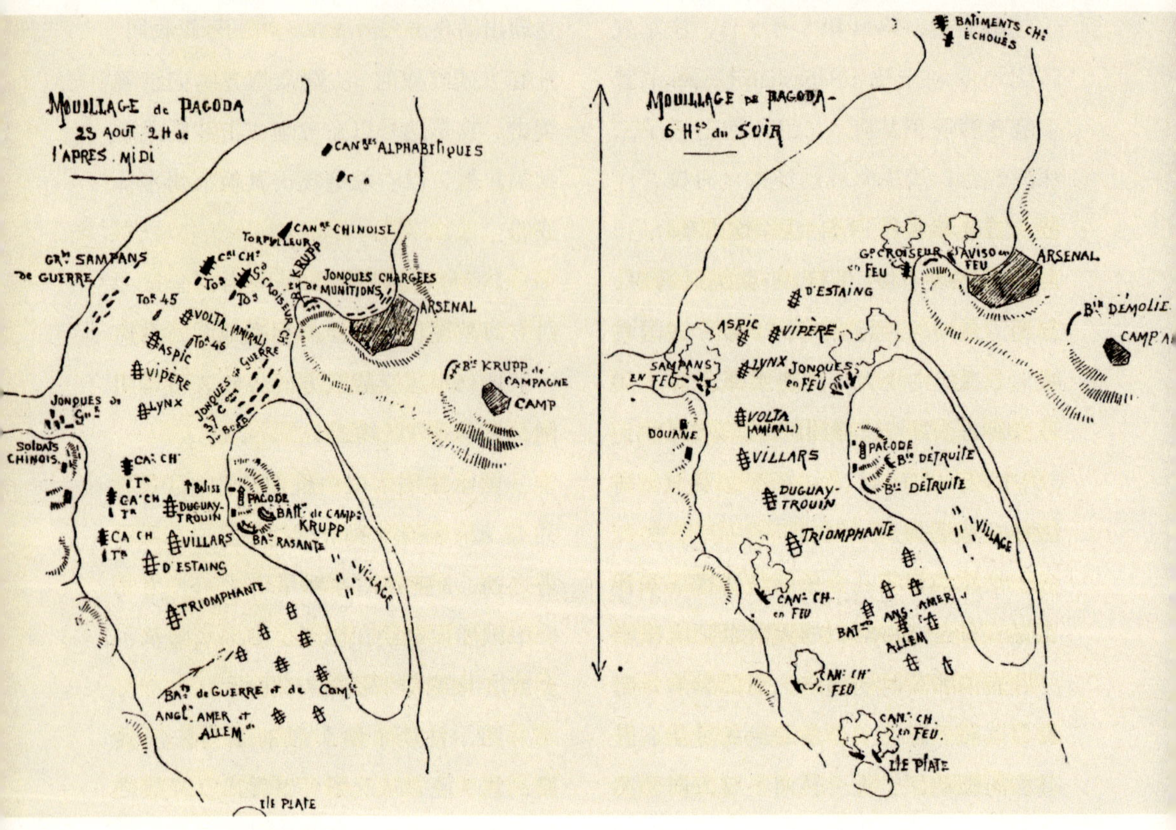

《法舰马江列阵图》

这是当时有关马江海战中法舰炮击福建马尾的地图。图左为开战前的江面，黑色“CH”船为大清水师船，白色的船为法国战舰；图右是开战后的江面，仅剩下白色的法国战船，黑色的“CH”大清水师船基本从图面上消失了。

舰扬武号之后，孤拔指挥3艘军舰围攻福建水师福星舰，此舰被法舰鱼雷击中火药库，很快爆炸下沉。紧随福星舰的福胜、建胜两舰，仅在舰艏装备有一尊不能转动的前膛阿姆斯特朗16吨大炮，无法靠近援救，只能远距离射击。法舰以重炮还击，建胜、福胜两舰先后被击沉。随后，福建水师的永保、琛航两艘运输舰相继被法舰击沉。罗星塔上游的对抗就这样结束了。

罗星塔下游方向，福建水师3艘炮舰振威、飞云和济安与3艘法国军舰对峙。海战开始后，振威舰最快做出反应，立即发炮轰击附近的法舰德斯丹号

（d'Estaing）。同泊的飞云、济安两舰还没有来得及起锚就中炮起火，很快沉没。法军集中 3 艘军舰的火力攻击顽强抵抗的振威舰，振威舰锅炉中炮爆炸下沉。

这场战斗一共打了不到 30 分钟，福建水师有扬武、济安、飞云、福星、福胜、建胜、振威、永保、琛航 9 舰被击毁，另有伏波、艺新 2 舰自沉。中国第一支近代舰队福建水师几乎全军覆没。有备而来的法国舰队仅有 3 艘战舰受伤，5 人死亡。

在《罗星塔海战图》下方，也就是江的南岸，标注有"海关"。福州为五口通商之港，长期驻有外国舰船。图示特别注明：绘着两条杠的船为英国兵船，共 10 艘。为避免港内的各国军舰误会，法国舰队开战之前已将通知送达各国领事馆，同时告知了马尾港内的英国冠军号（Champion）、蓝宝石号（Sapphire）、警戒号（Vigilant）和美国企业号（Enterprise）等多艘外国军舰。这些舰船没有参战，也没有被炮火波及。

在《罗星塔海战图》上方，即马江北岸有"军器厂"和"船厂"两个重要标注，这是大清洋务运动时修建的重要厂房。对于这两个军事重地，法军早已列入攻击计划之中。在摧毁福建水师的第二天，也就是 8 月 24 日，已经没有海上对手的法国舰队乘上午涨潮时溯江而上，用舰炮击毁了"军器厂"和"船厂"；同时，还击毁了马限山和罗星山两个炮台。8 月 25 日，法国海军陆战队在罗星塔登陆，搬走了 3 门价格不菲的克虏伯大炮。

两军对阵的结果，在这幅法国海军绘制的《法舰马江列阵图》中表现得更为全面，图左是开战前，江面停泊的黑色"CH"船为大清水师船，白色的船为法国战舰；图右是开战后的江面，仅剩下白色的法国战船，黑色的"CH"大清水师船基本从图面上消失了。消灭了福建水师舰队和岸上重要设施后，法舰驶向下游，逐次轰击闽江两岸 10 余座炮台，然后鱼贯而退，于 8 月 29 日顺利驶出闽江海口。

站在马限山上，望着滚滚东流的江水，笔者总觉得这是一场完全可以不输的海战，至少也该是鱼死网破的结局：如果是上午涨潮时大清发炮，清军将以舰艏炮击法军舰艉；如果是清军泊在下游，法军泊在上游，不论何时开战，法军都会被堵在港口内，逃不出去；如果两岸 10 余座炮台不是炮位固定死，只能攻击下游，不可调转炮口对上游攻击的话，也可以夹击江中的法舰，不至于被动地让法舰一路沿江从背后一个个击垮，让敌人全身而退。但历史没有"如果"，哪怕是最简单的一步也不会改变。

法军撤出马江

——《法国舰队炮击闽江沿岸炮台图》 1884 年出版

从罗星山战场到闽江海口，至少有30公里的江上航程，沿江至少排列着10处炮台：马限山下坡炮台、罗星山炮台、闽安的北岸炮台、亭头的锁门炮台、南岸的象屿炮台、连江琯头北岸的长门炮台（山巅为电光山炮台，山下为江岸炮台，与附近的礼台炮台、射马炮台、划鳅炮台组成炮台群）、南岸琅岐岛的金牌炮台（含崖石炮台、烟墩炮台）……这些分列两岸的炮台对航道构成夹击之势，任何舰船想从这里通过无疑是过鬼门关。但是，这10余处炮台的所有炮位全是固定死的，只能向逆流而上的船开炮，却无法回转炮位，对顺流而下的船开炮。

法国舰队是以“游历”通商口岸福州为理由，逆流进入马尾港，此时，清军不能向来“游历”的法舰开炮。但法国舰队打垮福建船政水师顺流而下时，清军已有理由阻击法国舰队撤离，但两岸炮台上的大炮无法回转，打不着法舰，结果眼睁睁地看着法舰以重炮从清军炮台身后把沿岸炮台全部击毁，而后全身而退，平安返回海口外洋。这幅法军当年绘制的《法国舰队炮击闽江沿岸炮台图》，真实记录了法国舰队顺流而下，一路炮击两岸炮台的战况。

此图最上面的画格，图左绘出8月23日法国旗舰窝尔达号，图右描绘了法国舰队在罗星塔下击垮福建水师的一幕。这次海战的第二阶段，法舰在完成对“军器厂”、“船厂”以及马限山、罗星山两个炮台的毁灭性打击之后，8月26日分三路从背后轰击闽安田螺湾、亭

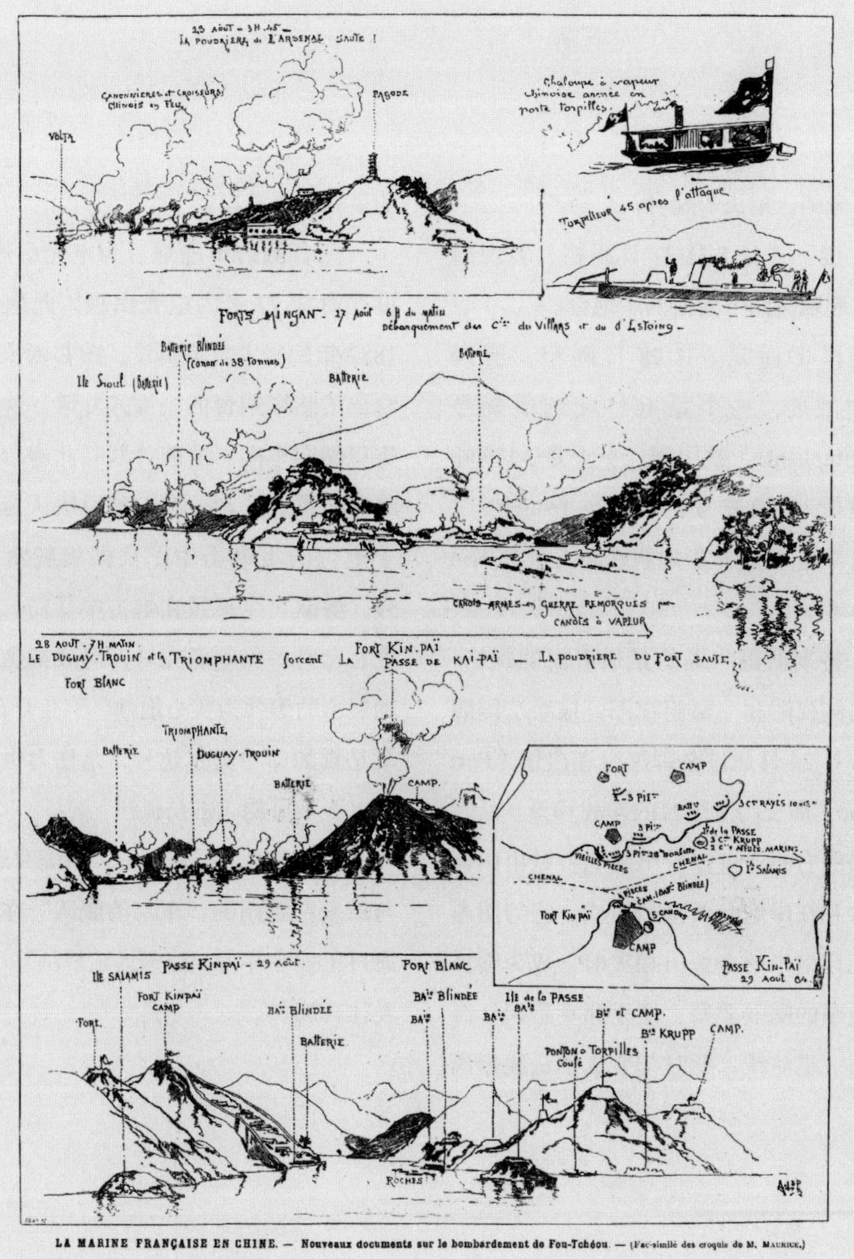

《法国舰队炮击闽江沿岸炮台图》

这是法国军方手绘的马江海战水域地形图，1884 年刊载于法国《世界画报》。此图显示出当时法军对马尾水域附近的地形与炮台位置了如指掌，并记录了摧毁这些炮台的战斗路线。

头、象屿、琯头等炮台。

接下来是 8 月 27 日画格，表现的是法舰顺流而下轰击两岸炮台。

再下面是 8 月 28 日画格，所画江中战舰，一个是 4645 吨的凯旋号（Triomphante）铁甲舰，一个是 3479 吨的迪盖–特鲁安号（Duguay-Trouin）二等巡洋舰，两艘重型炮舰在轰击金牌（Kin Pai）炮台。

特别值得一提的是最下面的画格，一幅侧视图和一幅俯视图，描绘法国舰队 8 月 29 日通过金牌炮台和白堡（Fort Blanc，即长门）炮台的作战场景。从这幅图的右侧，可以看出此炮台是由山巅炮台和江岸炮台两部分组成，它与图左侧闽江南岸的金牌山相夹峙，成为闽江口最窄的咽喉要塞。这里原本是闽江海口第一道防线，此时却变成了法舰撤离的最后一个关口。

图右侧的山巅炮台为电光山炮台，设在海拔 77 米的电光山顶。此炮台为 1882 年闽督卞宝第奏设。图右侧山脚下绘出了临岸炮台的城垛式外墙，这里的炮口朝向东南。法舰曾猛轰此炮台，最终完全摧毁了它。有一种说法认为是这个炮台的主炮击中了法国旗舰窝尔达号，舰队司令孤拔在炮击中受伤，最后死在台湾。但笔者在马江海战纪念馆看到展出的炮弹为实心炮弹，不是开花弹，就是真的命中窝尔达号，杀伤力也很有限，不太可能“击伤孤拔”。

马江海战后，法国的“中国海舰队”与原来在越南的“东京湾舰队”在闽江海口正式合并为“法国远东舰队”，随后驶往台湾。

马江海战的虚假战报

——《福州战报之罗星塔大捷》 1884 年刊刻

——《福州捷报之长门大捷》 1884 年刊刻

1884 年 8 月 27 日，上海《申报》刊出自 1872 年创刊以来的第一份“号外”：“福州马江又大战，我扬武号等数船沉矣”，全文约 1000 字，报道了 1884 年 8 月 24 日侵入福建沿海的法国军舰袭击在福州马尾港的大清海军，击沉 7 艘中国舰船的整个过程。这是中国新闻史上记载的第一张“号外”，报道可谓真实。

不可思议的是，马尾大败之后，江南各地相继出版了许多版画捷报：“长门捷报”、“马江捷报”、“福州捷报”。这些报捷版画均为清军大胜，法军被打得丢盔弃甲。这些版画都是民间出版的，有的画上还留有“福州铜版洋图局在抚院桥南林宅画图房”的字样。

比如这幅民间出版的战报《福州战报之罗星塔大捷》所报道的罗星塔之战：“昨接得友人有确信云福州开仗事。七月初三，下午两点钟候，中法兵船在罗星塔开仗，炮火连天。战约三点钟之久，打沉法船三只，中国兵船沉五只。至初四早八点钟时，又开仗。战有五点钟之久，打沉法人坐驾船一只，哥拔利死焉。又神风大作，用火排烧法船一只，烧死法兵无数，中船亦沉三只。今法船仍存一只在口外，乃副提督坐驾也。罗星塔外尚有法船三只，罗星塔炮台及船政局皆灭。白狗山炮台与马尾炮台与法船战至初八早，法船同时而沉，法兵约死三千余，中兵亦有也。惟愿人竭忠勇，则击鬼畏灭又何难，同奏凯歌共乐，升平也乎。”

这幅木刻战报注明了照映画抄刻，并标有价格“每张银二分正”，显见是一

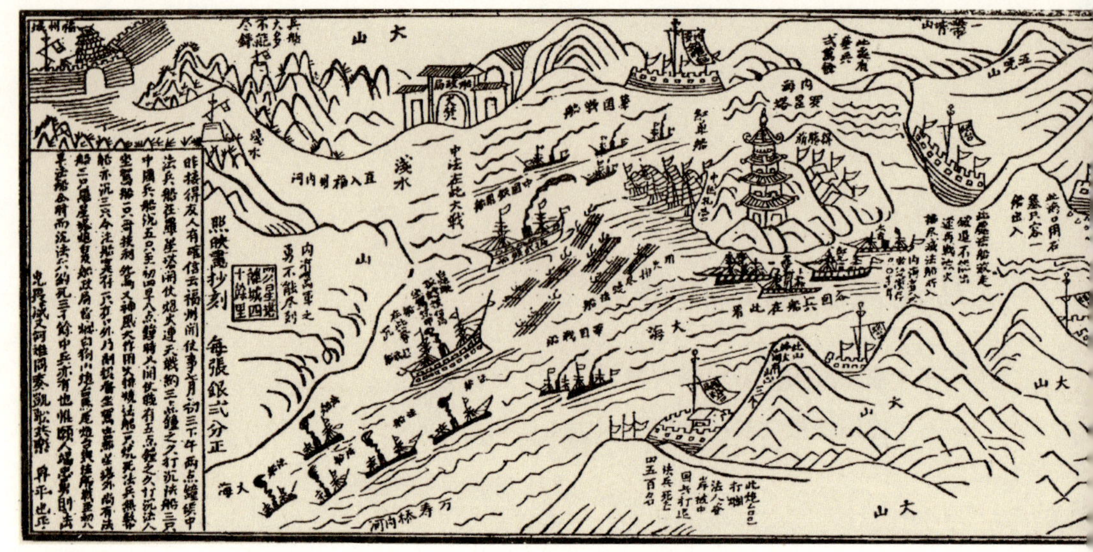

《福州战报之罗星塔大捷》

这是中国民间绘制的清法马江海战阵势图，1884 年刊载于法国《世界画报》。不知当时法国人对“哥拔利死焉”、“法兵约死三千余”、“打沉法舰”这些完全与事实相悖的报道是怎样一番嘲笑。

种及时销售的海报一类的战报。此图为当年法国《世界画报》上的翻印版。不知当时法国人对“哥拔利死焉”、“法兵约死三千余”、“打沉法舰”这些完全与事实相悖的报道是怎样一番嘲笑。

像《申报》这样重要的媒体在发表了正确的战报“号外”之后，也发表了诸如《福州捷报之长门大捷》的假战报。此捷报上题有：“长门乃闽省三要口，故以特旨张帅幼渔，驻防其地。法逆约于此月初四日早八点钟开仗，谁料初三一点钟，趁我不备私行攻打，被其损坏炮台，船政局亦受其损。扬武船随奋勇拒之，适遇彭宫保率师相助，法逆腹背受敌。击毁德尔得兵轮一只，又铁甲船一艘及水雷船一只……法逆几乎全军尽殁……”

此画的主体为长门炮台，长门为闽口要塞总部，统辖闽口各炮台，兼带陆营。主炮台设长门电光山，炮台共安装德国和英国造的大炮 5 门。画中的炮台为江岸炮台，其中的礼炮台为 1881 年所建，原是用来酬答各国军舰礼仪，装有德国克虏伯大炮 9 门。此时成为战斗炮台。

事实上，法舰从上游下来，从各炮台身后一路发炮，先用重炮将南北江岸的金牌炮台和长门炮台击毁，而后才撤出海口。停在海口外的 4645 吨法国铁

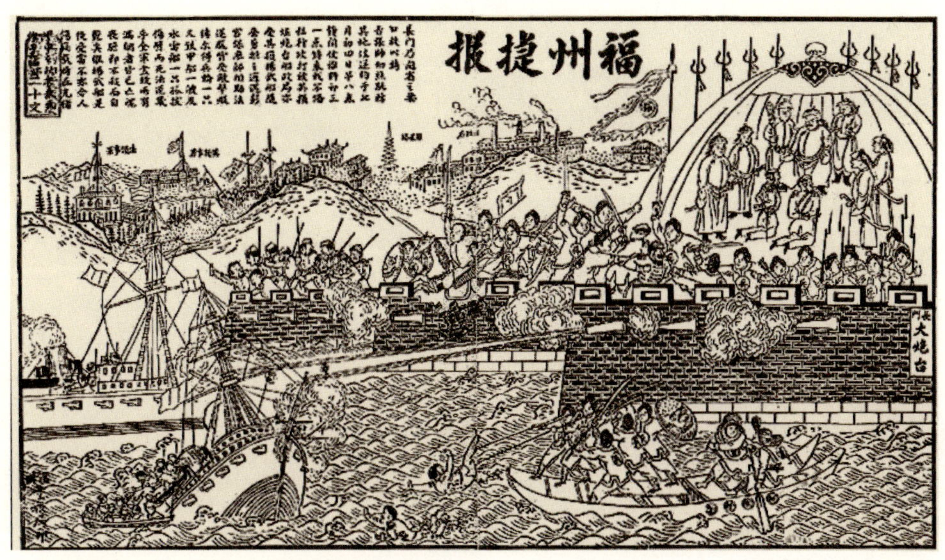

《福州捷报之长门大捷》

图的主体为长门江岸炮台、水师旗营，炮台立有帅旗“张”；海面上击沉的法舰与近距离肉搏，都是画家想象出来的场景。此图刊于 1884 年上海《申报》。

甲舰拉加利桑尼亚号（La Galissonniere）想进入海口内参战，曾被长门炮台的炮火击伤并撤退。所以，“法逆几乎全军尽殁”、“哥拔利死焉”都是民间想象，而非事实。

正是在这样自欺欺人的“喜庆气氛”中，才有了 1884 年 10 月福州将军穆图善在马江海战后所奏、11 月 17 日光绪皇帝朱批的《呈长门等处击翻法船毙敌获械尤为出力文武官员弁请奖衔名清单》，这份嘉奖令长达 12 页，约 5000 字，长门十一营处官兵论功行赏，受表彰官兵的人数达 711 人，分别以各品军功赏戴蓝翎等表彰。其中琴江水师官员黄恩禄、张朝镇、李维枢、董受淦、张朝铭、许国昌等 9 名将领受到表彰，此外还有连江知县刘玉璋、驻守连江琯头长门炮台要塞的右营游击杨金宝。

于是，有了至今也说不清却津津乐道的“长门大捷”，有了不顾慈禧“无旨不得开炮”的谕旨（当天两国就已宣战，何来不得开炮），开炮击中孤拔旗舰，使孤拔受伤，最后死在台湾的说法。事实上，孤拔结束马江之战半年之后，又率法国舰队进攻镇海，如果孤拔真被长门大炮击成重伤，不可能又去攻打镇海。

法军攻台布局

——《台湾海峡作战图》 约 1885 年绘

清法战争从越南战场上转入台湾海峡后，战局更加复杂，战事复杂多变，交错进行。事实上，法国人在打马江海战时，已经将台湾海战考虑其中了。其总体布局是明确的，即打开大清的海门，马尾港是一个选择，占领台湾岛也是一个选择。

2003 年底，台北举办了一个名为“西仔反清法战争与台湾特展”的展览，展出了多幅当年法国海军绘制的清法海战图，其中就有这幅《台湾海峡作战图》，此图的图名括号内注明“法国海军部专用”。通过这幅地图可以看出法国海军是将福建沿海、台湾海峡和台湾岛作为一盘棋统一谋划的。法国进犯大清不仅目标明确，而且是有备而来，舰队调动路线、进攻线路、战略目标在作战海图上标注得一清二楚。

这些珍贵的海战图由法国国家图书馆和法国地理协会提供，让我们眼界大开，也为大清惭愧万分。一百多年前法国海军绘制的这些海战图几乎与今天的地图毫无差异，不仅海岸线绘制精准，连等高线及山丘、河谷都绘制得十分精准。此图应是法军进攻台湾的战略总图，图右上标明序号为“1 号”。

葡萄牙、荷兰和西班牙人在明代和清初绘制的台湾地图上，皆以福摩萨来统称台湾全岛，台员或台湾全都标注在今天台南市的位置上。明朝文献也称台南为大冤、大员、台员。1684 年清廷消灭台湾明郑政权后，在本岛大员设台湾

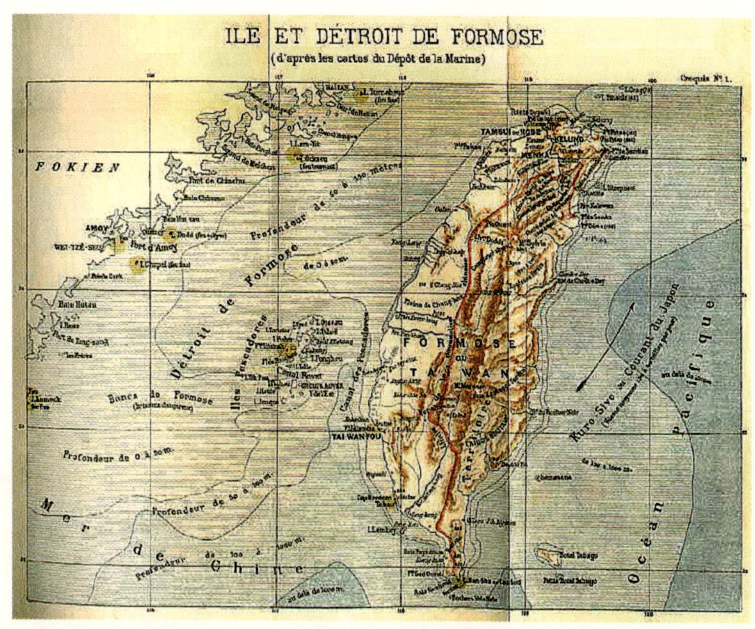

《台湾海峡作战图》

此应是法军进攻台湾的战略总图，图右上标明序号为“1 号”。图纵 21 厘米，横 27 厘米，现藏法国国家图书馆。

府，并开始用台湾称呼全岛。所以，在这幅法国台湾战略总图上，看到的是“Formose”和“Taiwan”两个名字一并作为全岛名称，在今天台南的位置标注的是“Taiwan Fou”（台湾府）。

再细看这幅古地图会发现一个有趣的问题，地图上台湾所处的纬度与今图是一致的，但经度却处在 118—120 度之间，比现行地图约处在 119—122 度间差了近两度。这是因为当时法国地图是以巴黎为本初子午线绘制的，即使 1884 年华盛顿国际经度会议决定以通过伦敦格林尼治天文台的经线为全球时间和本初子午线以后，法国在很长一段时间里仍以巴黎为本初子午线基准。也就是说，法国根本不承认英国的海上霸主地位，派法舰来大清与英国争地盘再次证明了这一点。

在台湾海峡南端标注的是“中国海峡口”。由北到南，福建、厦门、汕头等海口处都绘有军舰停泊的黄色圆点。

台湾举办的这个展览名叫“西仔反清法战争与台湾特展”，“西仔反”是当年台湾人对清法台湾海战的“土称”。

“西”指法兰西，“仔”视其小，“反”通“叛”，指的是战争性质为夷人动乱。但笔者以为“清法台湾海战”这个名称更能反映历史的客观性。

清法台湾海战分为三个战役，即基隆战役、淡水战役、澎湖战役。时间上是指 1884 年 8 月 5 日至 1885 年 6 月 13 日清法战争期间，法国远东舰队与清军在台湾北部和澎湖之间发生了三大海战。此图为作战总图之 1 号图，同时，法国海军还针对具体的战斗地点分别绘制了各区域的海战专图，图号依次标注为 2、3、4、5……这些图合在一起成为一套完整的军事专用地图。

法军为何要寻找多个位置，三番五次地攻打台湾呢?

法军战前已对侵略大清的形势做了充分估算，攻打台湾至少有三点好处：一是此时法国海军用的已是蒸汽战舰，舰队需要燃料补充，打下基隆，可以得到此地的煤矿，并将此地列为战舰的能源基地；二是占领台湾可以封锁大清东南沿海，威胁沿海各大城市；三是占领台湾可以增加此后与大清谈割让土地与开放港口的筹码。

大清当然知道台湾的重要性，获知法国欲攻台湾的企图后，朝廷即通令沿海各省及台湾抓紧布防，并把台湾分成前（澎湖）、后（台湾东部）、北（台湾北部）、中（台湾中部）、南（台湾南部）五路，积极备战。

1884 年，也就是台湾发生“牡丹社事件”、大清失去琉球控制权 10 年之后，清廷派刘铭传以福建巡抚兼钦差大臣身份赴台湾督战。刘铭传赶到基隆后，增筑数座炮台，准备迎战法军。不久，法国远东舰队驶入基隆海面，向大清守军开炮，台湾人所说的“西仔反”战事正式拉开序幕。

基隆海战

——《基隆惩寇》 1884 年绘

——《1884 年 8 月 5 日攻击基隆图》 约 1885 年绘

——《法军占领基隆港》 1885 年绘

基隆古名鸡笼，明代张燮所著的《东西洋考》里就有鸡笼社、鸡笼港、鸡笼城等记载。至清光绪元年（1875）设基隆厅时，改鸡笼为基隆，含“基地昌隆”之意。

法国人欲取福州和基隆二港为“抵押品”的话放出来后，清政府再次感到了台湾海峡的战事危机。危难之际，清政府想起了退隐归田的淮军名将刘铭传，急令他以巡抚衔奔赴台湾督办军务。1884 年 7 月 16 日，刘铭传登上台湾岛，鉴于法军曾请求在基隆购煤，在他抵台的第 3 天，下令先封了煤窑。他知道法军主攻方向应是台北而非台南，所以，调章高元、武毅两营北上，加强台北防务。然而，就在刘铭传这边加紧台湾北部海防之时，7 月 31 日，法国海军部长电令孤拔立即进攻基隆。

1884 年 8 月 5 日，清法基隆海战打响。

这天上午 8 时，法国东京湾舰队司令利士比率领旗舰拉加利桑尼亚号等 3 艘战舰对基隆港口东部的社寮岛（今和平岛）炮台开火，营官姜鸿胜督炮还击。利士比凭借其优势的炮火，仅用一个多小时即击毁了基隆港口的前沿炮台，并引发一处弹药库爆炸，守军曹志忠等部被迫撤出阵地。法军在炮火掩护下从大沙头登陆，占领基隆港。

第二天，法军在炮火掩护下向基隆市区推进。刘铭传决定诱敌陆战，除少数人固守海岸小山制高点外，部队全部撤到后山隐蔽。法军以为清军大败，无力设防，便大摇大摆地拥上岸来。刘铭传命令后山部队从东西两侧迂回包抄，三面夹攻，杀向敌人。法军突遇反击，不知所措，丢盔弃甲，抱头鼠窜，基隆重回清军手中。当时《点石斋画报》以纪实画《基隆惩寇》报道了基隆首战告捷，“毙寇百数十名，夺获法炮四尊，旗帜帐篷等物甚多，余俱逃入兵舰，退出海口”。利士比只好率领舰队离开基隆港，回到福建海岸的马祖岛。

接下来的战事发生了一个巨大转折。法军侵犯基隆首战失败后，再次向清政府提出和议条件，清政府再次拒绝。此时，法舰已有预谋地集中于福州海口，乘清军相信“和谈大有进步”之际，于8月23日下午突然袭击了福建水师，将所有战舰全部击沉。法舰由此掌握了台湾海峡的制海权，随后轻轻松松地回转身来再度攻击台湾。

马江海战后，法国海军总部将法国东京湾舰队与中国海舰队正式合并成为一个特混舰队——法国远东舰队，由刚刚打了大胜仗的孤拔担任舰队总司令，利士比为副总司令。9月1日，孤拔亲率5艘战舰驶抵台湾海面待命，等待清法马尾之战赔偿谈判的结果——第二次清法基隆海战即将打响。

为了解基隆战地实况，笔者曾带着法军当年绘制的《1884年8月5日攻击基隆图》登临基隆山顶，察看基隆地势。此地东、西、南三面环山，山都是不超过300米的小山，但恰好围出北部的天然防浪港湾。港湾的入口处有和平岛和桶盘屿守其门户。这幅图上标注了法国舰队1884年8月5日所处的战斗位置，但攻打基隆的时间跨度比较大，第一次攻打失败后，法国舰队又组织了第二次攻击。

基隆初战后，刘铭传估计法舰将再次进犯，亲率主力防守基隆。他以曹志忠部6个营防守港湾东岸，以章高元部2个营和陈永隆部防守西岸。《1884年8月5日攻击基隆图》右上方，可以看到河口东岸清楚地标注曾配有克虏伯大炮的“新炮台”（Fort Neuf）与配有滑膛炮的“小炮台”（Fortin ; Fort Villars）。但实地考察发现，在大沙湾位置的“新炮台”已没了踪迹；在离大沙湾不远处的二沙湾的小山上还可以找到“小炮台”，此炮台为鸦片战争后所建。河口东岸为著名古战迹区，山顶的树林里还有炮位和大炮供人参观；现在这里叫“海门天险”风景区。由于当时“新炮台”与“小

《基隆惩寇》

《点石斋画报》以纪实画《基隆惩寇》报道了基隆首战告捷："毙寇百数十名，夺获法炮四尊，旗帜帐篷等物甚多，余俱逃入兵舰，退出海口。"

炮台”所配置火力不足，很多炮射程较短，没能对法舰形成威胁；反而被小炮台脚下的两艘法舰、图上标注为费勒斯号（Villars）和鲁汀号（Lutin）定点轰击，仅一小时，两个炮台就被摧毁。

9月27日，清法马江之战的赔偿谈判破裂，法国海军部下令远东舰队主力攻占基隆。9月29日16时，法舰胆号（Tarn）、德拉克号（Drac）、鲁汀号和巴雅号（Bayard）4舰接到孤拔的命令，从马祖向基隆进发；孤拔率领5艘军舰抵达基隆外海，与原已停泊在此的6艘法舰会合。

10月1日，法舰分两路进攻：法国远东舰队总司令孤拔率10舰攻基隆，利士比率4舰攻沪尾（今台北淡水）。这天早上，攻打基隆的法舰巴雅号首先向基隆河口西岸的狮球岭开炮，法军登陆部队在舰炮的掩护下向西岸仙洞山海岸发起登陆冲击。从这幅图的左边可以看到在河口的西岸标注了两个炮台，左上标注的“中国炮台”（Fort Chinois）即后来的白米瓮炮台，它的下方标注的是“仙洞鼻炮台”（Fort Lutin），山顶标注的是“仙洞山炮台”（Fort Clément）。如今山下的仙洞鼻炮台、中国炮台和山顶上的仙洞山炮台已不可见，山上尚存此役后建的白米瓮炮台遗址。仙洞山下的海面上标注的是法军拉加利桑尼亚号铁甲舰。守军血战失利，仙洞山遂为法军占领。在靠近基隆城的小基隆山上，法国地图上绘有两座炮台，标为“小鸡笼炮台”（Fort Gardiol）和“拜逸炮台”（Fort Ber），是后期守军退守的阵地，在今天的中正公园一带。

两岸炮台尽失，刘铭传弃守基隆，以沪尾失则台北危为由，率主力连夜往援沪尾。从这幅纪实版画《法军占领基隆港》来看，画面显示，法军已完全控制基隆港，海面平静，军舰落帆停泊在岸边，两岸炮台已不再开炮，法军正用小汽船清理海面上的水雷。

虽然法军占领了基隆南岸，但北岸清军仍与法军隔河对峙，更重要的是此地煤矿早被刘铭传摧毁，法军实际上只得到一座毫无价值的空城。法军无论是在燃料上还是在战事上，都没有在基隆得到预想的成果。

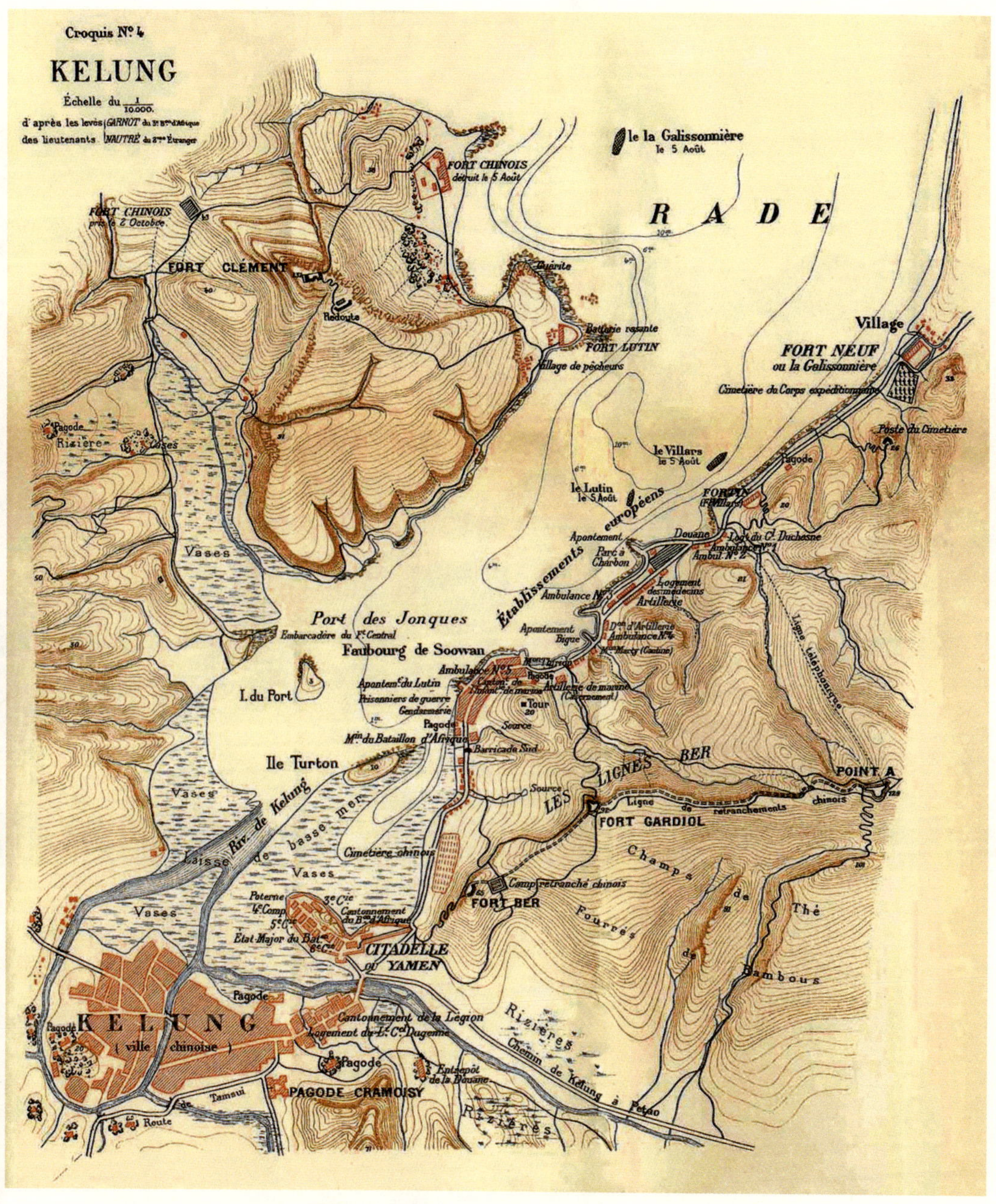

《1884 年 8 月 5 日攻击基隆图》

图中可以看到河口两岸清楚地标注守军的各个炮台的位置，以及河口中的法舰位置。图纵 54 厘米，横 46 厘米，现藏法国国家图书馆。

《法军占领基隆港》

原刊于 1885 年清法战争时期出版的法国《画报》(*L'illustration*)，画面表现了法军占领后的基隆港，海面平静，军舰落帆停泊在岸边，两岸炮台已不再开炮，法军正用小汽船清理海面上的水雷。

沪尾大捷

——《1884 年 10 月 8 日攻击淡水图》 约 1885 年绘

——《法舰炮击沪尾草图》 1884 年绘

——《沪尾形势》 1884 年绘

——《砥柱中流》 1884 年绘

法军攻打淡水的战略意图自然是攻占台北，加重与清廷谈判的筹码。

淡水古名沪尾，因是河海相交之门户，故名。它与基隆分别位于台北的东北角和西北角，呈掎角之势。从沪尾海口沿河上溯 30 公里，即可到达台北，所以沪尾有台北门户之称。早在 17 世纪，西班牙人与荷兰人就曾在此河口建造要塞，即台湾人所说的“红毛城”。

1683 年郑氏降清以后，红毛城废弃。1851 年清政府签下“五口通商”条约，1860 年后鸡笼（基隆）、沪尾、安平、打狗四个港口相继辟为通商口岸，沪尾成为当时台湾的第一大口岸。

1884 年 10 月 1 日，法国远东舰队总司令孤拔率 10 艘法舰攻基隆之时，副司令利士比率 4 艘法舰开赴沪尾，舰队到达沪尾海面，即向岸上发送旗语“24 小时后炮击沪尾”。

1884 年 10 月 2 日 6 时 30 分，法军与沪尾守军开始对轰，双方激战 13 小时，晚上收兵。次日，法军派小艇进入河口排除水雷，水雷爆炸，法军放弃进入河口。法国远东舰队副司令利士比只好将进攻计划延后，等待总司令孤拔的援兵。攻下基隆的孤拔随后派迪盖 – 特鲁安号、雷诺堡号和胆号 3 舰增援沪尾。

这幅法军绘制的《1884 年 10 月 8 日攻击淡水图》描绘了增援舰队到达后在海上排出的战斗序列，图左侧由北至南排列的战舰为雷诺堡号、德斯丹号、胆号、凯旋号、迪盖 – 特鲁安号、拉加

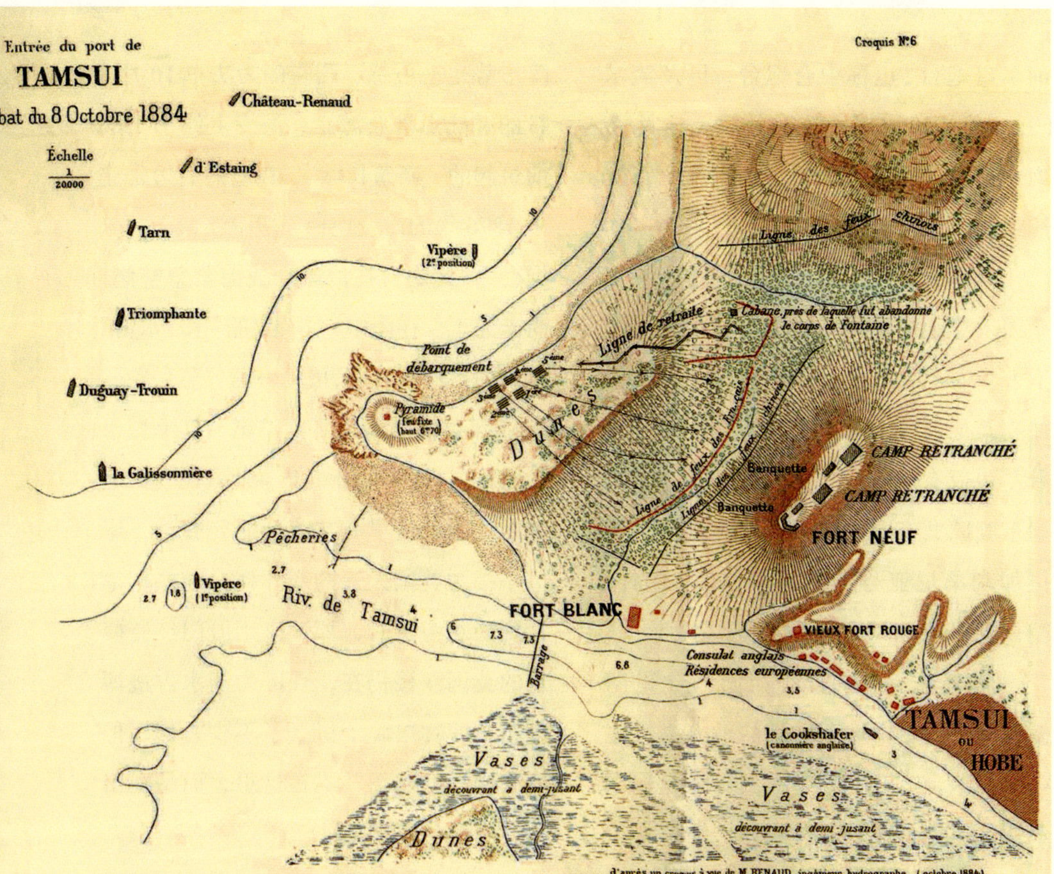

《1884 年 10 月 8 日攻击淡水图》

此图描绘了增援舰队到达后，法军在海上排出新战斗序列，画中有 7 艘法国军舰。图纵 42 厘米，横 54 厘米，现藏法国国家图书馆。

利桑尼亚号、腹蛇号（Vipere），共 7 艘法国军舰。法军战舰于 10 月 4 日开始全面炮轰沪尾，但 10 月 5 日，狂风大作，天气恶劣，法军不得不把登陆日期延至 10 月 8 日。

《1884 年 10 月 8 日攻击淡水图》反映的就是这天的战况。10 月 8 日上午 9 时，法军 7 艘军舰对沙仑炮台和油车口炮台再次轰击，在强大火力掩护下，法军 600 人分为 5 个连队，每人带一日口粮、16 包弹药，分两路抢滩登陆。在此图的河口东岸可见守军设下的三座炮台。法军在图的右下方从左至右分别标注了“拦河坝”（Barrage）、“白炮台”（Fort Blanc）、“红炮台”（Vieux Fort Rouge）和背后的“新炮台”（Fort Neuf），即油车口炮台，也称中仑炮台，以及淡水（Tamsui）和沪尾（Hobe）镇。这几个炮台早在法军第一天的炮击中就全都被炸毁了。

这幅由法军手绘的《法舰炮击沪尾草图》描绘的也是当时的法军战阵。图下方由右至左分别标注着战舰名称：拉加利桑尼亚号、德斯丹号、凯旋号，及最左边仅有9门炮的小船腹蛇号。法国远东舰队共有5艘铁甲舰，开至沪尾的拉加利桑尼亚号和凯旋号是其中的两艘，皆为4645吨的铁甲战列舰。

此图上方用垂直线注明了岸上的防御阵地，左上山坡上冒烟的地方为沪尾守军的炮台（Fort）。中央河口处是法军到达沪尾之前，守军按刘铭传命令在沪尾“口门”沉下一队满载巨石的民船和电发火鱼雷组成的拦河坝，以阻止法军溯河进入沪尾，进而入侵台北。从绘图手法上看，此图与前边的地图绘制内容大同小异。

清法沪尾之战，法军画出了精准的军事地图，守军也少有地绘出了对阵之图。当年的《点石斋画报》就曾刊出一幅《沪尾形势》。报道称此画依据“台湾擢胜营友递来沪尾地图”绘制。“擢胜营”是由湖南慈利人孙开华率领的一支湘军，斯时正奉刘铭传之命守卫沪尾。此图虽不如军事地图精确，但图中绘有方位坐标，还有重要的文字注记，使对阵形势生动可感。图左侧为法军10月8日的登陆点沙仑海岸，海岸上绘出了战前筑起的“新筑长城”。在它的后边是建于1876年的沙仑炮台，图中注记为“旧炮台”，此炮台在沪尾开战前紧急整修，尚未完工。在图中“沉石大船”和“水雷”组成的拦河坝右侧，可见一艘“英兵轮”。1867年英国与清廷订立沪尾“红毛城永久租约”，英国领事馆办事处就设在红毛城内，所以这里有“英兵船”驻泊，岸边小楼为英国人建的新洋楼。前些年笔者到淡水考察时，那三座用厦门红砖修建的英国洋楼仍在，现辟为淡水古迹博物馆。博物馆院子里摆了不少古炮，但清法交战的战场并不在这里，而是在山脚下的沙仑海滩与河口。

法军凭借7艘军舰的猛烈炮火很快炸毁了守军的炮台，随后从沙仑海滩登陆。当年出版的《点石斋画报》的图画报道《砥柱中流》，描绘了提督孙开华设计击退登陆法军的战事。报道云：孙赓堂（孙开华）知海战不如法军，故“诱令登岸，出偏师迎击之”。他在沙仑炮台和油车口炮台设下伏兵，当法军从沙仑海滩登陆后，即在山林中以3000名清军伏击之。此图根据前一幅《沪尾形势》图绘制，地形描述没变，重点在岸上画出两军开枪互射的战斗场景。由于守军熟悉地形，且兵力数倍于法军，法军登陆小连队很快就抵挡不住了。13时，在

《法舰炮击沪尾草图》

这是幅手绘图，它描绘的应是当时的战阵，图的下方由右至左标注了对应的战舰名拉加利桑尼亚号、德斯丹号、凯旋号，最左边的小船是仅有 9 门炮的蝮蛇号。此图现藏台湾古地图史料文物协会。

法国舰炮掩护下，登陆法军撤上接应艇，退回到海口外。

根据法国方面的统计：此役法军阵亡 9 人，失踪 8 人，伤 49 人；根据刘铭传向朝廷的奏报：此役共斩敌首 25 颗，其中军官 2 名，枪毙约 300 名。中国史书上称此战为“沪尾大捷”或“淡水大捷”。现在，淡水的油车口炮台（现称旧炮台）和刘铭传后来修筑的沪尾炮台（1890 年完工），开辟为淡水炮台公园的“北门锁钥”景区。

法军连续 7 天反复进攻沪尾，最后以失败告终。沪尾战败后，法军自认已无力攻占台湾北部，改变策略，转而封锁台湾海岸线。从 1884 年 10 月 23 日起，法军全面封锁了台湾海域。

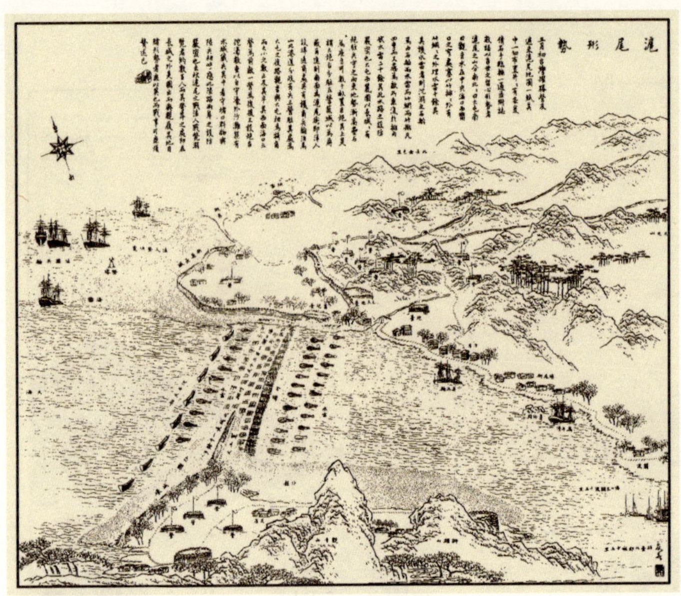

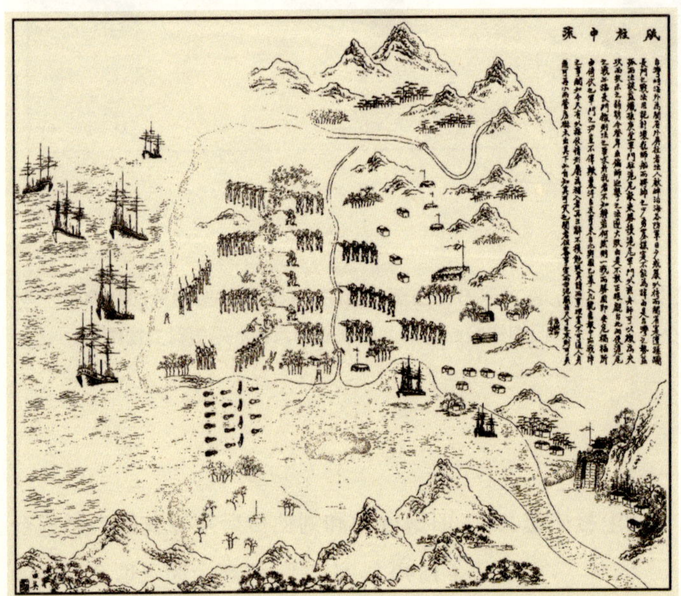

《沪尾形势》（上）

此图原载《点石斋画报》，是根据“台湾擢胜营友递来沪尾地图”绘制的图画报道。此图虽不如军事地图精确，但图中有方位坐标，还有重要的文字注记，使对阵形势生动可感。

《砥柱中流》（下）

原载《点石斋画报》。图中描绘了保卫沪尾的孙赓堂军门知道海战不是法国人的对手，便诱敌上岸，在陆上设伏，大败法军的场景。

镇海抗法

——《吴淞形势》 1884 年绘

——《浙东镇海得胜图》 1885 年绘

法国远东舰队攻占台湾的计划中，并不包括攻打镇海的计划，它完全是法舰封锁台湾海面过程中衍生出来的一场随性而为的阻击与追逃的小型战役，但在清国则表现为一场大获全胜的镇海保卫战。

1884 年 10 月 1 日法军攻打基隆，8 日攻打沪尾，在这两个战场上，法军都没占到什么便宜。攻打沪尾失利后，法军又一次攻打基隆，但基隆久攻不下，无奈之中，法国远东舰队从 10 月 23 日起宣布封锁台湾海峡，阻断南北海运及闽台联系。

清廷为打破封锁，解台湾之围，令由南洋、北洋水师抽调军舰增援台湾。1884 年 11 月 20 日，北洋水师管带林泰曾、邓世昌率超勇、扬威二舰抵达南洋水师基地上海吴淞口。南洋水师派出铁甲巡洋舰南琛、南瑞，巡洋舰开济，炮舰澄庆、驭远 5 舰。这 7 艘军舰组成的舰队，由南洋水师提督衔总兵吴安康任统帅，以开济号为旗舰。

这幅《点石斋画报》在基隆开战后为告知百姓当下海防现状而刊登的新闻调查插画报道《吴淞形势》，虽然画面记录不能与增援台湾的舰队完全相对应，但它真实记录了吴淞口南洋水师当时的军事准备情况。画面上绘出了南琛、南瑞、常成、策电、开济、澄庆、登瀛洲、靖远、测海 9 艘南洋水师舰船。背景除了绘出吴淞口北炮台和连接宝山的新筑土城外，还绘出了漂在水上的“活动炮台”。值得注意的是，清法已经宣战，基隆已经开战，但岸边还停泊着法国公司

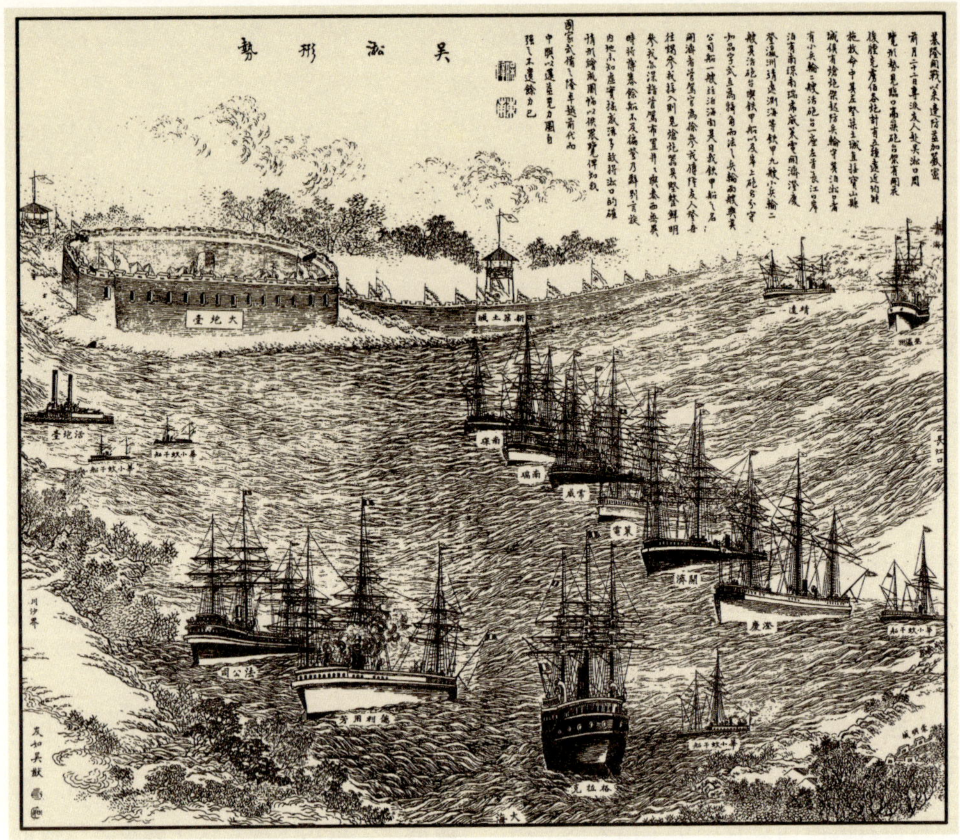

《吴淞形势》

此图原载于 1884 年的《点石斋画报》，它真实记录了法军入侵时吴淞口南洋水师的军事准备情况，背景为吴淞口北炮台和连接宝山的新筑土城，岸边还停泊着法国公司的商船和两艘法国军舰。

的商船和两艘法国军舰，大清水师竟然与之安然相处，不知这是中国式“仁义”还是畏战“恐法”。

正当增援台湾的舰队集结吴淞口准备赴台之际，12 月 4 日，朝鲜爆发内乱，日本借清法交战无暇东顾之际，派兵协助朝鲜开化党人政变，囚禁了朝鲜国王。清廷为控制朝鲜局势，急令在吴淞口的北洋水师超勇、扬威二舰开赴朝鲜。南下援台舰队只剩下南洋水师的 5 艘舰船。

1885 年 1 月 18 日，在清廷的一再催促下，准备了近两个月的南洋水师增援舰队才从吴淞口起锚南下台湾。这一消息传到法国舰队后，法国舰队司令孤拔决定不等中国舰队到达台湾海面，2 月 7 日即率旗舰巴雅号、凯旋号、尼埃利号（Nielly）、德斯丹号等7艘军舰从福建沿海的马祖澳出发，北上拦截。本应火速增援台湾的南洋水师在海上用牛车一样的速度走了20多天，才从上海走到浙江石浦檀头山海域。2月13日，法国舰队在这里发现了南洋水师舰队，南洋水师5舰也发现了法国舰队，总兵吴安康即率开济、南琛、南瑞三艘巡洋舰加大马力逃往镇海。澄庆、驭远两个小炮舰航速较慢，躲入附近的石浦湾。孤拔下令封锁石浦港，并派鱼雷艇攻击澄庆、驭远二舰。经过2月15日（大年初一）一场夜战，发现南洋水师的驭远、澄庆二舰自沉在海港中，船上官兵不见踪影。增援台湾的行动就这样被法军轻松阻断。

1885年2月27日，南洋水师的开济、南琛、南瑞3舰逃入镇海港；法国远东舰队的巴雅号、凯旋号、尼埃利号、德拉克号4舰一路追击到达镇海口外；一心想消灭南洋舰队的孤拔下令封锁镇海港，镇海战役就这样打响了。

法舰侵扰东南沿海以来，浙江巡抚刘秉璋积极督兵备战，加强海防工事。在甬江入海口共建有9座炮台，炮台皆依山而建，有紧挨外海的，也有山顶居高临下的，也有在内河守卫的，参差错落，构筑起立体防御体系。清舰入港后，即封锁镇海江口，筑长墙，钉丛桩，铺电线，清间谍。浙江提督欧阳利见坐镇金鸡山，提督杨岐珍驻北岸招宝山，严阵以待。

从这幅《浙东镇海得胜图》上，可以看清楚当时的清法对阵形势。图左是法国的4艘军舰，河道中央的一艘法舰应是尼埃利号，它被击中冒烟，退出战场。图右下方绘有逃入镇海的开济、南琛、南瑞3艘南洋水师的巡洋舰，同时还有2艘原来就驻守在这里的超武、元凯二舰。图上还有一艘宝顺轮，它是宁波商人以7万两白银向英国购买的中国第一艘新式轮船。可惜的是镇海开战时，宝顺轮被征调参战，自沉于镇海口，以堵塞航道。所以，画面上它停在拦江栅栏之中。此图下方，为北岸招宝山的威远、定远等炮台，飘扬着“杨”字帅旗的新炮台为提督杨岐珍的指挥部所在。此图上方，为南岸金鸡山诸炮台。主炮台上飘扬的“欧阳”战旗，表明浙江提督欧阳利见在此督战。

1885年3月1日上午，法军汽艇驶入镇海口侦察，逃入港内的南洋水师开济、南琛、南瑞开炮攻击法舰，法舰尼埃利号接连中弹，遭到重创，被迫退出战场。其他3艘法国军舰只得后退下锚。此图左上方，为后退的3艘法舰。

清军初战告捷后，为防法国鱼雷艇偷袭，南洋3舰统帅吴安康派出3艘舢板，各装1门格林炮，在镇海口外彻夜巡逻。3月2日20时，法国鱼雷艇果然前来偷袭，遭到巡逻舢板的痛击，狼狈

《浙东镇海得胜图》

此图绘于 1885 年，纸本彩绘，全图共 12 幅，图幅不等，这里选登的是第一幅，即总图，可以看清楚当时的清法对阵形势。

逃出。3 日，法舰再次来犯，尚未接近江口，即遭招宝山和金鸡山炮台以及清舰炮火猛轰。此后，法国舰队无计可施，只得每日在港外游弋，直至清法停战，再未敢入侵镇海。

由于这是清军少有的“胜利”，所以，有许多表现这场战斗的画卷传世。其中较为著名的有绘于 1885 年的 12 幅纸本彩绘《浙东镇海得胜图》，收于浙江古代地图集；有绘于 1886 年的长 1.75 米的纸本彩绘卷轴《浙江镇海口海防布置战守情形总图》，现藏北京大学图书馆；有大约绘于 1887 年的《招宝山炮台图册》，现藏于宁波镇海海防历史纪念馆。这些画卷成为再现这段历史的最形象的资料，弥足珍贵。

澎湖进退

——《1885 年 3 月 29 日、30 日、31 日攻占澎湖图》 约 1885 年绘

法军攻打淡水失败后，再度集中力量进攻基隆。1885 年 1 月，法军向基隆大批增兵，大清守军腹背受敌，退守基隆河南岸，两军隔河对峙，并将封锁线由台湾南端南岬（今屏东县鹅銮鼻）延伸至东北部的乌石鼻（今宜兰县头城镇乌石港）；同时，法国远东舰队请求法国政府派遣陆战部队前来增援。

1885 年 3 月 14 日，为摆脱在基隆进退维谷的困境，法国政府停止增援基隆战事，命令孤拔攻占澎湖。这幅《1885 年 3 月 29 日、30 日、31 日攻占澎湖图》反映的是此间澎湖战事。1885 年 3 月 29 日，孤拔率领远东舰队 8 艘战舰进攻澎湖妈宫城（今称马公），即图中央用法文标注着的“Makung”，这里在当时和现在都是澎湖列岛的中心。在妈宫城的金龟山上，守军筑有炮台，图中注记为“北炮台”（Fort du Nord，即金龟山炮台），它的左侧标注为“拦河坝”（Barrare），对岸蛇头山的尖角处标注为“南炮台”（Fort du Sud）和“红毛炮台”（Fort Dutch），这两个炮台始建于 1612 年，是当年荷兰人建的。在蛇头山西边孤岛上的为四角仔要塞，即图上注记的“Fort I Plate”，清军将领梁景夫守在这里。

此图名为《1885 年 3 月 29 日、30 日、31 日攻占澎湖图》，但主要记录的是 29 日这天法舰的海上战阵。在图中央的妈宫海面，从北向南标注了杜沙佛号（Duchaffault）巡洋舰，法国远东舰队中最大的铁甲舰、5915 吨的巴雅号，法国远东舰队中第二大的铁甲舰、4645 吨的凯旋号，还有德斯丹号巡洋舰。

Croquis N° 10
LES PESCADORES
(Mouillages intérieurs & Ile Ponghou.)
Échelle 1/60.000
Équidistance : 15m
Sommets Nord
ILE PEHOE
Pointe Pehoe
Pointe Niu
Baie Niu-kung
Récif Mark
ILE TRIANGLE
Sable et corail
Mamelle
Pointe Fish
Village
Baie de Tatsang
Canal des Pescadores
ILE FISHER
I. TATSANG
Corail
Petite Ile
Pointe Rhan
Baie de Tampi
I. TAMPI
Pointe Sycea
Sable Vase
I. du Projectile
XAÏ-PA
TAÏ-WAN-XOA
PORT PONGHOU
Pointe Mung
Pyramide
Rocher noir
le Duchaffaut (le 29)
TANG-HOC
TAÏ-WAN
ILE PONGHOU
SIAUCHI
Pointe Siau
le Bayard (le 29)
TACHI
Camp
AMO
Baie de Siauchi
Feu fixe
Baie de Tachi
Pointe Latsitah
Fort Bayard ou Bie Siauchi
Fort du Nord
MAKUNG
Fortin de Tao-Xa-Pa
Fort du Sud ou Ft Dutch
I. Plate
I. Observatoire
Batterie
la Triomphante (le 29)
Baie de Makung
Pointe blanche
la Vipère (le 31)
SIOU-KOUÏ-KANG
I. Dôme
Ilot Vipère
la Vipère (le 30)
KISAMBOUE
Retranchements défendant la plage
le d'Estaing (le 29)
Sommet Dôme
Village Y
le d'Estaing
Départ de la colonne le 30 à 2 heures
Point de débarquemt du 29 mars
Baie du Dôme
l'Annamite (le 29)
Village X
Ilot Table
Pointe Hou
Pointe Fong
Marche de la colonne
Lignes de défense chinoises
Compagnie
Bataillon
en colonne
Légende
de 0 à 5m
de 5 à 10m
de 10 à 20
au-dessous de 20
Opérations des 29, 30, 31 mars 1885
D'après la carte marine de MM. ROLLET DE L'ISLE Ingénieur hydrographe
D'ANDREZEL & LINKENHELT aspirants de 1re classe 1886
et le croquis de M. GAULTIER Capitaine adjudant-major au 2e d'Infanterie de marine 1885

虽然清军在澎湖有多个炮台，但其炮火远不及法国军舰上的火力强大，所以，双方对轰了两天后，战至3月31日，四角仔炮台等外围炮台被完全炸毁，法军顺利登陆澎湖。另一路由苑里登岛，守将周善祈等分兵抗拒，前仆后继，死伤殆尽，也于前几日失守，澎湖彻底沦陷。

但刚刚登陆澎湖的法军，却接到了准备撤退的命令。原来，在越南战场上，清军取得了镇南关大捷。1885年3月30日，法军在镇南关战败的消息传到法国，引起国内政坛震荡，法国总理茹费理（Jules François Camille Ferry）被迫下台，内阁否决了向中国战场追加军费的议题。4月14日，法国政府单方面宣布停战，命令孤拔解除对台湾的封锁。

清法两国，陆海两路，各自一胜一负。应当说《中法新约》的签订，双方都有"乘乱求和"之意，大清利用法国人当时的困境，以最小的代价遏制了法国入侵的危机，算是清廷外交上难得的胜利。条约承认法国为越南的保护国，法军撤出澎、台，并解除对于中国海面的封锁。

俗称"西仔反"的清法战争台湾战事，历经10个月的血雨腥风，就这样落幕了。清廷在战后宣布设立台湾省，命刘铭传以福建巡抚的身份兼任首任台湾巡抚。

《1885年3月29日、30日、31日攻占澎湖图》

此图记录了29日法国舰队的战阵。图中央妈宫海面上，从北向南标注了杜沙佛号、巴雅号、凯旋号和德斯丹号。图纵54厘米，横34厘米，现藏法国国家图书馆。

“打死、打伤孤拔”之谜

——《法酋孤拔》 1885 年绘

——《旗舰巴雅号载运孤拔遗体离开澎湖妈宫港》 1885 年绘

清法战争中,特别值得一提的是“打死孤拔”的公案。孤拔是清法战争中法军最高指挥官，如果打死他，那无疑是清国的巨大胜利。或许清军太想打死这个法国远东舰队总司令，所以，马江战役一结束，就有孤拔被长门大炮击中的报道；接着，法舰围攻镇江，又传出招宝山大炮击中法舰，打伤孤拔的说法；最后，孤拔死于澎湖，台湾守军没说是台湾人打死孤拔的；至今，马江与镇江各执一词，皆认为是自己打死或打伤了孤拔。但回溯那段历史，大清守军大炮击中或打死孤拔之说十分可疑。

孤拔第一次“被打伤”或“被打死”是 1884 年 8 月下旬的马江海战。

当时民间出版的画报《点石斋画报》中插画报道《法酋孤拔》称孤拔“扰我边陲，马江之役，其残忍几无人理，果其中炮身亡”。当时民间出版的战报《福州战报之罗星塔大捷》称：中法兵船在罗星塔开仗，第一天，打沉法舰三只，中国兵船沉五只，第二天，“打沉法人坐驾船一只，哥拔利死焉”。实际上，法国舰队在罗星塔下全歼清军战舰后，用了 3 天时间沿江道向海口稳步撤离，一路上用 4645 吨的重形铁甲舰凯旋号和 3479 吨的迪盖 – 特鲁安号二等巡洋舰的重型舰炮，从背后击毁沿岸不能调转炮位的清军炮台，顺利撤至海口外。此时，在海口处还有法国 4645 吨铁甲舰拉加利桑尼亚号在此接应。所谓击中法军旗舰的长门炮台早已被完全摧毁。所以，说是这个炮台的主炮击中了法国旗舰窝尔达号，舰队司令孤拔在炮击中受伤，几

《法酋孤拔》

此图原载于1885年出版的《点石斋画报》，插画报道称孤拔“扰我边陲，马江之役，其残忍几无人理，果其中炮身亡”。

乎没有可能。法军当年绘制的《法国舰队炮击闽江沿岸炮台图》是很好的证明。

但至今中国官方出版物仍这样表述：“旗舰扬武号迅速而准确地用尾炮回击法舰伏尔他号（即窝尔达号），第一发就命中舰桥，击毙法军6名，据称孤拔也受了伤”，“这一天，正是法国舰队顺闽江口撤出马尾港，遭到中国海岸炮台阻击，法国远东舰队司令孤拔就是在这次战斗中丧命”，等等。忽而是罗星塔击伤，忽而是马江海口丧命。

孤拔第二次“被击伤”是1885年3月初的镇海口海战。

据法国孤拔所部军官卡尔诺（E.Garnot）著《法军侵台始末》（*L'expedition Francaisede Formose：1884-1885*）载，马江之战两个月后，孤拔即指挥了10月进犯台湾的战斗。翌年3月，又率舰队围追南洋水师，攻打了镇海。所以，至少是马江之战“打死”、“打伤”这位法军侵华最高统帅没有什么说服力。所以，通常人们都采取孤拔是在镇海口招宝山被海岸炮击伤后毙命之说。如《辞海》（1989年版）、陈旭麓等主编的《中国近代史辞典》“孤拔”条目均称：“1885年3月侵扰浙江镇海，被击伤。6月死于澎湖。”

简单算来，一个孤拔，一场战争，竟有五种“击伤”、“打死”孤拔的说法：

一是欧阳利见在金鸡山炮台“利见督台舰兵纵炮击之。法主将坐船被伤……事后知主将孤拔于是役殒焉”，此说出自《清史稿·欧阳利见传》，其实浙江提督欧阳利见坐镇金鸡山，孤拔之舰根本不在他的炮火范围之内。二是游击衔守备周玉泉在镇海口虎蹲炮台发炮打死孤拔，但镇海口开战时，仅招宝山、金鸡山、泥湾道和小港口等处筑有炮台，

Le Bayard, A BORD DUQUEL EST MORT L'AMIRAL COURBET. — (Dessin de M. BRUN.)

《旗舰巴雅号载运孤拔遗体离开澎湖妈宫港》

此图记录了法军离开澎湖的重要一刻，巴雅号是法国远东舰队中最大的铁甲舰，是攻打镇海与澎湖的旗舰，也是这次载运孤拔遗体归航的旗舰。

并没在虎蹲山设炮台。三是周茂训在招宝山发炮还击法舰，击中孤拔。四是招宝山守备吴杰“亲自开炮，击中法舰”，炸断桅杆，砸伤孤拔。五是王立堂副将4月9日“潜运后膛车轮炮八尊，伏置于南岸清泉岭下，四更后突然发炮，法国侵华舰队司令孤拔，身受重伤。于六月死于澎湖”。事实上，法方记载只断两根桅索，无一人负伤。3月底，孤拔到澎湖指挥作战，怎么会在此时中弹？

综观五种说法，除了打击对象孤拔是相同的，其他的，时间不同，地点不同，人物不同，连击中的是不是孤拔所在的旗舰也说法不同。这一切说明大家皆在抢功，都拿不出令人信服的实证，以至于这些自相矛盾的说法流传至今。

孤拔第三次“被击伤后死亡”是在1885年3月底的澎湖海战。

1885年3月14日，为摆脱法军在基隆进退维谷的困境，法国政府停止增援基隆战事，命令孤拔率舰队攻占澎湖。但刚刚登陆澎湖的法军，却接到了准备撤退的命令。原来，在越南战场上，清军取得了镇南关大捷。法国国内政坛震荡，总理茹费理被迫下台，内阁否决了向中国战场追加军费的议题。4月14日，法国政府单方面宣布停战，命令孤拔解除对台湾的封锁。4月到6月三个月间，法军在澎湖没有打仗，但岛上流行瘟疫，却令法军大量减员。据法国方面记载，此间法军因病死亡997人。就在《中法新约》签订的第二天，即1885年6月11日，法国远东舰队司令孤拔因热病死在停泊于澎湖妈宫港的法舰巴雅号上。

1885年法军撤出台湾后，上海出版的《点石斋画报》中插画报道《法酋孤拔真像》相对准确一些，报道称孤拔“澎湖忽得痰症，今年旧疾复作”，全文可见画上注记：“孤拔系法国阿卑未里人，生于泰西一千八百二十七年六月二十六号。年幼时赴兵部学堂肄业，越二年弃学始登兵船，习练水师为小兵官焉。一千八百五十六年擢为大兵官，始入中国，既而赴古巴查办事件。一千八百七十三年法廷命以管理海防诸事，旋即升为总督官，赴任加利马宜亚地方。一千八百八十年九月，转水师副提督，及法国有事东京（河内），遂派往越南办理水师。法国以大宝星赏之嗣，迷禄将军抵东京，乃舍东京而至中国。去年攻福建之澎湖，忽得痰症，今年旧疾复作，至六月二十一号，电传中法和议已定在津画押之信，即于是晚卒于澎湖水师舟次，呜呼！马江一役说者谓孤拔中炮身亡之迄今犹存疑案云。”

孤拔死后，利士比代理法国远东舰队司令一职，在基隆交换俘虏后，于6月21日撤离基隆，8月4日完全撤离澎湖。这幅《旗舰巴雅号载运孤拔遗体离开澎湖妈宫港》记录了法国侵略军离开澎湖的重要一刻。巴雅号是法国远东舰队中最大的铁甲舰，也是这次归航的旗舰。画面上庞大的军舰并没有升帆，而是靠蒸汽动力缓缓驶离澎湖妈宫港，背景是妈宫港上的妈祖庙。此画原刊于法国《世界画报》。

从各方的材料看，孤拔应是患热病而死。说孤拔在侵犯中国诸海口被多次击伤，而后毙命，实在缺少史实支持。

顺便说一下，今澎湖马公有孤拔墓园，埋有他的头发。他的遗体运回法国，曾受到英雄式的哀悼。这之中，法国舰队一个笔名为皮埃尔·洛蒂（Pierre Loti，后来他写的《冰岛渔夫》获诺贝尔文学奖）的军官，为孤拔写的悼词深入人心：“我不曾看过水兵拿着武器流泪，在此参加仪式的水兵却静静地哭泣着。这小小的礼堂是非常朴素的，这小小的黑色罩布也是非常朴素的，但当这位中将的遗体运回法国时，毫无疑问，大家会准备一个比这里、这谪居的海湾辉煌万倍的丧仪。可是大家可以为他做什么，能为他造出什么比这些眼泪更美的东西呢……”悼词感动了当时的法国人，也为这位侵略者树立了“民族英雄”的形象。

10

清日海战

引言：从“黑船开国”到海上扩张

日本人从岛上望过来，朝鲜是进军清国的跳板；清国人从大陆看过去，朝鲜是抗倭的前哨。在如此对视之下，朝鲜半岛的烽烟迟早要被点燃。

大明海禁之日，恰是世界大航海勃兴之时。西风东渐，西人东进，直接影响了汉唐以来一直以中国为师的日本。领略了葡萄牙海上扩张的日本幕府（1543年葡萄牙人初登日本，并教会了日本人使用和制造火绳枪），把军事扩张确立为新国策。1592年，丰臣秀吉曾小试牛刀，派兵攻打朝鲜，万历皇帝派4万大明军队入朝参战，击退了日本入侵。

丰臣秀吉之后，日本进入了德川幕府时代，从此开始了200年的闭关锁国，直到1853年7月8日，美国东印度舰队司令马修·佩里（Matthew C. Perry）乘密西西比号（Mississippi）从美国来到珠江口，与美国东印度舰队会合后，在琉球编成由萨斯奎哈纳号（Susquehanna）蒸汽巡洋舰为旗舰，风帆战舰普利茅斯号（Plymouth）、萨拉托加号（Saratoga）以及补给船组成的舰队，带了5吨清国铜钱，来到日本要求通商，日本人推脱说等等再谈。1854年2月11日，佩里率7艘军舰再次“访日”。日本被迫与美国签署《日美亲善条约》，终结了日本的锁国时代。由于佩里的战舰多是黑色的，日本因此称此事为“黑船事件”，也叫“黑船来航”、“黑船开国”。在当年美国“黑船”登陆的地方（今横须贺公园），日本建了一座纪念碑，上面有前首相伊藤博文的手书“北米合众国水师提督培理上陆纪念碑”，以此标示和纪念日本开埠。

明治天皇睦仁 1868 年登基后，实行变法，志在海外扩张。1874 年，日本以“牡丹社事件”（1871 年琉球商船遇台风漂至台湾，50 多名船员被杀害）为由公然派出 5 艘军舰、3000 多人在恒春登陆，入侵台湾。清廷派沈葆桢、日意格等统率伏波、安澜、飞云等舰前往台湾驱逐日军。经英国公使调停，清日签订了《台事专约》。大清承认日军出兵是“保民义举”；赔偿日本白银 50 万两；日军撤出台湾，日本借此终止了清朝与琉球间的藩属关系。1879 年，日本将最后一位琉球国王尚泰移居东京，置琉球为冲绳县。这是日本明治维新后第一次发动侵略战争，即轻松收获了琉球。

夺取琉球为日本海上扩张壮了胆，接下来的目标即是朝鲜。1884 年日本策动朝鲜亲日的开化党政变，推翻了朝鲜保守派政权。在清廷帮助下，朝鲜保守派夺回了政权。日本因国力不足，暂时放弃了与清国抗衡。但却由此开始“速节冗费，赶添海军”，扩军准备。此时的清廷对时局也有认识，一方面加紧控制朝鲜，另一方面加紧扩军备战。于是，清、日分头到欧洲采购战舰，总体上讲，两国军舰差异并不很大，不同的是两国的海军经营。

大清海军在甲午前分为北洋、南洋、福建和广东四支水师舰队，四大舰队不相系属，没有统一指挥。其中，北洋水师实力最为强大，却由一个从太平军叛投清廷的淮军陆将丁汝昌担任舰队司令。

日本在甲午前实施海军改革，海军重组，即统一整编为联合舰队，由伊东祐亨海军中将担任联合舰队司令。联合舰队分为：本队第一小队、第二小队、第一游击队和第二游击队。

日本不仅在海军布局上早有经略，在情报战上也远胜大清。早在 1886 年，日本乐善堂汉口分店就已有 300 名间谍。1893 年日本间谍本部次长川上 6 次进入清国考察兵要地志，完成了战前的地图预案。李鸿章的侄子天津军津总办张士行的秘书刘芬被日本间谍收买，出卖了大清高升号运兵船赴朝鲜的出航日期和大批军事情报。日本甚至破译了清国外交密码，而清廷在整个战争期间又从未改过

密码，连最后谈判的底线也早被日方掌握。

清日海上必有一战，双方都看清了；清日大战的导火索必是朝鲜，双方也看清了。开战的时间节点是由历史选定的——1894 年（农历甲午年），但战争的结果，日本人没料到一定会胜，却胜了；大清没料到一定会败，却败了。

甲午战争后，日本跃升为亚洲第一强国。

还有一件事不得不提一下。在东亚海战之际，美国学者马汉提出了一个总结过去并影响未来的答案。1890 年美国出版了他的《海权对历史之影响：1660—1873》，之后又接连出版了《海权对法国革命和法帝国的影响：1793—1812》和《海权与 1812 年战争的联系》，马汉的这三本书构成了“海权论”三部曲。

世界由此进入海权时代。

《黑船来航》

此图描绘了 1854 年佩里第二次登陆日本时的场景。美国的 7 艘军舰、1 艘补给船停泊在江户湾横滨附近。日本幕府在横滨与美国签订了《日美亲善条约》。此后，英国、俄国、荷兰等西方列强都与日本签订了“亲善条约”。日本开国，幕府体制解体。日本崛起，对亚洲格局产生了深远影响。

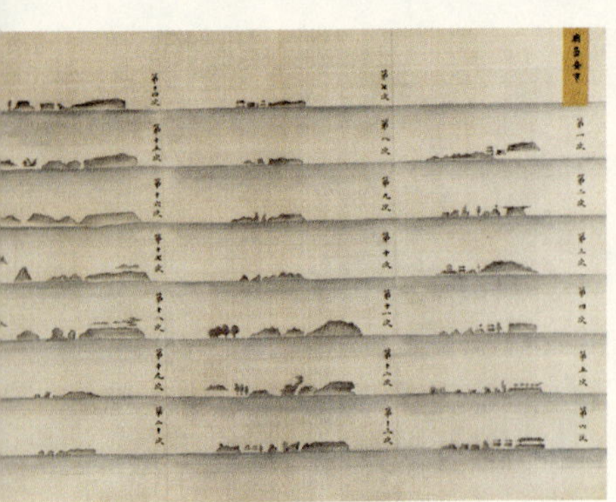
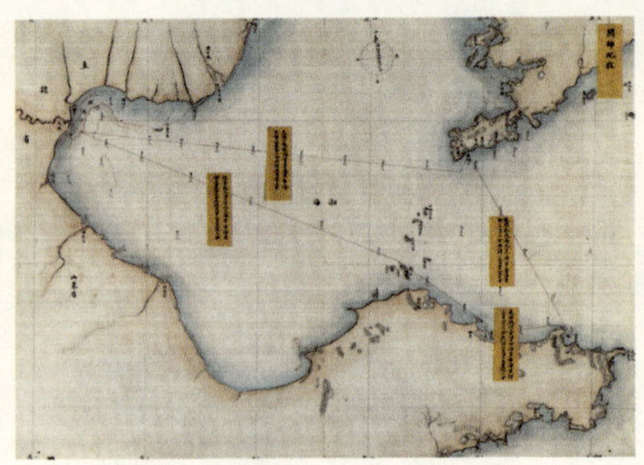

北洋海防

——《渤海阅师图》 约 1894 年绘

1885 年的慈禧刚好 50 岁，作为女人已算个小老太太，作为一个政治家则恰是深谋远虑的好年岁。此时的慈禧根本顾不上远虑，近忧就够她盘算的了：10 年前，日本人攻打台湾的“牡丹社事件”令大清失去了对琉球的控制；洋务派的“海防”论由此压倒“塞防”，大清始建南洋、北洋水师；一年前，法国人仅用半个小时就把福建水师堵在马尾港里消灭了。海防危机，再逼京师，情急之下，慈禧亲里选亲，令光绪生父醇亲王奕譞“总理海军事务”，醇亲王即成立了“总理海军事务衙门”，光绪朝才貌似有了海军总部和海军总司令，有了统一指挥。

大清海军分为三洋水师：北洋水师负责渤海与黄海；南洋水师负责东海；福建船政水师负责南海。

1879 年，南方建立福建船政水师之时，清廷命直隶总督、北洋大臣李鸿章积极创设北洋水师。1879 年李鸿章向英国订造蒸汽动力、包有钢板的巡洋舰，购扬威、超勇两舰；次年，又向德国订造蒸汽铁甲舰定远、镇远两舰。1881 年，先后选定在旅顺和威海两地修建海军基地。几年之间，北洋有了舰，又有了港，水师已初具规模。此时，李鸿章曾放言“就渤海门户而言，已有深固不摇之势”。

根据北洋水师的阅操制度，舰队“每年由北洋大臣阅操一次”，“每逾三年，由总理海军事务衙门请旨特派大臣会同北洋大臣出海校阅一次”。依此规制，1884—1894 年，北洋海军共举行了四次阅操。其中规模最大的军演，即第四次，也是最后一次阅操，时间是 1894 年 5 月。此时，朝鲜半岛上融合儒、释、道三教于一体的东学道起义已于年初爆发，清、日介入朝鲜的火药味已依稀可闻。

1894 年 5 月的这次阅操历时 18 天，总理海军事务衙门共调集了南样、北洋 21 艘军舰，是大清海军空前的全面海上军演。由于兹事体大，所以留下了清宫画工所绘的这套《渤海阅师图》。此册页绢本设色，每幅纵 40 厘米，横 57 厘米，共有 10 幅图，依次命名为《庙岛蜃市》、《阅师纪程》、《之罘形势》、《威海水道》、《威海船操》、《旅顺水操》、《海军布阵》、《兵船悬彩》、《烟台大会》、《登州振旅》。现由故宫博物院收藏的这个大型册页，真实再现了那一次海上大阅操，也显露出大清阅师的华而不实。

这个军演册页的第一图，不画排兵布阵，却画《庙岛蜃市》，似暗喻此次阅师不过是一场游戏一场梦。庙岛即长山列岛，多有蜃市奇景。在第二图《阅师纪程》上，详注了李鸿章此次阅操的航线与航程：大沽口至旅顺，170 海里；旅顺至威海，91 海里；威海至烟台，44 海里；烟台至大沽口，191 海里。在第三幅《之罘形势》和第四幅《威海水道》上，还细绘了海岸线与水深，岸上高山用等高线进行描绘。应当说，此时大清绘制海图的水平有所提高，图上绘有指北针，实线描绘航线。

从第五图《威海船操》、第六图《旅顺水操》、第七图《海军布阵》来看，此

次军演阵容庞大，提督丁汝昌率北洋水师的定远、镇远、济远、靖远、经远、来远、超勇、扬威等主力舰，记名总兵余雄飞率广东舰队的广甲、广乙、广丙三舰，记名提督袁九皋、总兵徐化隆率南洋水师分队的南瑞、南琛、镜清、保民、开济、寰泰6艘兵舰，组成庞大的联合舰队共同阅操，场面蔚为壮观。

第八图《兵船悬彩》描绘的是升挂满旗的旗舰定远舰。可以看出北洋水师已经采用提督旗和诸将旗了。舰前桅顶端升挂的是五色立锚提督旗，其五色顺序自上而下分别为黑、白、红、黄、蓝，而舰艉桅杆和舰艏旗杆上，升挂的则是三角青龙黄旗。

有点军事常识的都应知道，军演不是团体操，是有目的性、有假想敌的。但在第九图《烟台大会》上看到这场港口里的演练，图左是“英国兵船十只”，图右是“法国兵船五只”。英、法并没有参与两个月后的甲午海战，而与大清开战的日本却没在军演中成为假想敌。显见大清对日本海军的攻击估计不足。而此时“一衣带水”的日本正图谋朝鲜，觊觎中国。华美册页的最后一幅为《登州振旅》，大清舰队排成一字纵队，自蓬莱凯旋。如此浮夸之师，会将图画变成现实吗？

甲午战争后，定远舰枪炮大副沈寿堃反思北洋水师阅操说：黄海海战中北洋舰队未能“开队分击”，因为“平时操练未经讲求，所以临时胸无把握耳”，“平日操演炮靶、雷靶，惟船动而靶不动，兵勇练惯，及临敌时命中自难”。北洋水师没有真正的军演，只是按照《海军大阅章程》程式进行表演。

1894年5月的北洋阅操刚过两个月，一场现代化的海上战争——甲午海战爆发了，北洋水师的花架子如梦一样在现实中垮塌。

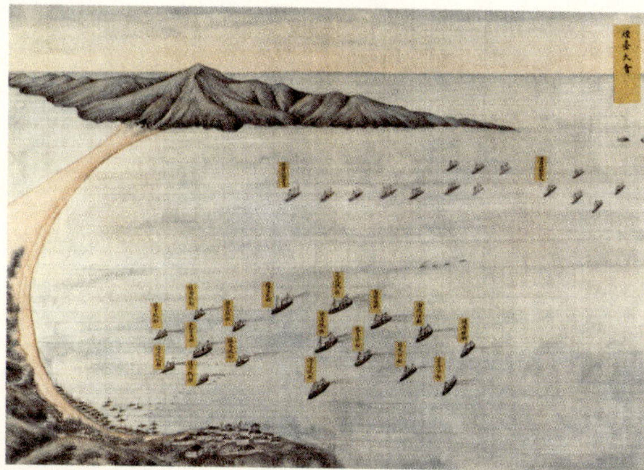

《渤海阅师图》

这是清宫画工所绘的纪实册页，绢本设色，每幅纵 40 厘米，横 57 厘米，共 10 幅图，依次命名为：《庙岛蜃市》、《阅师纪程》、《之罘形势》、《威海水道》、《威海船操》、《旅顺水操》、《海军布阵》、《兵船悬彩》、《烟台大会》、《登州振旅》。此画现藏北京故宫博物院。

丰岛海战

——《韩国丰岛海战图》 1894 年绘

甲午海战并非一场战斗，而是发生在黄海上的三场战役；其一是丰岛海战，其二是黄海大战，其三是威海卫保卫战。

1894 年，走向花甲之年的慈禧一心筹办她的六十大寿，举国上下则忙着营造喜庆气氛，图谋朝鲜的日本就选在此时打响了丰岛海战。

这年 7 月初，李鸿章得到俄方不想介入朝鲜之争，只能“友谊”劝日本退兵的消息，依靠俄国调停的希望破灭。他深知对日开战，大清是“陆军无将，海军诸将无才”，但事已至此，只好做应战的准备。

北洋水师完成在威海军港的集结后，雇用英国商船仁爱、飞鲸、高升三船，开始从大沽口向朝鲜仁川南部的牙山港运兵；同时，从威海派出济远、广乙两艘巡洋舰，护送运兵船赴朝鲜南端镇压全州兴起的东学党起义。

在大清出兵朝鲜之时，日本也以保护侨民和使馆为借口，先后运送 1 万步兵在仁川港登陆。1894 年 7 月 23 日，日军突袭汉城王宫，挟持保守派高宗和闵妃，扶植了以金弘集为首的激进派亲日政府，唆使他“委托”日军驱逐清兵。同时，日本将常备舰队与西海舰队整合为联合舰队，由原常备舰队司令伊东中将任联合舰队司令（大清舰队直到被彻底打败，也没成立统一的海军部队，北洋、南洋、福建、广东四个水师各自为战），出海阻击大清援朝兵船和护航战舰。

《韩国丰岛海战图》

这是当年日本出版的大量丰岛海战宣传画中的一幅，它不仅表现了日本浪速号击沉大清高升号，在图右侧，高升号后边，还画出了挂起白旗逃跑的方伯谦指挥的大清战舰济远号。

7月25日4时，济远、广乙二舰协助飞鲸号在朝鲜牙山港卸下辎重后，留下木舰威远，返航接应途中的运兵船高升号。6时30分，日本联合舰队第一游击队吉野、浪速、秋津洲三舰与大清济远、广乙二舰在丰岛海面相遇。近8时，双方近至3000米时，日舰先行发炮。广乙舰连中数弹，迅速退出战斗，逃跑途中触礁搁浅，眼看被日舰秋津洲追上，只好引爆自沉。

济远号在与吉野号和浪速号的对轰中，指挥台被毁，管带方伯谦一边挂白旗，一边逃窜，全然不顾途中遇到的高升号运兵船和送饷银的操江舰。而操江舰一看比自己大的济远号都跑了，也掉头就跑。但航速仅9节的操江舰很快就被日本的秋津洲号追上，操江舰降旗投降，连同船上的20万饷银一并被日舰掳走。最惨的是被大清雇用的英国商船高升号被浪速号俘虏后，由于船上清兵拒绝被日舰掳走，日本浪速号舰长东乡平八郎下令以侧炮齐轰，在百余米距离内将英国商船高升号击沉。

丰岛海战大清没留下任何海战地图。现在经常被中国学者引用的是当年日本《朝日新闻》上刊登的素描报道《日本浪速丸击沉大清高升号》，但这幅《韩国丰岛海战图》，内容更为丰富。它不仅描绘了日本浪速号击沉大清高升号，在高升号后边，还画了挂白旗逃跑的清舰济远号。

此役，大清济远舰带伤逃回；广乙舰逃跑途中搁浅，自沉；操江舰逃跑途中被俘；高升号被浪速号击沉。日舰吉野号中三弹，中度伤；秋津洲号无损伤；浪速号中一弹，轻伤。

李鸿章曾对丁汝昌说“人七分怕鬼”，他不知日本备战之时也是“鬼三分怕人”，但经此一役，日本海军全然不怕拥有“坚船利炮”的大清，决意全歼北洋水师，夺取制海权。

丰岛海战的虚假战报

——《鸭绿江战胜图》 1894 年绘

——《海战捷音》 1894 年绘

——《丁军门水师恢复朝鲜》 1894 年绘

丰岛海战是清日甲午海战的第一战，大清上下无不关注，国内多家民营媒体争相报道，但令人不解的是这样重大的战役，大清媒体上曝出的却是《鸭绿江战胜图》、《海战捷音》、《小埠岛倭舰摧沉》、《丁军门水师恢复朝鲜》等一连串假新闻。

上海著名的《点石斋画报》当时刊登的战报《鸭绿江战胜图》称：我北洋海军镇远、定远等十艘兵舰，在鸭绿江的大东沟海面遭遇倭舰。我致远舰管带邓世昌与敌舰同归于尽，另有经远舰被击沉。我军英勇反击，击沉倭舰四艘，击伤三艘，其余狼狈逃窜，士兵死伤不计其数。

同一时期，《点石斋画报》还刊登了另外一幅战报《海战捷音》，图中北洋水师济远舰、广乙舰在开炮，日本吉野舰上挂起清国龙旗乞降。图上配文称："倭人不遵万国公法，战书未下而开兵……我舰统领方君（方伯谦）素娴韬略，亦即开炮还击，第一炮将倭舰将台击去，第二炮又将船身击穿……倭水师提督歼焉……倭兵官知不能敌，急高挂龙旗乞降，并悬白旗以求免击。忽有倭舰三号冲波而至，遂将此舰救出，济远舰乃折回威海……广乙舰力敌倭舰四艘，碎其一艘，击伤三艘……"

无独有偶，当时的《上海新闻画报》也以《小埠岛倭舰摧沉》为题进行报道。画面上几艘日舰正在下沉。图上配文称：六月二十三日中国济远舰、广乙舰等，

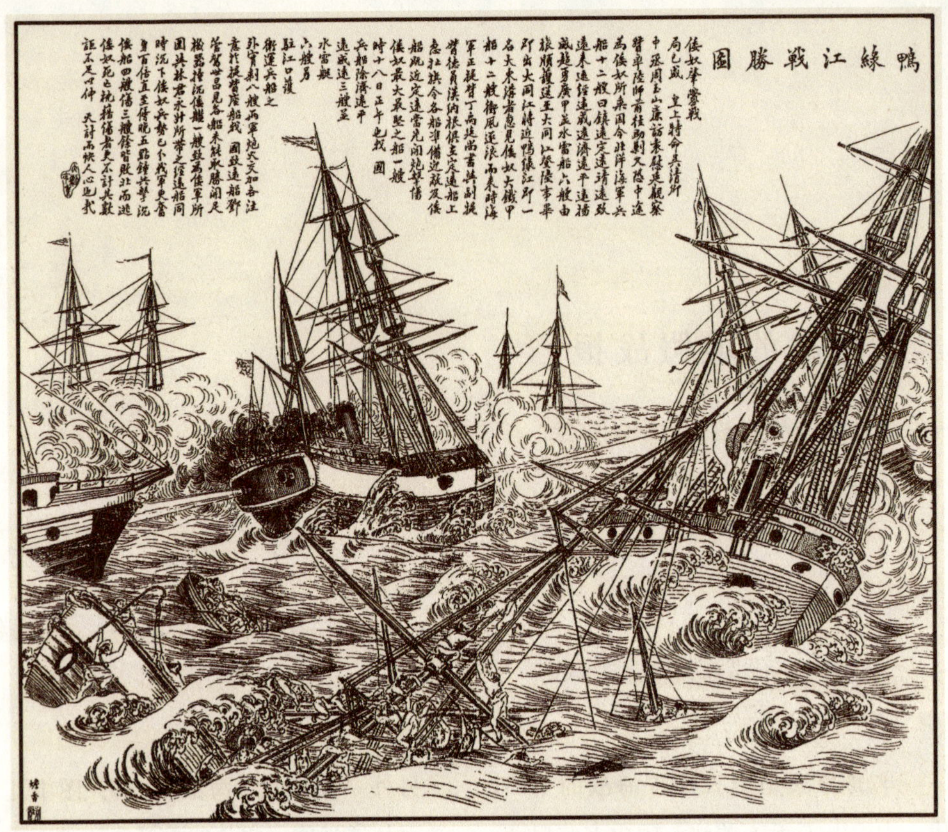

《鸭绿江战胜图》

此图原载《点石斋画报》，其注记称：我北洋海军镇远、定远等十艘兵舰，在鸭绿江的大东沟海面遭遇倭舰。我致远舰管带邓世昌与敌舰同归于尽，另有经远舰被击沉。我军英勇反击，击沉倭舰四艘，击伤三艘，其余狼狈逃窜，士兵死伤不计其数。

在小埠岛与日舰激战，轰沉倭舰。

上海媒体为何会有这样的假消息呢？

文献表明，方伯谦的济远舰败退到威海后，即在《航海日志》中捏造战果说，我“船后台开四炮，皆中其要处（济远确实击中吉野舰一炮，但炮弹没爆炸，仅穿一洞），击死倭提督，并官弁数十人，彼知难以抵御，故挂我国龙旗而奔”。此后，北洋水师提督丁汝昌竟然依此向朝廷“误报”战果。假战报令朝廷上下兴奋不已。

甲午海战时，一直以愚民政策为治国理念的清廷并没有认识到传媒的重要性，也没有官办传媒，新闻只在中外办事机构间以公文形式传递。此时，远离北京的上海受西方传教士的影响，新闻传媒已十分活跃。这些媒体并非官媒，

《海战捷音》

此图原载《点石斋画报》，画面上北洋水师济远舰、广乙舰在开炮，日本吉野舰上挂起清国龙旗乞降，这是个十足的假战报、假新闻。

多数是外国人投资或主编的民营传媒。由于清廷本身并不发布官方新闻，使得民间传媒消息来源多以小道消息形式出现，其新闻真实性和时效性大打折扣。

大清甲午海战的假新闻被上海的日本间谍看到，即刻传回日本。清国战败已遭日军蔑视，这种假报道更被日本媒体广为耻笑。

丰岛战败，北洋水师名声扫地，上至光绪帝，下至文武百官皆称海军无能。为缓解舆论压力，1894 年 7 月底到 8 月初，丁汝昌 3 次亲率北洋舰队出港去朝鲜海域巡洋（7 月 27 日、8 月 1 日和 8 月 10 日），这幅当时刊行的民间新闻画报道的《丁军门水师恢复朝鲜》，说的就是北洋水师提督丁汝昌巡洋朝鲜这件事。

这幅版画上面的文字报道说，“七

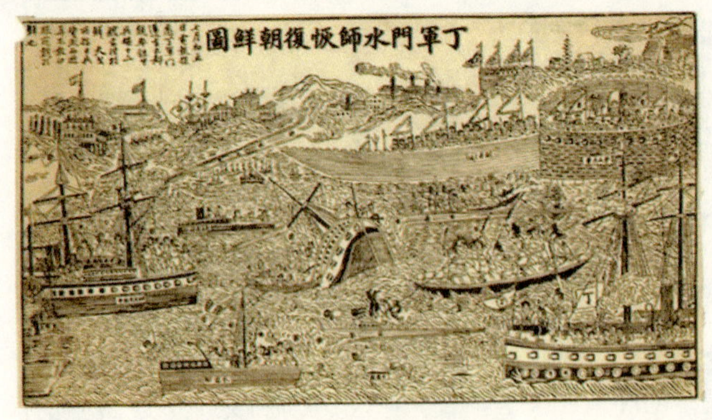

《丁军门水师恢复朝鲜》

这是当时民间刊行的新闻版画，报道北洋水师提督丁汝昌巡洋朝鲜，“丁军门都统铁甲兵舰十二艘，天戈所指，日兵望风而避”，如此，恢复了被日本搞乱的朝鲜。其实，丁军门“巡洋”确有其事，但“恢复”则是胡说。

月初五日，电报探悉，丁军门遵旨出都，统率铁甲兵舰十二艘，天戈所指，日兵望风而避”，如此，恢复了被日本搞乱的朝鲜。报道得到消息的时间“七月初五日，电报探悉”，应是第二次巡洋（即8月2日，农历七月初二）。

“巡洋”确有其事，但“恢复”则是胡说。

1894年7月27日，丁汝昌第一次巡洋，率9舰往汉江洋面巡游迎剿日军，既未见到日舰，也未登岛支援正在朝鲜苦战的清军；7月29日舰队折回威海，对朝鲜战事没有任何帮助。

1894年8月1日，丁汝昌第二次巡洋，率6舰往朝鲜海面巡游。这天清、日两国同时宣战，次日李鸿章根据总理衙门指示，电令丁汝昌率舰速往仁川截击日本运兵船。丰岛一战，北洋舰队损失并不大，还是一支完全可以打仗的舰队。但从李鸿章到丁汝昌，从来就没把这支舰队当作一支在海上歼敌的队伍，只当是巡洋、护航、守口的舰队，令舰队完全失去了它的战斗功能，令海军失去了作战意志。

这两次巡洋，李鸿章都反复强调“相机进退，保船为妥”，而“发现日本运兵船，即行截击”，只是上报皇上的假话。因此，丁汝昌三次巡洋，从未驶过北纬37度以南洋面；仅在汉城、仁川以北洋面巡视，躲避朝鲜南部的日本舰队。对于北洋的巡洋舰队为何没有入港支援在朝鲜作战的清军，丁汝昌的理由是怕“碰雷，猝出鱼雷艇四面抄袭，恐堕奸计”，在牙山苦等接济的叶志超部队，只见丁汝昌率舰在洋面巡游，却得不到任何支援。

所以，“恢复朝鲜”完全是痴人说梦，但国人却信以为真，主战情绪高涨，而事实是，就在1894年8月10日这一天，也就是丁汝昌第三次巡洋之日，日本联合舰队打到了威海卫门口。

黄海海战序曲

——《第二海战我舰队攻击威海卫》 1894年绘

8月10日，清日宣战的第10天，丁汝昌率10艘战舰第三次出巡。

这一天，日本联合舰队司令长官伊东祐亨率领21艘战舰，从朝鲜西海岸南部的隔音岛锚地开到了威海卫口外，为刺探北洋水师的军事实力，伊东令联合舰队的21艘战舰齐轰威海卫，刘公岛炮台即与日舰对射。

这不是一场真正的战役，只是一次火力侦察，但在日本为鼓舞士气也大加报道，如1895年出版的《第二海战我舰队攻击威海卫》。从图名上即可看出，这场战斗在日本方面被算作日清海战的"第二海战"，是接下来的黄海大战的序曲。

此图文字注记为："八月十日晨三时，向敌清国海军据点威海卫进发，得知湾内有敌舰数艘。敌舰曾败于丰岛，逃窜在渤海湾内。此时，威海各炮台得知我军舰来袭，数十门大炮猛烈轰击。我舰进退自如，敌舰命中。我弹击中炮台，击垮多个炮台。舰队悠然，于上午八时许完胜归航。"从史料上看，这次日舰炮击威海，北洋水师并无战船出海应战，这里所说的击中清舰应是夸张之说。

日舰炮击威海卫后，因未发现港内有北洋舰队主力，与岸上和岛上的炮台进行短时间的火炮对射后撤离。次日清晨，日本联合舰队又来到旅顺口，在口外巡游，而后返航，完成了对北洋海防的初步考察。

巧的是，日舰走后，丁汝昌才率外出巡洋的舰队返回威海。

日本舰队炮击威海卫，令北洋全军

《第二海战我舰队攻击威海卫》

这是 1895 年日本出版的海战宣传画，从图名上可以看出，在日本方面，这一仗已是算作清日海战的“第二海战”，它是黄海大战的序曲。

为之震动。李鸿章令丁汝昌速率舰队回防。清廷也怕日本舰队闯入渤海湾，命李鸿章严饬丁汝昌速带舰队赴山海关一带巡查，并警告说：“该提督此次统带兵船出洋，未见寸功，若再迟回观望，致令敌船肆扰畿疆，定必重治其罪。”于是，丁汝昌 13 日率舰回到威海后，即赶添煤、水，次日又匆匆带队出巡渤海。

两国舰队同时巡洋，一虚一实，目的不一样，效果不一样，结果也不一样。黄海大战在这样的背景下打响，其胜负结果可想而知。

黄海海战

——《于黄海我军大捷》 1894 年绘

——《黄海海战图》 1894 年绘

——《清日黄海交战图》 1895 年绘

——《黄海海战平面图》

对大清宣战的日本最初没想好是先攻北京，还是先夺辽东或者山东。但有一点日本人想清楚了：取得黄海制海权，消灭北洋水师。而此时，北洋水师定下的却是“保船制敌为要”的策略。两国就这样以各自的策略继续在朝鲜问题上较量。

北洋水师丰岛战败，令朝鲜战事更加紧张，清军从汉城向北部败退，集结于平壤一线。1894 年 9 月 16 日，北洋水师提督丁汝昌亲率定远、镇远两铁甲战列舰和来远、靖远、济远、平远、经远、致远、扬威、超勇、广甲、广丙等巡洋舰，还有镇中、镇南炮舰共 14 艘战舰，并配有 4 艘鱼雷艇，护送大清运兵船至朝鲜战场。9 月 17 日早晨，在平壤西南部的鸭绿江口完成护送运兵船任务的北洋舰队从大东沟返航。

不久前在威海卫进行了火力侦察的日本联合舰队，这段时间一直在朝鲜西海岸搜寻可能来朝鲜护送运兵船的北洋舰队。这天中午，在大东沟西边的海面上，日本联合舰队与北洋舰队狭路相逢，此时这片海域集中了清、日两国的全部主力战舰，黄海大战（亦称鸭绿江海战、大东沟海战）随着一颗远射炮弹的巨响拉开了序幕。

这是一场改变近代中国命运的大海战，也是自 1866 年意奥利萨海战拉开钢铁舰海战大幕之后，世界海战史上首次

《于黄海我军大捷》

这是日本画家当年绘制的一幅海报，此画的主体是西京号炮舰发炮击中大清定远舰，右侧标注“靖远沉没”、“定远大火”、“镇远……”，这些形象描绘可补海战图之不足。

战役级铁甲舰队的大海战。但是，笔者遍查清代地图资料，却找不到一点中国人记录这场海战的海图线索，如防御图、进攻图、交战图……任何一种海战图都没有，北洋水师留下的多是为战败进行辩护的文字报告。与之相反，大清的对手日本不仅有大量“日本联合舰队大胜北洋水师”的宣传画，还有军事级的由日本联合舰队整理出来的战报地图。

先来看看日本画家当年绘制的黄海海战海报《于黄海我军大捷》，它形象的描绘可弥补抽象的海战图之不足。此画的主体是：西京号炮舰发炮击中大清定远舰，右侧标注“靖远沉没”、“定远大火”、“镇远……”。西京号原本是日本1889年建造的商船，在甲午战争前被匆匆改装成代用巡洋舰投入到黄海海战。画左下角的日文说明的大意是：西京号虽然被大清的数发炮弹击中，船被打破，但仍顽强发炮，击中了大清定远舰。西京号的指挥台上站立者标注为“桦山军令部长”。画面上还绘出了其他日本参战炮舰，从左至右分别为严岛号、秋津洲号、扶桑号三艘战舰。严岛号是日本专为对付北洋水师的定远、镇远而在法国定制的“三景战舰”之一（另外“两景”为松岛号和桥立号）；秋津洲号是日本第一艘自建钢制巡洋舰，1894年3月31日建成，接连参加了丰岛海战、黄海海战；扶桑号是在英国订造的巡洋舰。

接下来看看日本海军的战报图。据史料记载，9月21日联合舰队司令伊东祐亨就写出了黄海战役的战况报告，联合舰队至少整理出来三组黄海大战的海战图，记录了两军的战术应用；这里选择其中一组《黄海海战图》，大体可以还原9月17日的海上战斗。

图一：12时50分，清舰横阵接近，旗舰定远6000米处先行开炮，欲远距离消灭日舰。日舰以单纵阵队形向左翼横切，吉野号率第一游击队向扬威号右侧靠近。图中可以看出，战斗之初，丁汝昌命令整个舰队排出舰艏对敌的"横阵"。

图二：13时15分，日本联合舰队自知远距离对轰不占优势，冒着清舰的炮火，以单纵阵高速逼近北洋舰队，本队旗舰松岛号在距清舰3000米时开炮。日舰发挥侧舷炮的速射优势，狂轰清舰。清舰扬威号、超勇号中弹起火，脱离本队。图中可以看出，北洋水师的"横阵"被日舰冲散；第一游击队吉野号、高千穗号、秋津洲号、浪速号四舰利用快速优势，绕攻北洋舰队正面，本队攻击其后面。

图三：13时30分，清舰超勇号沉没，清平远、广丙舰和鱼雷艇压向第一游击队，扬威号独自逃向北方，后搁浅沉没。北洋舰队本应发挥定远、镇远二舰"坚船利炮"的优势，组织好战斗队形，但刚一开战，丁汝昌即受伤，令舰队失去统一指挥（战前没任命可继任的总指挥），北洋战舰阵形全乱，或各舰自保，或逃脱。

图四：13时40分，西京号发出求救信号，第一游击队向西京号绕去。

图五：14时35分，日舰赤城号逃出追击，北洋舰队停泊在大东沟港口的平远、广丙两舰前来参加战斗，港内的福龙、左一两艘鱼雷艇也赶到作战海域。平远号与松岛号相距2200米时，发炮击中松岛号。松岛号也发炮还击，炸毁平远号主炮，并引起火灾。平远号转舵驶向大鹿岛方向，广丙舰也随之遁逃。

图六：15时30分，邓世昌指挥的致远舰本想保护定远、镇远两舰，但被多弹击中后沉没。清舰队阵脚大乱。丰岛一战已有挂白旗逃跑前科的济远舰管带方伯谦见势不好，再次挂上白旗，退出战斗；广甲舰舰长吴敬荣随后也退出战斗。此时本队旗舰松岛号距清旗舰定远舰2000米。

图七：16时7分，本队旗舰松岛号中弹，升起不管旗，各舰各自为战。桥立号从队形中脱离，欲替补负伤旗舰。图中可以看到，清舰只有定远、镇远二舰和一艘小鱼雷艇孤军奋战。本队的松岛号、千代田号、严岛号、桥立号、扶桑号5舰排一字纵阵，围攻这两艘海上巨无霸（战后统计，定远、镇远二舰分

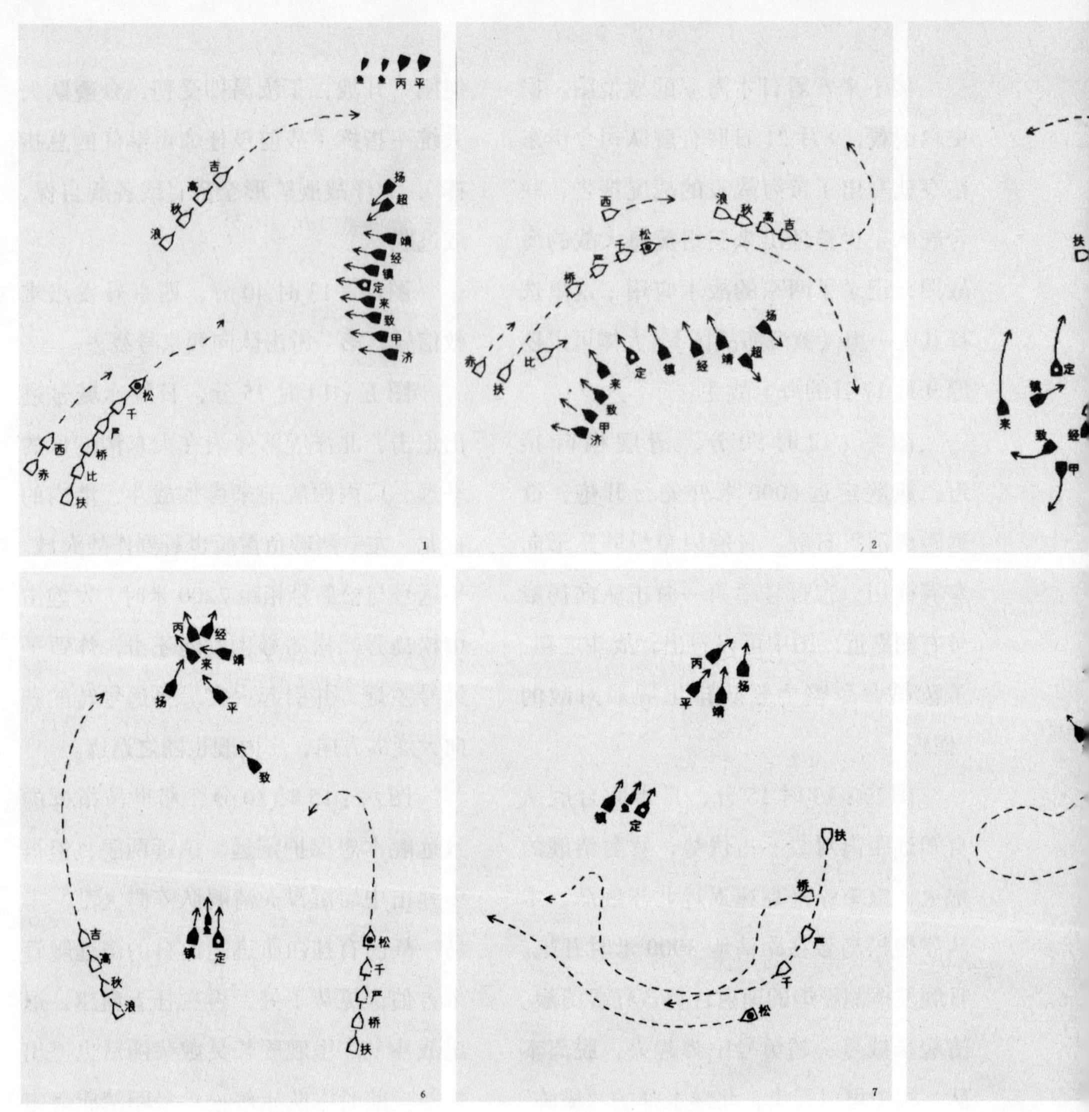

别被击中 159 弹和 200 弹，无一弹能穿其甲。日本战报叹曰：“定远、镇远不负盛名，坚甲顽垒无法击沉。”）。此时，靖远、经远、来远、平远、广丙众舰皆退出战斗。

图八：17 时 29 分，第一游击队击沉经远舰，吉野号继续追击定远舰，松岛号召回第一游击队。

图九：20 时，联合舰队的旗舰移交给桥立舰，联合舰队恢复序列，返航。

这组日本海军的海战图中，有一点没有作详细记录，这里要特别补充：黄海一役，日本 24 艘鱼雷艇无一参战；大清则有福龙、左一、右二、右三 4 艘鱼

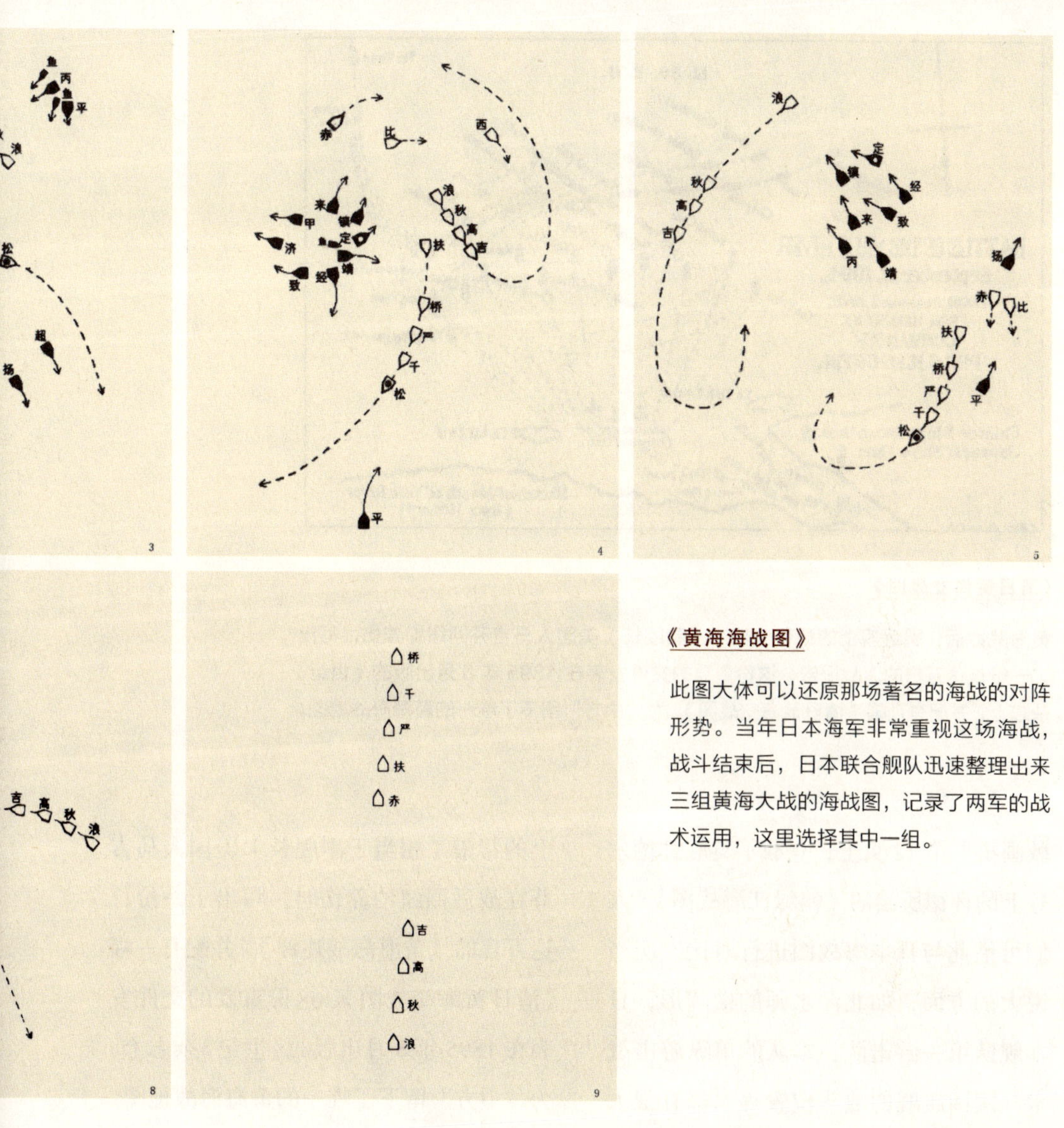

《黄海海战图》

此图大体可以还原那场著名的海战的对阵形势。当年日本海军非常重视这场海战，战斗结束后，日本联合舰队迅速整理出来三组黄海大战的海战图，记录了两军的战术运用，这里选择其中一组。

雷艇参战（海战图上标注为“鱼”），此役清军拥有极好的鱼雷战机。左一、福龙二鱼雷艇曾向已受伤的西京号巡洋舰进攻，福龙艇在距敌舰 400 米时，发射鱼雷，未中；追至 40 米时，再发鱼雷，又未中；此后，并未受伤的左一、福龙二艇却退出了战斗。右二、右三号鱼雷艇则一弹未发，远离战斗。此为北洋水师鱼雷艇与日本海军仅有的一次交锋，却一发未中。

这组日本海战图，也可说是“一面之词”，但清日交战之时，还有第三国加入观察行列，并留下海战图解说这场海上战斗。如 1894 年 11 月 24 日出版的《伦

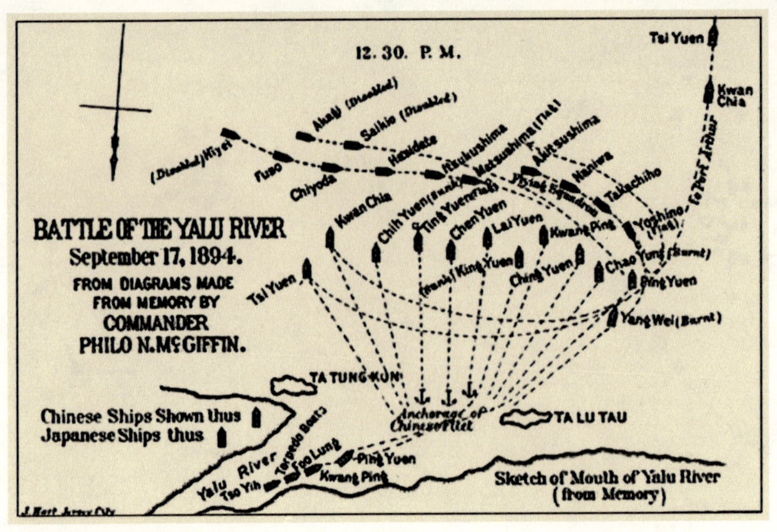

《清日黄海交战图》

黄海战败后，镇远舰上的帮带（相当于副舰长）美国人马吉芬回纽约养伤，写出了一份长达万言的海战报告，这份重要的文件发表在1895年8月出版的《世纪》杂志上，并配有几幅《清日黄海交战图》，为“中方”留下了唯一的黄海海战地图。

敦画报》第12页上，登载了英舰林德尔号上的怀德所绘的《鸭绿江海战图》，人们可借此与日本海战图进行对比。应当说大的方面，如北洋水师的横阵形，日本舰队第一游击队、本队的单纵游击战术，两国旗舰的战斗位置等，都有很大的一致性。

特别要提出的是清日海上开战时，北洋舰队中曾有8位洋员在舰上服务，他们是汉纳根（Constantin von Hanneken）、戴乐尔（Willian Ferdinand Tyler）、马吉芬、哈卜门（Heckman）、哈富门（Hoffmann）、阿毕成（J.Albrecht）、尼格路士（T.Nicholls）、余锡尔（Purvis），后两位已牺牲在战场上。其中，镇远舰上的帮带（相当于副舰长）美国人马吉芬在战后回纽约养伤时，写出了一份长达万言的《黄海海战述评》，并配有一幅《清日黄海交战图》。这份重要的文件发表在1895年8月出版的《世纪》杂志上，为“中方”留下了唯一的黄海海战地图。在这幅《清日黄海交战图》中，马吉芬列出了北洋舰队与日本联合舰队交战之初所列的舰阵：黑色舰为日本舰，白色舰为清国舰；北洋舰队是横排锯齿阵，图中定远舰（Ting Yuen）和镇远舰（Chen Yuen）在锯齿横阵正中央；日本联合舰队是纵队，游击式围着北洋舰队打；图右上方绘出逃跑战舰是“神经脆弱的舰长方（方伯谦）”的济远舰（Tsi Yuen）

《黄海海战平面图》

此为英国人绘的黄海海战平面图。

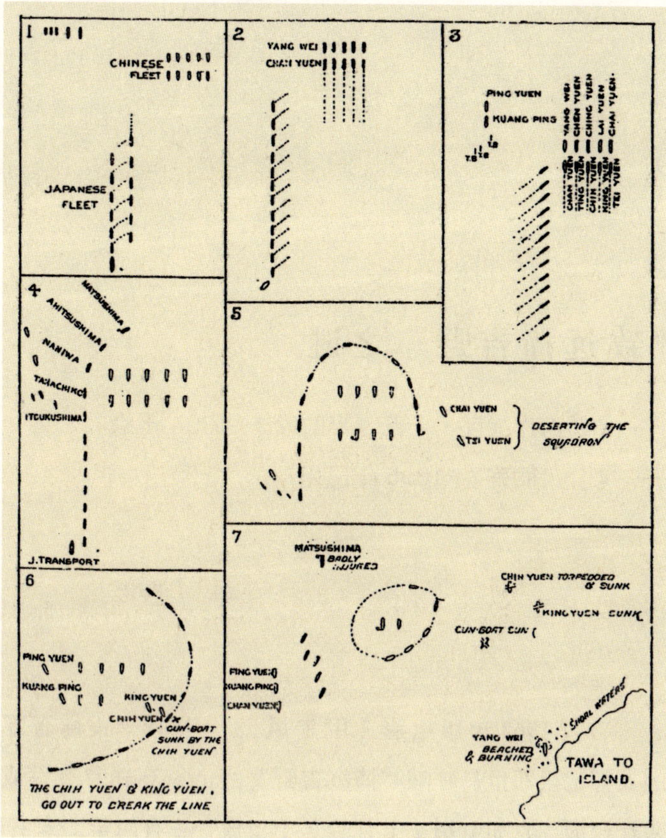

和效仿方舰长无耻表现的广甲舰（Kwan Chia）。马吉芬也认为是“我方阵形的混乱，最终导致舰队完全失控”。

此外，黄海海战是自有蒸汽战舰以来规模最大的一场海战，指挥信号旗在海战中发挥得充分与否，很大程度上影响了海战的结果。据北洋方面记载，战斗一开始，旗舰定远号即成为日舰炮击的重点目标，最初“半小时内日方炮火丛集，将舰上信号旗毁灭，使吾人无法改变阵势”，北洋舰队由此陷于群龙无首的被动，接近海战结束时，靖远舰扑火堵漏后，才由管带叶祖珪代替旗舰升起督队旗，召集诸舰。此时，日舰已撤出战场。

这场5个多小时的黄海大战，多艘日舰虽受重伤，但无一沉没，北洋水师痛失5艘巡洋舰，大清由此失去制海权。9月底，日军完全控制了朝鲜，接着跨过鸭绿江攻陷安东县（今丹东）、金州、大连湾。得朝鲜、占辽东的日本，接下来的目标就是山东半岛这个黄海三个战略支点的最后一角。

“致远撞吉野”之谜

——《黄海作战图·十五点半时段》 1894 年绘

——《仆犬同殉》 1895 年出版

看过 1963 年版电影《甲午风云》的人都记得邓世昌呼喊“撞沉吉野”的悲壮台词，它如电影《上甘岭》中王成喊出的“向我开炮”一样，皆为塑造英雄人物的点睛之笔。但艺术形象与历史真实是否真的吻合，黄海大战中真有“撞沉吉野”这种事吗？搞历史研究的人，有责任为大众讲清楚。

客观地讲，电影《甲午风云》并不是胡编乱造，而是“有所本”。最早写出“致远撞吉野”一事的是晚清姚锡光所撰《东方兵事纪略》。书中言：“致远药弹尽，适与倭舰吉野值。管带邓世昌……谓倭舰专恃吉野，苟沉是舰，则我军可以集事，遂鼓快车向吉野冲突。吉野即驶避，而致远中其鱼雷……船众尽殉。”姚锡光曾任驻日领事，甲午战争时正在山东巡抚李秉衡衙署任事，他参以中外记载，于 1897 年写成此书，距甲午战争结束只有两年，本书可谓最早记载甲午战争的著作之一。

1979 年版《辞海》“邓世昌”条目亦称：“虽弹尽舰伤，仍下令加快速度猛撞敌舰吉野，不幸被鱼雷击中，与全舰官兵二百五十人壮烈牺牲。”此条源于清人姚锡光所撰《东方兵事纪略·海军篇》。可见“致远撞吉野”说影响之广。

但笔者研读宗泽亚《清日战争》所附日方海战图发现，“致远撞吉野”几乎是不可能完成的任务。在清日黄海大战的第 4 天，即 9 月 21 日，日本联合舰队总司令伊东就写出战况报告，并附海战详解图。在此，顺便说一句，姚锡光曾在《东方兵事纪略·序言》中说：“首以《衅

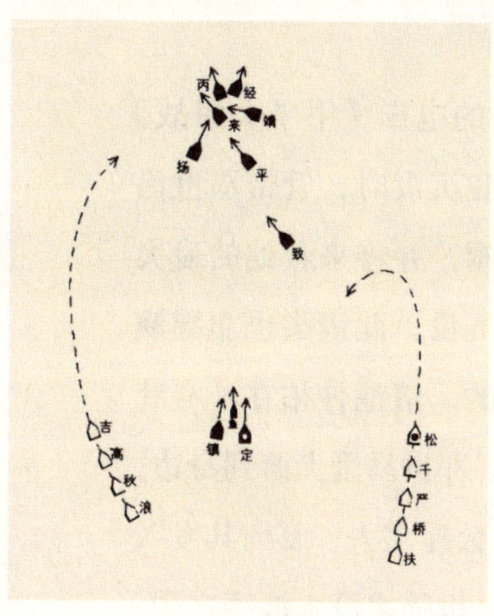

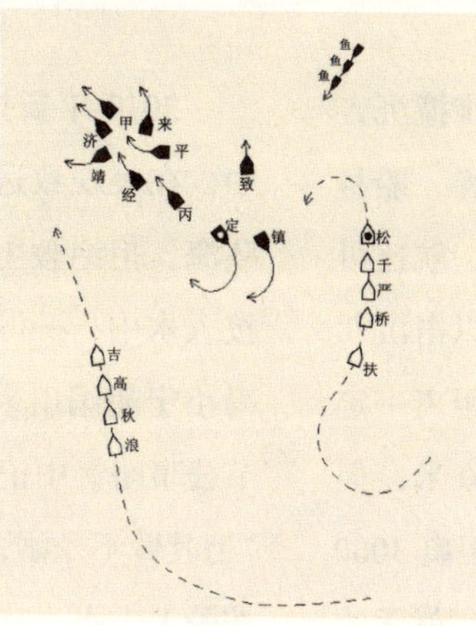

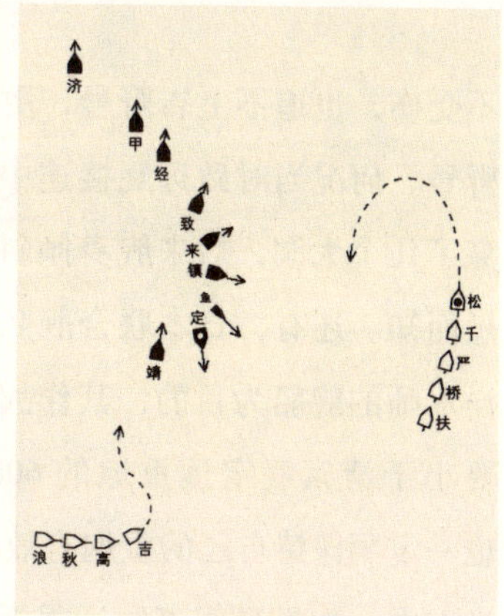

《黄海作战图》

图中“十五点半时段”的分图描绘了此时的清致远舰，基本上是舰艉对着日本舰队和吉野舰，致远至少从方向上是无法撞击吉野的。

始》，终以《台湾》，并证以表图。”但在目录注明，表、图惜未刊行。它从另一个角度证明，北洋水师未能留下海军必备的作战记录——海战图。

从目前所能看到的日本联合舰队的三组战报（每组 10 幅图左右）15 时半左右这个时段的作战图来看，三份海战图都显示了清致远舰沉没的信息，可见此事在这个战役中的重要性。

日军第一组战报（1—6 图）“15 时 30 分”记：清致远舰受重创沉没，清舰队阵形大乱，清济远舰先行逃跑。此时松岛号旗舰距离清定远舰 2000 米（从图上看，致远舰距吉野舰应在 3000 米以上）。

日军第二组战报（2—7 图）“15 时 47 分”记：清致远舰中弹倾斜沉没，其他舰带伤逃走，清定远舰、镇远舰孤立无援，吉野号追击逃跑清舰。

日军第三组战报（3—9 图）“15 时 10 分”记：清定远舰前部中弹起火，清致远舰右舷倾斜沉没（图中描绘的致远舰确实在定远、镇远二舰旁边护卫）。

三组图的下一幅图里，皆无致远舰的标记了，也就是说，这里三个图中的致远舰是它最后的“身影”。也就是说，“15 时 30 分前后”的致远舰都是舰艉对着日本舰队和吉野舰，致远舰至少从方向上是无法撞击吉野号的。此外，从图中致远舰与吉野号的距离看，两舰相距 3000 米左右。军事迷都知道，日本联合舰队的第一游击队旗舰吉野号，航速高达 22.5 节，排水量 4400 吨。大清致远舰航速仅 18 节，排水量 2300 吨，即使不受伤，也追不上吉野号，更难撞沉吉野号。何况当时致远舰接连中弹，船身穿了几个大洞，后来舰身倾斜，航速可想而知。还有，日本联合舰队以击沉北洋水师的舰船为目的，其作战距离一定要小于清旗舰定远重炮的6000米，但也一定要保持自己的重炮有效距离3000米左右，如果日舰离致远很近，就无法发挥重炮的作用。所以，受伤的致远舰与第一游击队旗舰吉野号不可能“肉搏”（也有一说，致远舰冲撞的是东乡平八郎指挥的浪速号，但浪速号排在第一游击队的队尾，此时相遇的可能性更小）。

《东方兵事纪略》后有许多材料亦称，致远舰的最后时刻，邓世昌命令大副陈金揆“鼓轮怒驶，且沿途鸣炮，不绝于耳，直冲日队而来”，欲与日舰同归于尽。但陈金揆与致远舰的250多名将士全部落水殉国（仅7人遇救），这段记载也近于猜测。笔者曾请教过研究李鸿章的专家刘申宁老师，“撞沉吉野”是否有更有力的历史记录。他说“于史无考，电影《甲午风云》影响广泛，反而成了正典”。

所以，笔者以为“撞沉吉野”不像是邓世昌的战斗口令，更像是一句误“己”子弟的台词。但必须讲明的是邓世昌无论有没有“撞沉吉野”一事，他都是当之无愧的大英雄。但神化英雄，总会令英雄失去本色。

2012年新拍的电影《甲午大海战》中，在表现致远舰沉没时，管带邓世昌坠海，拒绝救生圈，并将来救他的爱犬按入水中，一同沉没。此镜头也非导演冯小宁胡编出来的。清池仲祐在《邓壮节公事略》中记，邓世昌爱犬游到身边，“衔其臂不令溺，公斥之去，复衔其发”，按爱犬入水，自己也随之没入波涛之中。1895年出版的《点石斋画报》曾载图画报道《仆犬同殉》，报道称：“当公殉难之时，有义仆刘相忠随之赴水……同时有所养义犬尾随水内，旋亦沉毙。”此图左下角描绘了邓世昌及仆人与两只义犬共同殉国的悲壮场景。

但据镇远舰副帮带洋员马吉芬后来写的《黄海海战述评》载，舰上幸存者只有7人，他们依靠舰桥上的救生圈，被海潮冲向岸边，其后被一只帆船救起。他们对当时情况的述说，各不相同，无法采信，但唯有一点说法一致，即邓（邓世昌）舰长平时饲养一头猛犬，性极凶猛，常常不听主人之命。致远舰沉没后，不会游泳的邓舰长抓住一块船桨或木板，借以逃生。不幸狂犬游来，将其攀倒，手与桨脱离，惨遭溺亡，狂犬亦亡。这也许算是有史以来唯一一例主人被自己的狗淹死的记载。

这些记载多有不同，但有些基本属实，也不必为尊者讳：一是北洋水师现代化管理水平不高，舰长竟然带狗出海

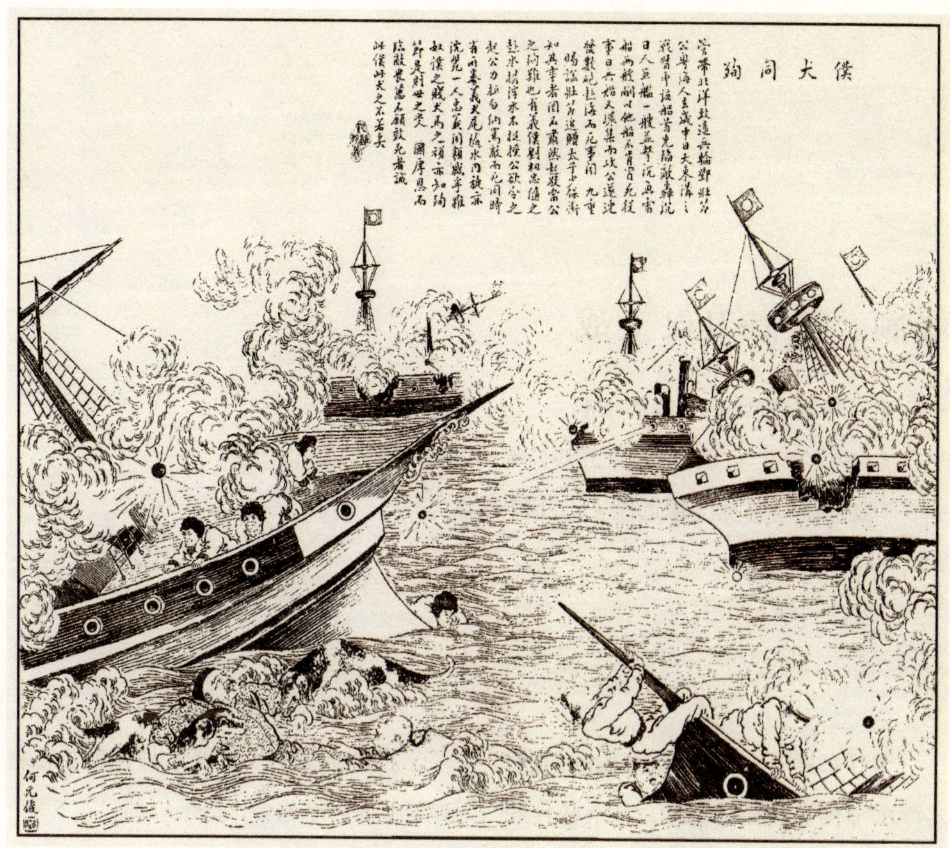

《仆犬同殉》

此图原载于 1895 年出版的《点石斋画报》，报道称：“当公殉难之时，有义仆刘相忠随之赴水……同时有所养义犬尾随水内，旋亦沉毙。”

打仗；二是邓世昌身为舰长不会游泳，因为会游泳的人，是无法自沉的。所以，笔者以为，邓世昌应是伤重沉海，壮烈牺牲。

为什么北洋水师会留下这样的感人故事？因为黄海一役北洋输得太惨，惨到跟皇上没法交代，所以，直隶总督李鸿章上报《奏请优恤大东沟海军阵亡各员折》等折，皆以悲壮叙事为主体。窝囊的光绪皇帝也觉得向国民没法交代，于是也写诗表彰这一“国耻级”的败仗：“城上神威炮万斤，枉资剧寇挫我军。后来天道终许我，致远深沉第一勋。”北洋的白事，就这样被当成红事办了。

而今，历史成烟，往事如谜，甲午俱往矣。

旅顺、威海卫保卫战

——《崂嵂嘴炮台图》 晚清绘制

——《1895 年 1 月 30 日威海卫刘公岛作战地图》 1895 年绘

——《在旅顺口修复的镇远舰》 1894 年绘

清日海战中，丰岛、黄海两战两败，北洋水师再不敢轻易出洋，日本联合舰队夺取了制海权。1894 年 10 月底，日军打败在朝鲜的最后一批清军，跨过鸭绿江。此后，日军仅用半个多月时间，即将部队推进至旅顺一线，决定先打掉北洋水师旅顺基地，再消灭威海基地。因为旅顺、威海卫如巨人双臂，环抱渤海，是京畿地区的钳形防卫网，打掉这两个钳子，就对北京构成了威慑。

11 月 21 日早晨，日军向旅顺发起第一轮进攻，日军先抄旅顺城的后路，上午打下案子山、松树山、二龙山、东鸡冠山等旅顺后方要塞；下午，日军发起第二轮进攻，集中主要兵力，向旅顺市区及海岸炮台推进。

1890 年前后，北洋水师先后在旅顺建了 9 座海岸炮台，旅顺口的口东 5 座、口西 4 座，从东至西分别为：崂嵂嘴炮台、摸珠礁炮台、黄金山炮台、老虎尾炮台、威远炮台、蛮子营炮台、馒头山炮台等。其中除崂嵂嘴炮台为穹窑式外，其余均为露天炮台，无法防范来自头顶的炮弹,形同虚设。这幅绘于晚清的《崂嵂嘴炮台图》，反映了此炮台，也即当时最好的炮台的基本架构，但仅此一处。

日军首先进攻的是黄金山炮台，总兵黄仕林得知旅顺后路炮台已失，不等日军攻上黄金山，就率先由最好的崂嵂嘴海岸炮台乘船逃走。日军不费吹灰之力占领了黄金山炮台、崂嵂嘴炮台、东人字墙和摸珠礁炮台。17 时许，旅顺口

《崂嵂嘴炮台图》

此图绘于晚清。1890 年前后，北洋水师在旅顺建造了 9 座海岸炮台。其中除崂嵂嘴炮台为穹窑式外，其余均为无法防范头顶炮弹的露天炮台。炮台配备的火炮多为先进的德国克虏伯后膛巨炮。

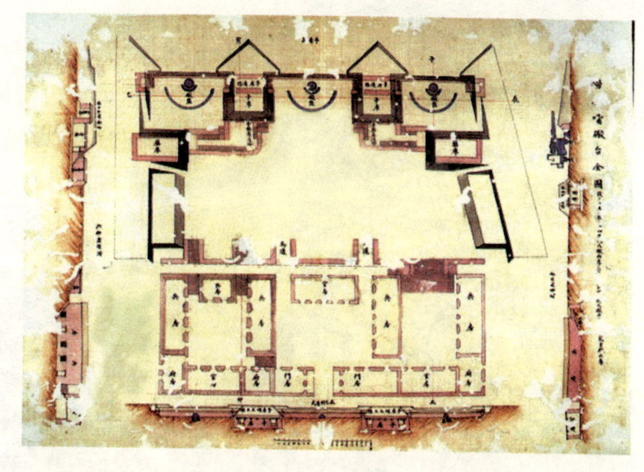

东海岸各炮台全部失守。次日上午，日军又轻取旅顺口西海岸各炮台。所谓的“旅顺保卫战”，不到两天就结束了。接下来，日军要做的就是拔掉渤海湾西岸的另一支钳子——威海卫。

早在旅顺失陷前，北洋水师各舰艇即从旅顺撤至威海，此时尚有舰艇 28 艘；港区陆上筑有炮台 23 座，安炮 160 余门。大清守军沿用半个世纪前魏源《海国图志》“守外洋不如守海口，守海口不如守内河”的消极防守思路，由黄海战败被剥夺赏誉、革职留用的丁汝昌按李鸿章的“避战保舰”指示，龟缩进威海卫，大清就这样迎来了“威海保卫战”。

日本战前做了大量的谍战准备，搜集并制作了大量登陆作战图。如《1894 年 10 月 24 日花园口登陆作战地图》、《1894 年 11 月 5 日旅顺口作战地图》、《1895 年 1 月 24 日荣城湾登陆作战图》和《1895 年 1 月 30 日威海卫刘公岛作战地图》。这些地图显示，1895 年 1 月 18 日，日舰炮击登州（今蓬莱）作为佯攻，其山东作战军则从大连乘 25 艘舰船，于 1 月 20 日拂晓在山东半岛的东端荣成湾龙须岛登陆。日舰用舰炮对岸上守军轰击，守军见势难抵挡，弃炮西撤。

日军占领荣成后，于 1895 年 1 月 25 日进犯威海南岸炮台，同时，游弋在海面的日本联合舰队以炮火进行策应。在日海、陆军的夹击下，丁汝昌的镇南、镇西、镇北、镇边诸舰虽然火力支援南岸炮台，但由于敌众我寡，1 月 29 日，南岸炮台最终失守。第二天，丁汝昌亲自到北岸炮台，此炮台与刘公岛相距仅 4 里，如果日军占领此炮台，会直接以炮台的炮火威胁刘公岛的北洋军舰。2 月 1 日，丁汝昌命令炸毁炮台和弹药库。日军不费一枪一弹占领了北岸炮台。

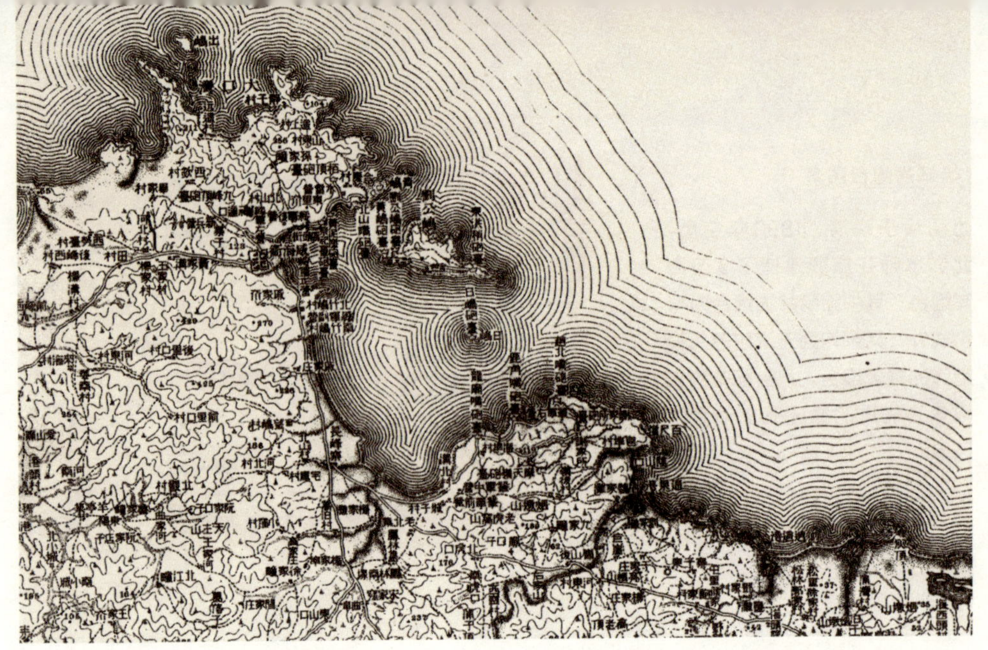

《1895 年 1 月 30 日威海卫刘公岛作战地图》

图上，日军将所有威海卫炮台全部做了标注。港口南岸自东向西有谢家所炮台至摩天岭炮台；港口北部自东向西有刘公岛上的东洪稍炮台至九峰顶炮台。在各炮台背后是清军的各个营地。这是一幅非常完备的登陆作战地图。

从这幅《1895 年 1 月 30 日威海卫刘公岛作战地图》上看，日军将所有的威海卫炮台全部标注在图上。港口南岸自东向西有谢家所炮台、赵北炮台、鹿角炮台、龙庙嘴炮台、摩天岭炮台；港口北部自东向西有刘公岛上的东洪稍炮台、刘公岛炮台、黄岛炮台、北山嘴炮台、柏顶炮台、黄泥崖炮台、祭祀炮台、九峰顶炮台。在各炮台身后，日军还标注出清军的各个营地，水雷营、后营、中营、前营……全都标注得一清二楚。海上绘出大体上的等深线，陆上绘出等高线和各制高点的高度。临海大路、山间小路，皆有描绘，这是一幅非常完备的登陆作战地图。

1895 年 2 月 1 日，清日在日本广岛进行了第一轮和谈，日军为加大谈判的筹码，不仅在谈判期间不休战，反而积极推进威海卫战事。在完成从背后包围刘公岛和其海湾的北洋舰队后，日本联合舰队多次引诱北洋舰队出港决战，但“避战保舰”的北洋舰队躲在港内就是不肯出战，寄希望于“和谈”。1895 年 2 月 5 日凌晨，伊东司令指挥部队进港偷袭。联合舰队的 10 艘鱼雷艇趁天未亮潜入威海港内，将旗舰定远舰击成重伤，丁汝昌只好离开旗舰定远，并命令用水雷艇将搁浅的日军做梦都想打沉的定远舰自行炸毁，清、日海军中最大的战列舰就这样沉入了海底（笔者访问威海战场故地，看到一艘后来按 1 ∶ 1 尺寸仿制的定远舰，作为旅游景点供游客参观）。

丁汝昌失去了旗舰定远号，只好以镇远号为旗舰，将作战指挥部移到此舰上。这幅《在旅顺口修复的镇远舰》原刊于 1894 年 11 月 24 日出版的《伦敦新闻画报》，它描绘的是黄海海战归来，在旅顺口修复的场景。从图上可以看出镇远舰遍体是伤，但未及“伤愈”的镇远舰，随着日本将攻打旅顺的风声越来越紧，于 10 月 18 日为了“保舰”，与济远等北洋战舰驶入威海港。不幸的是 11 月 14 日镇远舰在一次巡航回来时，在威海港入口不慎触礁受伤，管带林泰曾引咎自尽，杨用霖升护理左翼总兵兼署镇远管带。在一片悲哀的气氛中，丁汝昌坐镇镇远舰迎战日本舰队的最后一击。

2 月 6 日凌晨，伊东又派 5 艘鱼雷艇进港偷袭，将巡洋舰来远号、威远号和布雷艇宝筏号击沉。两次偷袭成功后，2 月 7 日早晨，伊东发动了刘公岛总攻。双方炮击之时，忽然有 13 艘鱼雷艇和 2 艘汽艇集体冲出海港西北口，伊东原以为北洋鱼雷艇要发动自杀式进攻。岂料，北洋鱼雷艇出港后，全速向烟台方向逃去。伊东这才反应过来，即派吉野等巡洋舰追击，逃跑的舰艇几乎全被击沉或搁浅。不久，与刘公岛遥相呼应的南口日岛炮台被击毁，威海卫已无门可守了。

1895 年 2 月 11 日，也就是鱼雷艇逃跑的第 5 天，在日军登陆部队和海上炮舰的前后打击下，转战至靖远舰的丁汝昌在日军陆路炮台发射的炮弹压力下，不得不上岸。等不到陆上援兵的丁汝昌最终写下投降书，服毒自杀，生命终结于 59 岁。后世称其为“以死报国”，其实丁汝昌正被朝廷“革职留任”，此若投降，罪加一等，只能以死卸责，免得家族遭到诛罚，也算“以死报家”（据日本《读卖新闻》报道，丁汝昌 10 年前曾在香港买了 3 万英镑的生命保险，但自杀则无法理赔）。即使这样，光绪仍下旨“籍没家产”，不许“戴罪在身”的丁汝昌下葬。直到光绪帝死后，袁世凯才将其罪责巧为开释，他这才“入土为安”。

丁汝昌和刘步蟾先后自杀，北洋水师威海营务处提调牛昶昞等推举镇远舰临时管带杨用霖出面与日军接洽投降。杨用霖不想留下千古骂名，吞枪自尽，壮烈殉国（朝廷嘉其忠烈，增提督衔）。日本联合舰队占领威海卫后，俘获了当年赴日本长崎港作亲善访问，因船员酩

《在旅顺口修复的镇远舰》

此图原刊于 1894 年 11 月 24 日出版的《伦敦新闻画报》，这幅画记录的是镇远舰黄海海战归来在旅顺口修复的场景，画中可以看出镇远舰遍体是伤。随着日本将攻打旅顺的风声越来越紧，未及“伤愈”的镇远舰于 10 月 18 日与济远舰等北洋战舰驶入威海港。

酊大醉引发“镇远骚动”的镇远舰，它成为当时日本海军第一艘铁甲战列舰，仍名“镇远”。同时，被俘的战舰还有济远、平远、广丙、镇东、镇南、镇北、镇中、镇边等 10 艘北洋军舰。北洋水师像福建水师一样惨遭“灭门”。此时，不归李鸿章管的南洋水师在长江口那边观望，完全不像日本倾全国海军一战，所以，大清败因不是一个简单的“落后”。

1895 年 3 月 20 日，清廷极为被动地派出李鸿章为全权代表，在日本下关（即马关）与日本进行第二轮和谈。

烟台烟云

——《赞成和局》 1895 年绘

清廷最高领导从慈禧到李鸿章都没想打仗，也不敢打仗，更不会打仗。甲午之战，从一开始就没有打硬仗、打胜仗的准备，倒是做好了打败仗的准备。这种“议和”经验大清从鸦片战争时就有了，并以此为功德圆满。所以，在1895 年 5 月出版的《点石斋画报》上，甚至有《赞成和局》这样的新闻插画报道。

这幅《赞成和局》的新闻插图中，插着太阳旗的是日舰，插着星条旗的是美舰，插着三色旗的是法舰，插着三角龙旗的是烟台炮台。烟台岿岱山炮台是李鸿章 1891 年校阅北洋海军时决定修筑的炮台。炮台在德国工程师的指挥下建了 3 年，于 1894 年 5 月竣工，当时装备了 3 门 210 毫米克虏伯后膛炮。岿岱山炮台竣工，标志着李鸿章的北洋海防体系基本告成。但让人无语的是，整个甲午战争期间，岿岱山炮台没有发挥任何作用，日军打下威海卫后，大清已无力再打，开始寻求和谈，最终，烟台成了见证清日“换约”的地方。

画中注记称：日人无理，扰我中土，幸有李大傅相大度包容，重申和议，日方仍多要挟，赔款又割地。西方各国闻而不平，遂于四月十四日（公历 5 月 10 日）换约之期，俄、英、法、美各派兵舰赴烟台严阵以待，16 时，各舰鸣炮为礼，日方知众怒难犯，双方修改后，于子夜时分换约签字，中日和局遂成。

1895 年 5 月 10 日，中日双方在烟台交换条约，《马关条约》正式生效，它标志着甲午战争结束，这对清国绝不是个圆满的“和局”。条约在领土主权方面的内容有：一、清国承认朝鲜的独

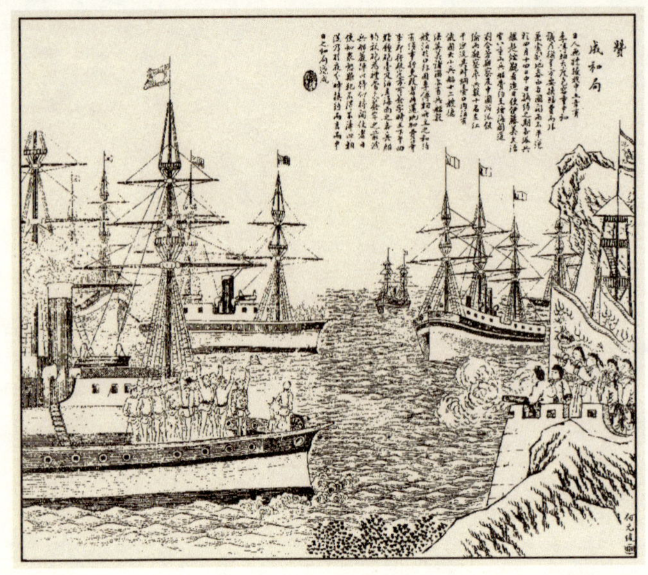

《赞成和局》

此图原刊于 1895 年出版的《点石斋画报》。图中插着太阳旗的是日舰，插着星条旗的是美舰，插着三色旗的是法舰，插着三角龙旗的是烟台炮台。甲午战争期间，烟台炮台没有发挥任何作用，日军打下威海卫后，大清已无心再战，全力和谈，烟台最终成了见证清日“换约”的地方。

立自主，废绝中朝宗藩关系（1897 年朝鲜宣布建立“大韩帝国”。“韩”在朝鲜语中是“大”或“一”的意思。“韩”第一次从民间称谓变成了统一国号）。二、中国割让辽东半岛、台湾及澎湖列岛给日本。

承认朝鲜的独立，废绝中朝宗藩关系，使朝鲜成为日本侵略中国的跳板；而割让辽东半岛给日本，中国则近乎失去满洲。这对于大清是天大的损失，也是列强分割中国利益的损失。因此，李鸿章早在赴日本谈判之前，就让朝廷动用所有的外交手段，联合美、英、法、德、俄、意等列强向日本施加压力，不惜引狼入室也要保住清国领土利益。所以，4 月 17 日，《马关条约》正式签字，德皇威廉二世即下令派铁甲巡洋舰一艘开赴远东，向日本示威；俄国调动 3 万兵力到海参崴集结，准备出兵满洲；由于俄、德、法三国的强硬干涉，5 月 4 日，日本内阁会议决定，将辽东半岛退还给中国，作为归还代价，中国付给日本“酬报”3000 万两白银。

虽然三国替清国要回了辽东半岛，但“还辽”也为日后俄国侵占东北埋下了伏笔。清廷总算挽回了一点颜面，不知深浅的大众传媒出来礼赞“和局”，但在宝岛台湾，血性的台湾民众却不接受这个所谓的“和局”。1895 年 5 月 10 日，清、日双方在烟台交换条约，标志着《马关条约》正式生效。第二天，日本政府决定以武力占领台湾。但日本很快发现要想占领这片土地，他们要付出极为惨重的代价。

台湾抗日

——《攻打沪尾图》 1895 年绘

——《倭兵大创》

——《计沉倭舰》 1895 年绘

1895 年 3 月 20 日，李鸿章在日本下关开始与日方进行“和谈”，就在这一天，日本新编“南方派遣舰队”抵达台湾澎湖岛将军澳屿湾，准备攻占澎湖，造成威胁台湾之势，以加大谈判筹码。3 月 25 日，日军攻陷澎湖，但也从台湾人的抵抗中预料到，即使《马关条约》签下来，全面接收台湾也会遭遇强烈抵抗。于是，日本任命桦山资纪为首任台湾总督，率领文武官员 300 余人接收台湾，并派北白川宫能久亲王率领的近卫师团作为台湾驻屯军，以加强接收台湾的军事力量。

4 月 17 日，清日代表在《马关条约》上签字，4 月 25 日，东乡平八郎率领的两艘侦察舰开抵淡水侦察，准备登陆台湾。东乡平八郎发现淡水海面水雷密集，于是放弃在此登陆的计划。这幅日本宣传画《攻打沪尾图》，高扬日本国旗与海军军旗的吉野舰只是在此侦察，并未在淡水登陆。4 月 29 日，发生“三国干涉还辽”事件，日本恐本土受到西方列强的攻击，攻台舰队受命暂时返回日本。5 月 10 日，清日双方在烟台换文，《马关条约》生效，“丢了辽东”的日本，不惜动武也要拿下台湾，于是，重开停了多日的攻台战事。

此时台湾如清廷弃儿。5 月 25 日，台湾官民宣布成立“台湾民主国”，推举台湾巡抚唐景崧为总统，刘永福为大将军，李秉瑞为军务大臣。新政府拒绝向日本交接台湾。此时，台湾有绿营十

《攻打沪尾图》

这是日本 1895 年出版的宣传画，画中高扬日本国旗与海军军旗的是吉野舰，但此次行动只是侦察，并未实施登陆。

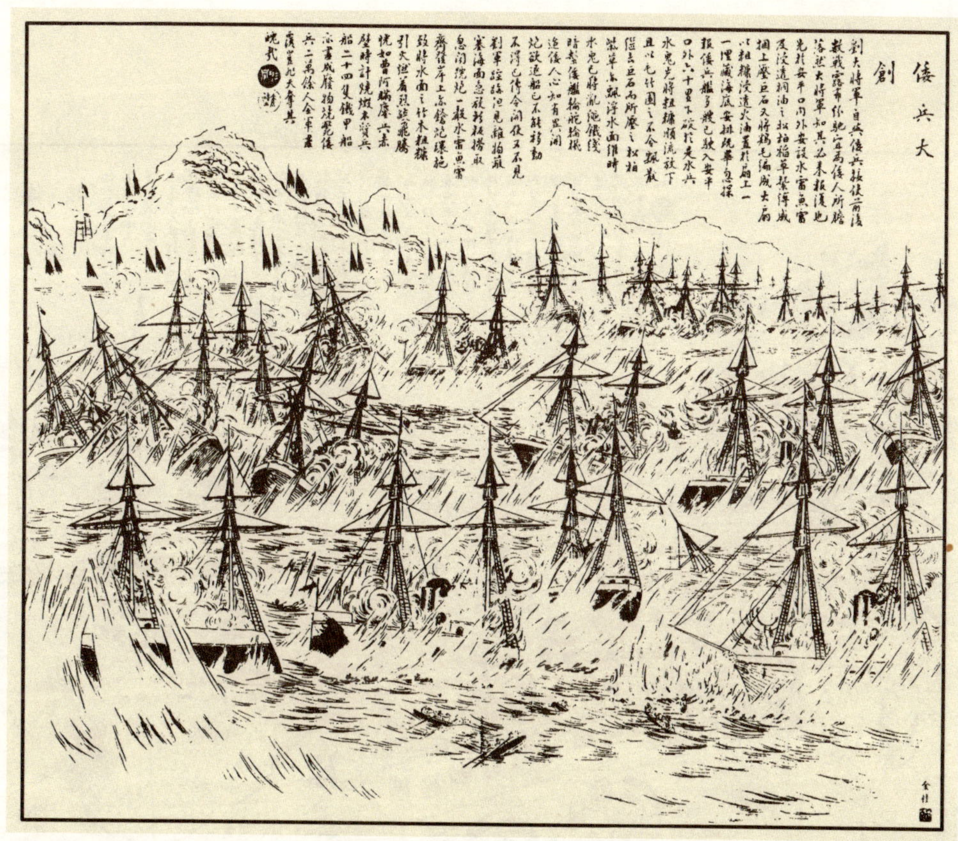

《倭兵大创》

此图描绘了刘永福在安平口内设水雷阻击日舰。

几个营，大约有 5 万人，兵分四路守台：北路统领为唐景崧；中路统领为林朝栋、丘逢甲；南路统领为刘永福；后山统领为袁锡中。

6 月 3 日，“做贼心虚”的日本派驻台湾的总督桦山和清国代表李鸿章之子李经芳，在基隆湾停泊的日舰横滨号上，举行了原本准备在台湾岛上举行的台湾受渡仪式。第二天，即“名正言顺”地对拒不交出台湾的清军发起进攻，战斗在台湾北部第一大港基隆打响。

日本舰队在外海炮轰，一方面牵制炮台守军，一方面以佯攻欺蒙守军。日军从瑞芳出击后，先进攻规模较小的沙元小炮台，不料该炮台清军施放数炮后竟全数阵前脱逃。接着其余三座炮

《计沉倭舰》

此图原载 1895 年出版的《点石斋画报》，描绘了刘永福在台南安平城最后的坚守。10 月 20 日，刘永福见大势已去，遂乘英国轮船塞里斯号内渡厦门。

台——顶石阁、仙洞、社寮炮台见状也加入脱逃的行列。日军不费吹灰之力就占领了四处炮台与大半个基隆。残余守军撤退到后方的狮球岭炮台。日军在下午开始进攻狮球岭，一小队日军趁机从右翼空虚处登上狮球岭，清军被迫弃防。随后，日军占领了基隆。

基隆失守后，北路的唐景崧搭上德国商轮鸭打号（Arthur）从淡水逃往厦门；中路的丘逢甲带着10万银元的起义款逃往广东嘉应。6月11日，日军进入台北城。民主国已群龙无首，唯独台湾出身的首脑们仍奋力抵抗。6月26日，台南拥立南路统领刘永福为民主国第二任大总统，设总统府于台南安平城大天后宫。

但由于以李鸿章为首的清政府封锁大陆与台湾的交通，并断绝所有支援，台湾派使者沿海向各督抚乞助饷银，无人接应。守在台南安平城的刘永福只能孤军奋战，《点石斋画报》曾以《倭兵大创》、《计沉倭舰》为题的多幅图画描绘了刘永福最后的坚守。报道称：日军既得台北，图谋占领台南，又怕刘将军，屡次劝降，刘将军屡拒，并在安平口内外设水雷鱼雷，伏击倭兵，击退日军的多次进攻，炸毁多艘日军战船。10月19日，日军大举进攻安平炮台，刘永福亲手点燃大炮，轰击敌舰。刘永福的炮兵死守阵地，场面壮烈。

10月20日，台湾民主国第二任大总统刘永福见大势已去，不得不弃城，遂乘英国轮船塞里斯号内渡厦门。台南民众推举英国牧师巴克礼（Thomas Barclay）为代表，请求日本军队和平进城。次日，日军占领台南。至此，仅维持150天的短命的“台湾民主国”灭亡。

值得一提的是，甲午海战死难的清军官兵皆获得了清廷的表彰和抚恤，而留守台湾的清军违抗清廷交出台湾内撤大陆的命令，结果为护台卫国而死的清军将士未能获得表彰和抚恤，甲午悲剧在台湾又多了一层复杂的悲凉。

列强侵华

引言：庚子，怎一个乱字了得

甲午战败，大清不仅丢了台湾，而且引发了列强在华强租港湾、划分势力范围的热潮，天朝局面完全失控。

广西“西林教案”时，大清尚能与法国打上一仗，到了山东“巨野教案”时，大清完全没了血气，“教案”发生10天后，即1897年11月14日，德国舰队占领了胶州湾；整整一个月后，即1897年12月14日，俄国舰队占领了旅顺口；两个港口，就这样不费一枪一炮被德、俄两国侵占了。

外国势力的进入令大清上下不安。上面，戊戌变法失败，慈禧镇压维新派，英国和日本出面保护维新派，慈禧更加仇恨洋人；下面，各国传教士来华传教，让本土宗教信众反感，山东、河北兴起了义和团运动。表面上看，上下一致反洋，实际上，下也有反清之举，上也有剿“拳乱”之心。

怎一个乱字了得！

最初是光绪朝廷愚蠢的官僚相信义和团刀枪不入，能扶清灭洋，纵容拳民大肆捕杀传教士及其家眷、教民，甚至杀了驻京的外交官。而后是列强联合出兵，从天津大沽口入侵，大清海军在大沽口打了最后一场海战，开战6小时，南北炮台即在6国战舰的围攻下陷落。它标志着大清海防堡垒和海军舰队已经没有能力

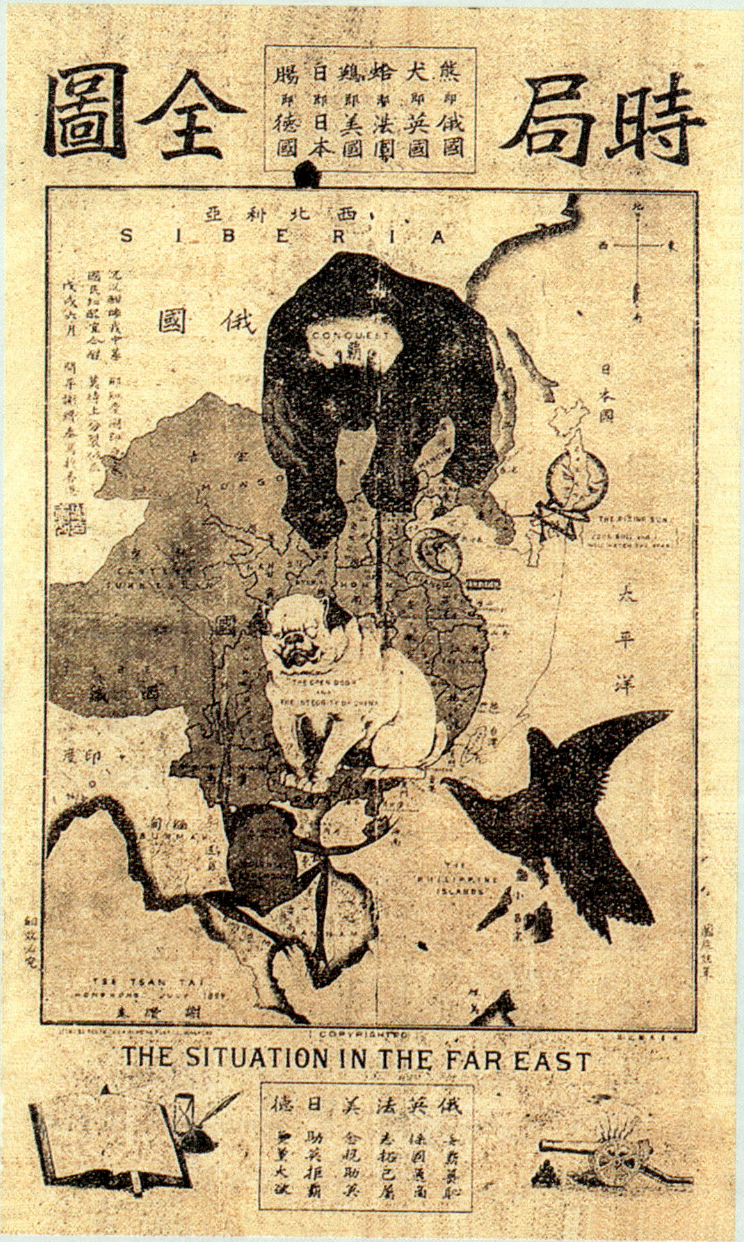

《时局全图》

此图最早刊于 1898 年 7 月的香港报纸《辅仁文社刊》。图上署名："戊戌六月，开平谢缵泰画于香港。"它是迄今为止发现的中国第一幅漫画地图，表现了当时列强瓜分中国的图景。

把外国侵略者阻挡在海上或滩头，列强已经可以轻松自由地进入海口，登陆围城。向 11 国宣战的慈禧太后狼狈出逃，北京陷入无政府状态。

最后，清廷不得不和多国签下《辛丑条约》。

德占山东

——《山东东部地图》 1885 年出版

——《德军驻防青岛图》 1902 年绘

德军占领胶州湾与其他西方列强侵华不同，清德之间竟然没有发生一场攻防之战。由于是没有打仗就丢了国土，所以 1897 年 11 月 13 日德军占领胶州湾无法称为“某某战役”或“某某事变”，中国近代史家只好用“事件”一词来定义此事。怎么说丢了国土也得算件“事”。

既然“胶州湾事件”没有开战，就没有留下军事地图，倒是有一份重要的“科考”地图——《山东及其门户胶州湾地图》——最能反映德国图谋山东的意图。说到此图，就要讲一讲它的作者李希霍芬（Ferdinand von Richthofen）。

李希霍芬毕业于柏林大学，曾受德国享誉世界的地理学学者卡尔·李特尔（Karl Ritter）和亚历山大·冯·洪堡（Alexander von Humboldt）的影响，最终成为一位不同凡响的地理学大师。1859 年，普鲁士政府派遣以艾林波伯爵（Graf Friedrich Albrecht zu Eulenburg）为首的外交使团前往东亚，欲与大清、日本、暹罗（今泰国）等建立外交关系，缔结商约，并寻找一个普鲁士在华的落脚点。26 岁的李希霍芬作为参与选址的地理学家加入了使团行列。1861 年 9 月，借着第二次鸦片战争大清战败的“利好”气氛，德国顺利地与清廷签署了《通商条约》。虽然选址考察报告无疾而终，但李希霍芬却由此迷上了中华大地。

从 1869 年至 1872 年，李希霍芬以上海为基地，历时 4 年，对大清 18 个行省中的 13 个进行了地理、地质考察。今天人们常说的“丝绸之路”，就是他在中国考察时首次提出的，更值得注意的是

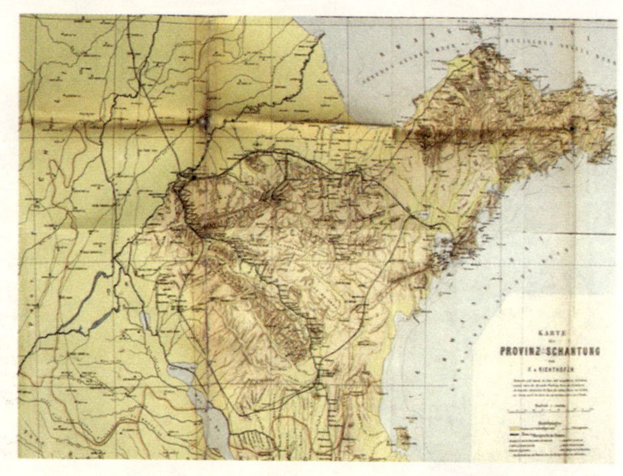

《山东东部地图》

此图原载于李希霍芬1885年出版的《中国地图集》。1898年李希霍芬在《山东及其门户胶州湾》一书中再次选用了这幅地图，并在原《山东东部地图》基础上又标注出连接山东腹地资源富集区的三条铁路线，而掠夺作为山东的出海口和输出港的胶州湾的意图被诠释得一清二楚。

他同时还提出了“山东半岛”地理分野，而“半岛”正是那个时代的殖民者最大的“收藏爱好”。

李希霍芬考察中国，特别看中沿海省份山东。1877年，他向德国政府提交了《山东地理环境和矿产资源》报告，不仅强调了胶州湾优越的地理位置，甚至有了修筑一条铁路连接腹地煤矿和在胶州湾建立输出港口的想法。这幅《山东东部地图》最初是为《山东地理环境和矿产资源》报告而绘制的。它正式面世是在1885年李希霍芬出版的《中国地图集》中。此图对山东半岛的地质地貌及矿产、农产资源等分布情况作了详细标注。胶州湾标注有崂山和浮山等地名，为德国最终选择占领胶州湾提供了最具影响的参照系。

就在李希霍芬为德国提供山东考察报告之时，或许是嗅到了某种硝烟味，1886年3月，出使德国的大清使节许景澄上折，提出“山东之胶州湾宜及时相度为海军屯埠也”,此地“当南北洋之中，上顾旅顺，下趋浙江……尤可为畿疆外蔽”。这应是中国最早的在胶州湾建军港的建议。但经过李鸿章实地考察后，并没有把它列为海军基地，而是提议设防，修筑炮台。所以，1891年光绪批准“胶澳设防”，登州镇总兵章高元率部移驻胶澳（今青岛）。

胶澳由此建置。

正当总兵章高元率四营兵马开始修筑胶州湾炮台之际，两伙不速之客也频频光顾这里：1895年，俄国太平洋舰队取得在胶州湾的停泊权，时来停泊；1896年和1897年，德国远东舰队对胶州湾作了两次秘密调查。两股海上势力都发现胶州湾是停泊远洋舰船的天然军港。

德皇不得不亲自出马拜访沙皇。此时，沙皇正想在北中国另觅海港。两个

《德军驻防青岛图》

这应是以原来的“章高元驻防青岛图”为底本改绘的手绘地图，图中有清军驻防时期所建的总兵衙门、炮台、兵营、码头、电报局等，这些清军的建筑上被插上了德国海军的十字鹰徽军旗和德意志的三色国旗，表明这里已被德军占领，海湾中央是最初修筑的栈桥和德国舰队。

外国皇帝在没知会中国皇帝的情况下私定：如果德国支持俄国占领中国北方港口，俄国就不反对德国占领胶州湾。德国接下来要做的事，就是寻个借口进入胶州湾了。

这就要说到“巨野教案”了。1897年11月1日，在鲁西南巨野县的磨盘张庄，发生了一起两名德国传教士被杀的事件。清廷说是“强盗杀人”，也有人说是大刀会所为。11月7日，正在汉口的德国驻华公使海靖（Herr Baron von Heyking）照会总理衙门，告知“巨野教案”事，要求清廷“急速设法保护住山东德国人性命财产”，并“暂且先望设法严惩滋事之人，为德国人伸冤”。巨野知县许廷瑞在境内大肆搜捕，最终7人入罪，2人被判死刑，5人被判无期徒刑。清廷虽然采取了保教、“惩凶”等措施，试图以此取得德国的谅解，但德国仍借口“巨野教案”悍然派兵舰侵占胶州湾。“巨野教案”就这样演变成“胶州湾事件”。

1897年11月10日，德皇威廉电令常驻上海吴淞口的德国远东舰队司令、海军少将迪特里希（Otto von Diederichs）起航向胶州湾进发。这支舰队由5艘军舰组成：4300 吨的威廉王妃号（Prinzess Wilhelm）、5200 吨的鸬鹚号（Cormoran）、7650 吨的旗舰皇帝号（Kaiser）和并未参加实际行动的 4300 吨的伊伦娜号（Irene）、2370 吨的阿克纳号（Arcona）。11 月 13 日下午，迪特里希委派几个军官和翻译上岸拜会章高元，谎称“借地演习，进行临时休整，很快就会离开”。由于此前常有俄国舰队前来暂泊，而且德国一直对华“友好”，又在“三国干涉还辽”事件中表现“公正”，这些因素令章高元麻痹大意，应允了德舰停泊。

1897 年 11 月 14 日早晨，鸬鹚号放下几艘小船，船上所载的 100 余名德国士兵趁着未散的晨雾，一举占领了清军后海营房和不远处的火药库。在得到鸬鹚号得手的消息后，迪特里希命令舰队实施登陆。德军士兵在栈桥西侧登陆时，恰逢驻防清军在上早操。两军相遇，出操的绿营兵们对全副武装的德军没有丝毫的戒备，竞相跟德国人打招呼。德军旋即抢占制高点和沿海炮台，并包围了总兵衙门和各处营房。中午，德军向清军发出照会，限其 15 时前全部撤退至女姑口和崂山以外，只能携带步枪，以 48 小时为限，过此即当敌军处理。12 时 30 分，章高元的总兵旗从衙门前的竿头落下。14 时 30 分，停泊在海面的德舰鸣放 21 响礼炮，庆祝占领成功。

德军占领胶州湾，不动一枪一炮，此时距教案发生仅仅 10 天。

1898 年 3 月，清德签署《胶澳租借条约》。5 月，李希霍芬出版了他的《山东及其门户胶州湾》一书，书中再次选用了这幅地图。此图在原《山东东部地图》基础上又标注出连接山东腹地资源富集区的三条铁路线，对胶州湾作为山东的出海口和输出港的掠夺意图被诠释得一清二楚。11 月，德国宣布青岛为自由港。1899 年，德国人以胶州湾出口的一个小岛（今小青岛）的名字，将此地命名为“青岛市”，由德国海军部直接管理，开始建设一座具有城市功能的海军基地。

这幅手绘的《德军驻防青岛图》基本反映了当时的胶澳建设与海防。此图在中国山水画式的图上加注了德文，它应是以此前“章高元驻防青岛图”为底本绘制的，图中德军驻防基本沿用清军驻防时所建的总兵衙门、炮台、兵营等，还有电报局等建筑，此时都被插上了德国海军的十字鹰徽军旗和德意志的三色国旗。海湾中央最显眼的是章高元 1892 年建的铁码头（现栈桥的前身）和德国舰队。图中铁码头西侧是清军未建完的团山炮台和西岭炮台。图右上方为青岛山炮台（1899 年建），图右下方的炮台应是汇泉角炮台。此炮台是 1902 年德国人所建，以此推测此图大约绘于 1902 年，由中国人绘制，德国人加注。

大沽海防

——《直沽河口图》 1891 年绘

1894 年的甲午战争虽然只是清日之战，但大清战败的结果不仅是丢了台湾，而且直接引发了列强在中国强租港湾、划分势力范围的热潮。这是清廷要面对的外患，同时，清廷更感头痛的是内忧：山东、河北的义和团运动风起云涌。慈禧听信愚昧的守旧大臣之言，想借“刀枪不入”的义和团之力来排外。在部分朝廷亲贵支持下，义和团放下反清旗帜，开始以“扶清灭洋”为口号，大举进京勤王，到处杀害外国人及教徒，烧教堂、拆电线、毁铁路，并攻进天津租界。各国公使吁请清廷取缔义和团、保护教民及外国人的安全的要求，未获朝廷的正面回应，于是，引发了英、俄、德、日、美、法、意、奥组成八国联军入侵中国的“庚子事变”。

大沽口成为八国侵华的第一突破口。

经历了第二次鸦片战争英、法两国三次攻打大沽口的战争洗礼，大清对大沽口海防的重要性已有所认识，但直到 1870 年 6 月英、美、法、德、俄、比、西等国军舰汇集大沽口洋面时，其加强大沽口的海防工程才再次启动。清廷命洋务派代表人物李鸿章出任直隶总督兼北洋大臣，经办洋务通商、行政海防。

1871 年，李鸿章奏议获准，加固了大沽口原有炮台，并增建了平炮台三座。1875 年，再次对原有炮台进行了整修和扩建，这个时期修建的炮台在方法上较前有了很大改进。炮台用木材和青砖砌成后，外用二尺多厚的三合土砸实，炮弹打在炮台上只能打一个浅洞，避免了砖石飞溅带来的危险。炮台高度达到了 3—5 丈，宽度和厚度也有所增加，在

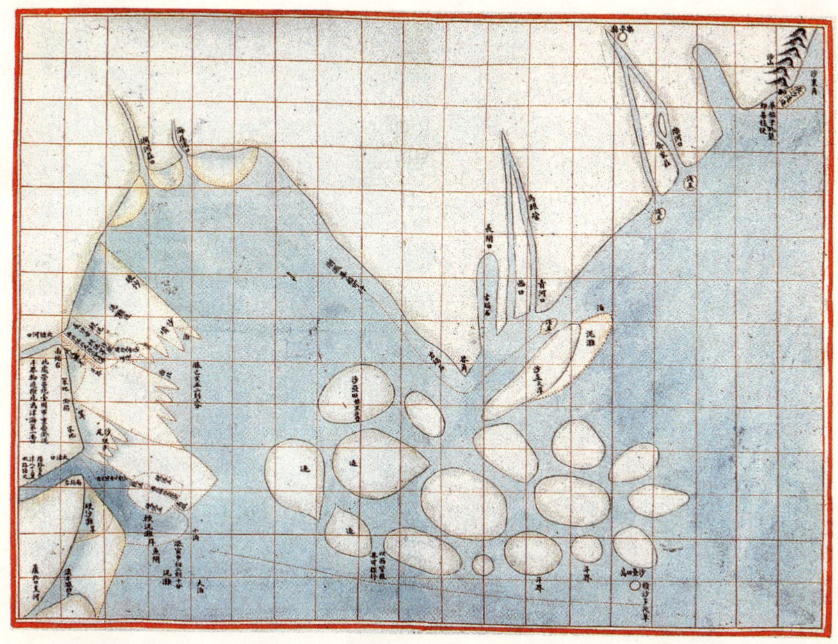

《直沽河口图》

此图 1891 年出版，它粗略地反映了当时大沽口的炮台布局：大沽口河口处标注有“南炮台”，北塘河口处标注有“南炮台”，两个河口间的空地处标注为“津海第一要口”。

外形上出现了方、圆两大类。清廷还从欧洲购买了铁甲快船、碰船、水雷船等武器，每座炮台设大炮 3 门，另有小炮台 25 座。1897 年，李鸿章在天津鱼雷学堂教习贝德斯（J.A.Batts）的协助下，试设电报通讯于天津、大沽、北塘之间，使大沽口海防达到了新的水平。

这幅出版于1891年的《直沽海口图》粗略地反映了当时大沽口的炮台布局：大沽口河口处标注有“南炮台”，北塘河口处也标注有“南炮台”。两个河口间的空地处标注为“津海第一要口”。可以说，此时的“津海第一要口”已做好了应对西方列强挑衅的准备，但清廷万万没有想到大沽口最后迎战的不是第二次鸦片战争的英军、法军，或者英法联军，而是规模空前的八国联军。

虽然经过现代化的改装后，大沽口的海防能力大大增强，但最终还是被八国联军击垮。大清战败后，八国联军根据《辛丑条约》规定，要求清政府将大沽口炮台拆毁。所以，今天人们到大沽口，只能见到 21 世纪初才修复并对外开放的大沽口炮台遗址，仅有一座炮台可供参观了。从天津城里，坐轻轨经塘沽到洋货站下车，再走 10 分钟就到了。

联军攻打大沽口

——《大沽口及塘沽至北京铁路图》 1900 年绘

——《德国攻打大沽口图》 1900 年绘

1897 年德国占领胶州后，山东教民矛盾更加突出。次年，山东等地兴起义和团，竖起“杀洋人、灭赃官”和“扶清灭洋”等起义旗帜。1899 年清廷下令严禁义和团，先后派出多批军队参与镇压，但义和团运动风起云涌。

1900 年 2 月，山东高密民众围攻德国铁路公司，破坏铁路。3 月，英、法、美、德、意等国不堪迅速升级的教民冲突，一方面联合照会清廷，要求取缔义和团，一方面在渤海集合各国海军准备“保教护民”。5月底，在北京北堂（西什库教堂，时为中国天主教总堂）主教樊国梁建议下，英、俄、美、法、日、意六国从天津调派海军及陆战队 400 人登岸，乘火车进入北京“卫护使馆”。

内外交困之际，慈禧听信守旧大臣之言，想借“刀枪不入”的义和团之力来排外，承认义和团为合法组织。在清廷默许下，从 6 月 10 日起，义和团开始大举进京勤王，到处杀害外国人及教徒，烧教堂、拆电线、毁铁路，并攻进天津租界。

6 月 10 日，北京使馆对外通信断绝。各国驻天津领事及海军将领召开会议后，决定组成联军，由英国东亚舰队司令、海军中将西摩尔（Edward Hobart Seymour）任联军司令，率英、德、俄、法、美、日、意、奥八国联军 2000 余人乘火车自津赴京。6 月 11 日，日本使馆书记杉山彬出永定门迎候西摩尔联军，在永定门外被刚调入京的甘军所杀，开腹剖心。“庚子事变”由此点燃了战争的导火索。

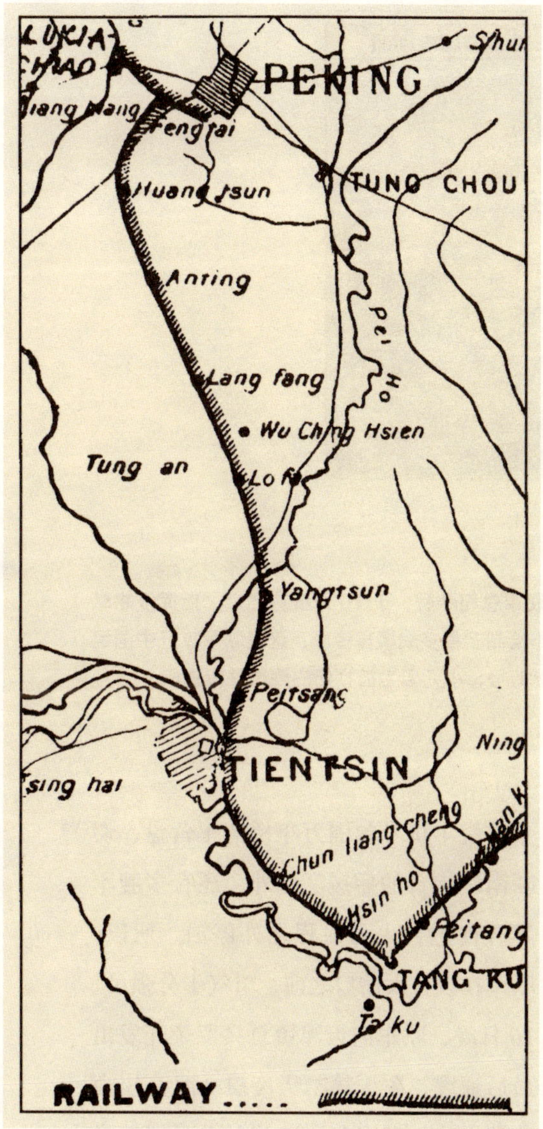

《大沽口及塘沽至北京铁路图》

这是当年西摩尔联军携带的运兵地图，虽然此图上标明了“大沽口”（Ta Ku），但它的主要信息点已不是海口了，而是“塘沽”（Tang Ku）、“天津”（Tien Tsin）、“北京”（Peking）……图例上的黑色锯齿线为铁路，沿线标注了十余个站名。

庚子一役与以往不同，海口登陆已不再是主要问题。开战之前，联军先头部队2000多人已从塘沽乘火车驶往北京。由于进出大沽口已不是问题，英军更多的考虑是如何陆路运兵。这幅《大沽口及塘沽至北京铁路图》即是当年西摩尔率领的联军携带的运兵地图。此图上，虽然标明“大沽口”（Ta Ku），但主要信息点已不是海口，而是“塘沽”（Tang Ku）、“天津”（Tien Ysin）、“北京”（Peking）。图例的黑色锯齿线为“铁路”（Railway），沿线清楚地标注了十余个站名。西摩尔所率联军登陆后，联军兵分两路，一路围攻北京，另一路加入由俄国上将海尔德布兰特（Hildebrandt）指挥的部队，从水陆两个方向围攻大沽口要塞。

6月15日，八国联军攻占大沽口的军事行动，先从大沽口背后的内河开始。此前，以护送商人为由，进入海河内的俄舰基利亚克号（Giliyak）、美舰马拉卡西号（Monocacy）、日舰亚打号、英舰鳕鱼号（Whiting，一译灰丁号）、声誉号（Fame）等战舰，这一天突然包围了停泊在于家堡附近的北洋水师，十几艘大清战舰一弹未发就投降了，北洋水师又一次被堵在“被窝”里剿灭了。

《德国攻打大沽口图》

此图记录了德国陆军元帅瓦德西 1900 年 8 月出任联军总司令后，于 10 月抵达北京，指挥侵略军由津、京出兵侵犯山海关、保定以及山西。德国当年绘制了很多战事宣传画，这是联军攻打中国组图中的一幅，画中为攻打大沽口的德国巡洋舰伊尔提斯号，小人像为被打伤的舰长兰斯中校。

与此同时，日军占领了塘沽火车站，俄、法两国军队占领了军粮城火车站。此时的大沽口要塞已经没有“后方”可言，成了一个坐以待毙的“孤岛”。

6 月 16 日，已进入海河内的英、日、俄、德、美、法、意等国海军在大沽口炮台身后布下战阵：俄国布尔号（Bohr）、考列号（Koreets）、基利亚克号三舰成三角队形，靠向南岸炮台；德国伊尔提斯号（Iltis）巡洋舰为旗舰，与法国莱昂号（Lion）、英国亚尔舍林号（Algerine）排成一字纵队，靠向北岸炮台；日本亚打号、美国马拉卡西号缓缓驶入作战水域；日舰笠置号、爱宕号和水雷舰丰桥号包围万年桥清军营盘，切断南岸炮台的后援。此外，还有多艘军舰开往炮台火力射程之外停泊。所以，联军在攻打大沽口之前，口气十分强硬。16 日晚，联军向天津镇总兵罗荣光发出最后通牒，限于第二天凌晨 2 时交出南北两岸的 5 座炮台。67 岁的总兵罗荣光断然拒绝了联军的无理要求。

第二次鸦片战争后，清廷曾对大沽炮台进行了修复和改建，至八国联军进犯前，南北两岸共有 4 座炮台：主炮台在海河口南岸，安装有各种火炮 20 门；在海河口的北岸有北炮台，上面共有 74 门火炮；在北炮台的西北方向还有一座新建的炮台，共安装各种火炮20门；北炮台的西北还建有西北炮台，也安装20门火炮。这些炮台上的火炮大都是克虏伯、阿姆斯特朗式和国内仿制的产品，威力极大。笔者在大沽口古战场考察时，能看到的炮台只有“威”字炮台了（因《辛丑条约》第八条规定拆毁大沽口炮台），举目四顾，炮台周围一片肃杀萧条的景象，但此地修建的大沽口遗址展览还是再现了那屈辱的一幕。

6月17日凌晨2时，联军发起总攻。10余艘联军舰艇在探照灯的照耀下，用大炮同时轰击大沽口南北炮台。南岸3座炮台在罗荣光的指挥下，发炮击中俄国巡洋舰考列号，中弹的考列号转舵逃走。接着，又发炮击中俄舰基利亚克号，引发弹药仓爆炸。北岸2座炮台中的左营炮台在管带封得胜的指挥下，击中德舰伊尔提斯号，舰长兰斯（Lans）的一条腿被炸断。联军在接连受挫之后，改变策略，转而集中兵力先攻北岸炮台。北岸左营弹药库被击中，管带封得胜阵亡，左营炮台和左副营炮台先后失陷。

摆脱了两岸炮火夹击的联军舰队随后集中火力轰击南岸炮台。占领了北岸炮台的日军更是用北岸炮台的大炮直接轰击南岸炮台。南岸右营、副右营的弹药库先后被炸起火，主炮台的大炮只能打远不能打近，无法攻击已靠到炮台前的联军战舰。8时左右，南岸炮台已守不下去了，守台清军向新城方向撤退。接下来，八国联军的进攻目标转到内陆。

大沽口海战是大清海军打的最后一场海战，只打了半天。开战6小时后，南北炮台在6国战舰的围攻下陷落。它标志着大清海防堡垒和海军舰队已经没有力量把侵略者挡在海上，列强已经能自由进入海口登陆，而后从背后把海防堡垒与海军舰队一并摧毁。

6月21日，清廷以光绪的名义向列国宣战，同时悬赏捕杀洋人：“杀一洋人赏五十两；洋妇四十两；洋孩三十两。”但无论是义和团还是清军，此时皆兵败如山倒。7月14日，天津失守。8月14日，北京城破。逃出北京城的清廷，不得不与列国“议和”。

1901年，清廷与十一国签订丧权辱国的《辛丑条约》。

日俄先锋

——《大沽及塘沽地图》 1900 年绘

“庚子事变”从宗教战争的角度讲，本没有日本与俄国什么事。

有学者认为，如果说太平天国是变相的基督教与儒教的战争，义和团则是变相的道教与基督教的战争。太平天国是反清，义和团要灭洋。日本和俄国在中国没有教民之争。山东、山西与河北“拳乱”所杀的传教士，没有日本人和俄国人，主要打击西方人的拳民根本没把日本人当作洋人来看待（日本驻华书记官杉山彬被杀，是 6 月 11 日的事，此前一天，各国驻天津领事及海军将领召开会议，已组成八国联军）。但日、俄两国在组建八国联军攻打中国的过程中，都充当了急先锋的角色。

从在华利益来讲，义和团运动和联军入侵都是日本不愿意看到的。取得甲午战争胜利的日本，获得了朝鲜与中国台湾的利益。接着，日本想把福建也纳入其势力范围，以便能与台湾呼应，获得巨大的战略空间。但华北“拳乱”，列强纷纷增派军队，俄国更是一马当先，在东北地区大举增兵，日本在中国北方的利益受到威胁，怎能不发兵中国。

从八国联军最初所派的兵力看：日军 8000 人，德军 7000 人、俄军 4800 人，英军 3000 人，美军 2100 人，法军 800 人，意军 53 人，奥军 52 人。日本在第一轮派兵中，成为八国联军的主力。八国联军中，日本对中国也最为熟悉，所以，战争准备也最为充分。从日军绘制的这幅《大沽及塘沽地图》即可看出，从大沽到天津，从山海关到北京，全都做了详细的军事标注，还特别加注了英文图名，一派国际化。

日本大批军队进入中国，俄国自然

《大沽及塘沽地图》

八国联军中，日本对中国最熟悉，战争准备也最充分。这幅地图，从大沽到天津，从山海关到北京，全都做了详细的军事标注，还特别加注了英文图名，一派国际化。

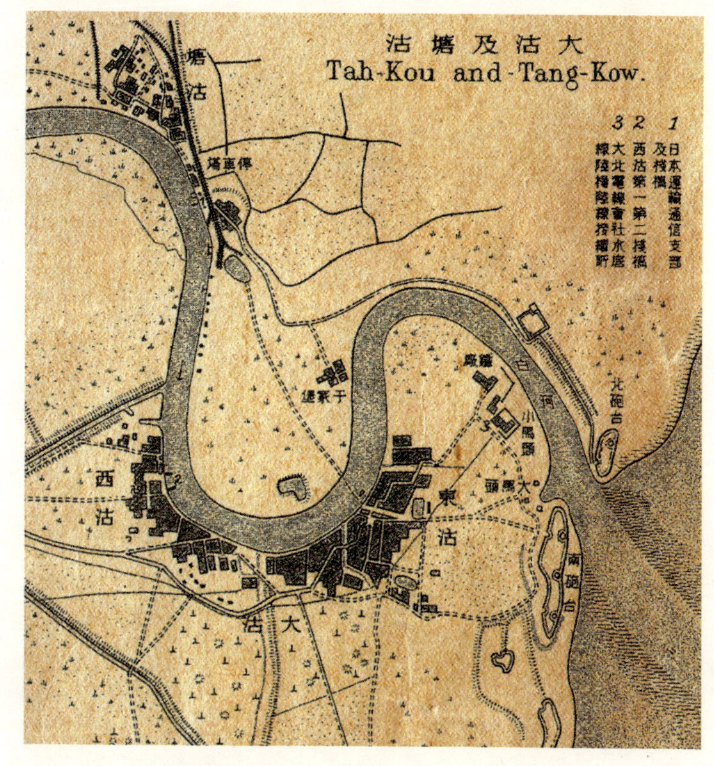

不甘落在后边。从7月开始，俄国从中国东北大举增兵，先后派出步骑兵17万，一跃成为出兵最多的侵华国家。沙俄除了派兵参加八国联军入侵华北以外，还在黑龙江左岸大举“肃清”中国人，在7中下旬，连续制造了“海兰泡惨案”与“江东六十四屯惨案”。10月，俄军攻陷铁岭，东三省沦陷。

史料记载，日本在参与八国联军侵华过程中十分低调，就是在抢掠上也有纪律性与计划性。当联军大多数官兵到处为自己寻找发财机会时，日军抢劫都是有组织的军事行动，其抢劫的对象都是清政府的官衙。日军攻占天津后，抢银23万余两，在通县（今北京通州区）又抢银12万余两。攻占北京后，直扑清廷户部银库，抢银291万两。所抢劫的银两交给日本中央金库193万两，占总额的66%，其余的则归陆军省支配。这一切给英军留下了深刻的印象，极大地推动了两年后的日英结盟。

八国联军与清廷签署《辛丑条约》后，除留一部分部队常驻京津、津榆两线外，其余皆撤回国。但是，日、俄借此机会要侵占中国领土的花招，都赖着不走，拒不撤兵，使远东的国际关系发生了重大变化，日俄矛盾越发尖锐。

日俄战争在所难免。

12

日俄、日德海战

引言：大清已当不了自己的家

庚子事变大清战败，不仅臣民早就失去了独立的人格，这一回，大清朝廷也失去了独立的国格。奕劻、李鸿章代表大清与德国、奥地利、比利时、日本、美国、法国、英国、意大利、俄国、西班牙和荷兰 11 国代表签下《辛丑条约》。表面上看列国的要求大清基本满足了，但更深的矛盾却藏在条约背后，列强在华的利益冲突也由此公开化。这也带来了清国海防的重要变化：此前是清国军队在清国海面反抗来自海上的外国舰队；此后却成了外国军队在清国沿海争抢清国的地盘。晚清政府已没落到当不了自己的家，做不了自己的主，只能保持“中立”的地步了。

亚洲最先国际化或脱亚入欧的日本，经历了甲午海战之后，已深深地介入东西方国际纷争之中。1904 年 3 月，日本出版了一本《滑稽欧亚外交地图集》（*A Humorous Diplomatic Atlas of Europe and Asia*），以漫画地图的形式表现了当时的国际时局。其中《滑稽欧亚外交地图》颇为生动地表现了东亚的国际处境，此图是日本人为日俄战争大做舆论准备而绘制的。

此图配有日文和英文注解。图中的“露西亚”（即俄国）犹如章鱼，触角欲扼制整个欧亚大陆。左上方标注的日期是“1904 年 3 月”，距日本在清国旅顺口

《滑稽欧亚外交地图》

此图选自1904年3月日本出版的《滑稽欧亚外交地图集》，它以漫画地图的形式表达了日本的利益所在，日俄争夺在所难免。

偷袭俄国舰队挑起日俄战争还不到一个月。图中将俄国画成贪婪的黑色大章鱼是从英国人那里学来的。英国人为何把俄国画成章鱼？一是两国已是敌对国；二是俄国在亚欧四处伸手，先是陆上扩张，后是海上扩张，已对英国的海外利益构成威胁。在章鱼最右边触角的下边，标注有“Port Arthur”（英称亚瑟港，即旅顺口）。这幅漫画地图已明确表达出了日本的利益所在，争夺在所难免。所以，1894年清日甲午战争刚过10年，1904年的日俄战争又在这里打响。

旅顺真是不顺。

第二次鸦片战争后，沙俄以“调停有功”自居，胁迫清廷割让150多万平方公里的领土，此后不断侵入清国北方。甲午战争后，俄国又联合德、法两国共同对日施压，迫使日本“抛弃辽东半岛之永久领有”，随后在1897年俄国舰队占领旅顺口。庚子事变后，入侵清国东北的俄军又赖着不走。这一切严重影响了日本在朝鲜和清国的扩张。

日俄战争中，双方海军共打了四场主要海战：仁川海战、黄海海战、蔚山海战、对马海峡海战以及海参崴港口炮击。四战俄军皆败。1905年，日本打败了俄国，这是近代历史上亚洲势力首次战胜欧洲势力，日本从此有了国际事务的话语权。

既然日本能以小搏大，打败俄国，对于占据青岛的德国，日本也就不怕了，没有啃不下的骨头。1914年日、德两个侵略者的海上战争在中国青岛海域打响。

世界大战，世界大乱。

日俄旅顺口海战

——《俄占旅顺口图》 1904 年出版

——《俄太平洋舰队旗舰彼得罗巴甫洛夫斯克号触雷沉没》 1904 年出版

——《1904 年 8 月 10 日黄海海战战局变化图》 1904 年绘

旅顺口之名与海防关系密切。

朱元璋登基后的第四年，也就是 1371 年，为保辽东安全，朝廷派马云、叶旺两将军率部从山东跨海去辽东镇守，船队顺风顺水地到达辽东半岛最南端的港湾“狮子口”，遂将此地改名为“旅顺口”。这个海湾，西有老虎尾，东有黄金山，狮口之内是一个天然的不冻良港。

旅顺口在明代顺风顺水，但到晚清就不顺了，10 年之内经历两场海上战争，甲午海战硝烟刚散，日俄海战炮声又起。虽然早在 1882 年清廷就开始了旅顺口的军港建设，当年花岗岩石条修建的防浪堤今天仍是军港公园防浪堤的一部分。但 1890 年才建好的旅顺港，却因《马关条约》与辽东半岛一并被割让给日本。虽然俄、德、法三国搞了一场“三国干涉还辽”，日本被迫“抛弃辽东半岛之永久领有”，但旅顺才逃狼窝，又入虎口。不久，俄国就以“还辽有功”为借口，于 1896 年与清廷签订了《中俄密约》。1897 年 12 月 15 日俄国擅自派舰队闯入旅顺口（此前一个月，德国强占了青岛），次年 3 月 27 日，俄国迫使清政府与之签订了《中俄旅大租地条约》，强行“租借”了旅顺、大连及其附近海域。

这幅俄国出版的《俄占旅顺口图》，在左下角炮台上用俄文标注“Порт Артуря”，即阿尔杜尔港。这个名字是英文“Port Arthur”（亚瑟港）的俄译。第二次鸦片战争期间，一艘英国炮舰在此停泊，因舰长叫威廉 · 亚瑟，从此在

《俄占旅顺口图》

这是俄国出版的漫画地图，它通过一组人物表达了在中国问题上列强的矛盾：抱着大炮的是俄国人，炮台上有双头鹰国徽，双头鹰雄视东西两边，代表俄罗斯是一个地跨亚欧两大洲的国家。拿着军刀的是日本人，握着日本人的是英国人，身后还站着美国人，而躲在一边的是大清国人。

殖民者的海图上便以“亚瑟港”之名标注在旅顺口的位置上。这幅漫画地图通过画中的一组人物表达了在中国问题上的列强矛盾：一边是抱着大炮的俄国人，身后的炮台上有双头鹰国徽，双头鹰雄视东西两边，代表俄罗斯是一个地跨亚欧两大洲的国家；一边是拿着军刀的日本人和握着日本人的英国人，身后还站着美国人，而躲在一边的则是大清国人。

“三国干涉还辽”令日本“丢了”辽东半岛，“庚子之乱”后俄国又占了中国东北，日俄矛盾在此过程中不断升级。1900 年后，日本联合英国和美国反对俄国。俄国则联合法国，并在 1902 年 3 月发表宣言，表示俄、法将保留其在远东自由行动的权力。德国对俄国的远东政策表示支持。这样，在远东问题上就形成了两大集团：一个是英日同盟，以美国为后盾；另一个是法俄同盟，德国在远东则支持俄国。

有了英、美的支持，日本一边加紧备战，一边与俄国谈判。但日本在朝鲜、南满、北满的权利诉求，最终没能得到已经在中国东北修筑了“东清铁路”和“南满铁路”的俄国认可。1904 年 2 月 6 日，日本正式与俄国断交，天皇密令日本舰队开赴黄海，想以一贯的突袭手法歼灭俄太平洋舰队，夺取制海权。

俄太平洋舰队分驻旅顺港和海参崴港，两个分舰队拥有 60 余艘战舰，多数战舰停泊在旅顺；日本联合舰队共有战舰 80 艘。俄国总军力虽然超过日本，但在远东战场，日本实力则超过俄国。

2 月 8 日，恰好是东正教的“圣烛节”。这天上午，日本利用英国汽船驶进旅顺口，日本驻旅顺领事立即撤侨。知道日俄谈判破裂的俄国旅顺总督阿列克塞耶夫（Evgeny Ivanovic Alekseev）对日本撤侨视而不见，而在旅顺的俄国太平洋舰队司令斯塔尔克（O. B. Starke）中将，则一心准备“圣烛节”和夫人的生日晚会，完全不知日本联合舰队正分头靠向俄国太平洋舰队：一个由 3 艘驱逐舰组成的小队开往旅顺口；一个由 8 艘驱逐舰组成的小队开往大连；还有一个舰艇编队开往朝鲜仁川。

2 月 8 日夜里，日本 8 艘驱逐舰在大连湾袭击俄国太平洋舰队旅顺分舰队，但没能找到目标，不得不撤回长山；另一支开往旅顺口的日本鱼雷艇队在 2 月 9 日零点左右悄悄靠近旅顺口外侧俄舰队外锚地（旅顺港内港较狭窄，水浅，大型战舰只能在涨潮时出入内港），近距离发射了 16 枚鱼雷，重创停在外锚地的俄国战列舰列特维赞号（Retvizan）、太子号（Tsesarevich）和巡洋舰帕拉达号（Pallada）。也是 2 月 9 日，开赴朝鲜西海岸的日本舰队，在仁川港偷袭了俄国巡洋舰瓦良格号（Varyag）和炮舰高丽人号（Korietz），两艘俄舰被迫在港内自沉。

日本就这样以不宣而战的方式，揭开了日俄战争的序幕。

日本舰队的分头袭击取得了一定的海上优势，但俄国太平洋舰队并没有受到致命打击，日本还没有完全掌握制海权。此后的一个月，日本舰队几度试图封死旅顺口，均未成功。双方在旅顺港外都制定了相应的水雷封锁战术，日、俄都有战舰触雷沉没。4 月 18 日，俄太平洋舰队的旗舰彼得罗巴甫洛夫斯克号（Petropavlovsk）触雷沉没，造成包括太平洋分舰队司令斯捷潘·马卡罗夫（Stepan Osipovitch Makarov）海军中将在内的约 700 名官兵死亡，令俄军失去

《俄太平洋舰队旗舰彼得罗巴甫洛夫斯克号触雷沉没》

这幅海战画刊于1904年出版的法国画报上，报道了这次触雷造成包括太平洋分舰队司令斯捷潘·马卡罗夫海军中将在内的约700名官兵死亡的战事。

了夺取黄海制海权的信心。

8月7日，日军对旅顺口发动大规模进攻，攻占了要塞外围前沿制高点——大孤山和小孤山。日本陆军开始以攻城炮攻击旅顺港口，猛烈的炮击使俄国旅顺分舰队有被全歼之虞。沙皇得知此情况后，命令俄国太平洋舰队旅顺分舰队“迅速突围，驶往海参崴”。

8月10日8时，由维佐弗特（Vithoft）少将任指挥官的俄国旅顺分舰队，沿前一天扫清的航道，以一路纵队出旅顺港突围。这支有24艘战舰的舰队，有战列舰6艘：旗舰太子号、列特维赞号、塞瓦斯托波尔号（Sevastopol）、波尔塔瓦号（Poltava）、佩列斯维特号（Peresviet）、胜利号（Pobieda），还有阿斯科利德号（Ascredit）等4艘巡洋舰和14艘驱逐舰，外加1艘医疗船。

日本联合舰队第一舰队的指挥官东乡平八郎大将早料到俄舰队会在炮击下逃出旅顺口，亲率三笠号（旗舰）、敷岛号、富士号、朝日号4艘战列舰，春日号、日进号2艘装甲巡洋舰，8艘巡洋舰，18艘驱逐舰，30艘鱼雷艇，在山东半岛外的黄海海面实施封锁。

这天中午，从旅顺口出逃的俄国舰队与日本舰队在黄海相遇，这是日俄战争期间两国舰队的第一次正面遭遇。日本舰队为保持与俄国舰队接触，与俄国舰队相向而行。13时左右，双方距离接近到4.5海里时，开始第一次交火。战斗中，俄国舰队不断转向，脱离了与日本舰队的炮火接触，向东南方向逃逸。这样双方打到16时30分，俄国舰队跑到了山东半岛成山角一带，但仍没冲出日本舰队的包围圈。

这幅英国人哈金森绘制的《1904年8月10日黄海海战战局变化图》表现了这场海战的第二次交火，也是最后时刻。哈金森是英国海军上校，被任命为临时大使馆海军武官，有可能是这场战役的目击者。他注明“机密”的日志，包括这幅交战时绘制的战局变化图，后来交给了英国海军部，现藏英国海军部图书馆手稿收藏室。

17时30分，俄国舰队集中打击日本舰队旗舰三笠号，但造成损害不大；日本舰队也集中打击俄国舰队旗舰太子号。18时40分，俄国舰队旗舰太子号被炮弹击中舰桥，指挥官维佐弗特少将当场阵亡，俄国舰队失去了指挥，无法保持战斗队形。此图左下角注明“1904年8月10日旅顺口海战的战局变化”。战局在图上标明的“6：40PM”即18时40分，确实发生了根本性转变。图中的蓝色战船是此时的俄国舰队，溃散的队形表明，已失去指挥的俄国舰队不再与抢占“T”字头位置的日本舰队进行对抗，各舰四散而逃。最后，除旗舰太子号以及2艘巡洋舰和4艘驱逐舰逃到青岛和

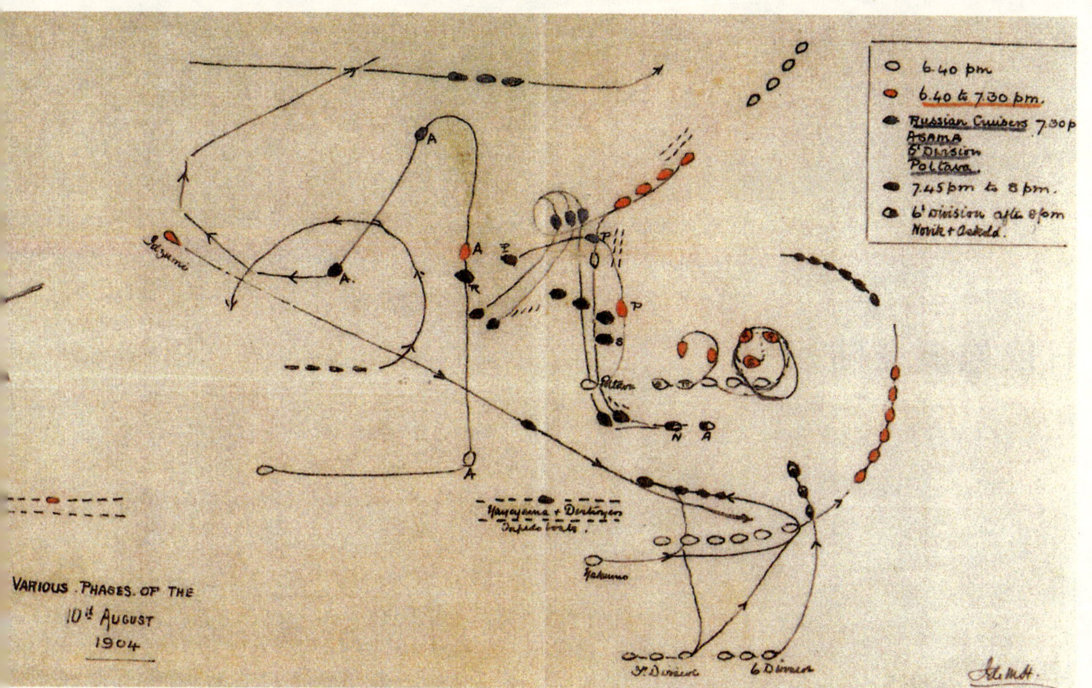

《1904 年 8 月 10 日黄海海战战局变化图》

此图表现了俄国舰队出逃旅顺口，在黄海海战中第二次与日军交火。最后，俄国舰队除旗舰太子号以及 2 艘巡洋舰和 4 艘驱逐舰逃到青岛和上海等中立地区外，其他战舰都败退回旅顺港，突围行动失败。此图绘于 1904 年，作者为英国人哈金森。

上海等中立地区外，其他大部分战舰都败退回旅顺港，俄国舰队的突围行动宣告失败。

在俄国旅顺分舰队无奈地退回旅顺口之时，俄国海参崴分舰队赶到了日朝之间的海峡，准备接应旅顺分舰队，但等待 3 天没能等到，8 月 14 日却等到了已“恭候多时”的日本第二舰队，日俄舰队在朝鲜蔚山一侧激战 4 个小时，损失惨重的俄国海参崴分舰队撤回了海参崴基地。俄国旅顺分舰队撤回旅顺后，也没再尝试突围，战舰上的火炮都被拆下安装在陆上阵地，水兵也被编进陆军守备部队，全力抵抗从陆上进攻旅顺的日军。最后，随着旅顺的失守，俄国太平洋舰队旅顺分舰队的战舰皆被击毁，全军覆没。

日俄旅顺登陆战

——《日军辽东半岛登陆》 1904 年出版

——《东鸡冠山要塞图》 1904 年出版

俄国 1897 年强占旅顺之后，即开始以长期霸占为目的进行城市和海防建设，历时 7 年修筑旅顺要塞，共建堡垒 52 个，设大炮 640 门，派驻守军 4 万余人，号称东方第一要塞。这个要塞系统分为两部分，一个是海岸炮台，从最东边的南夹板嘴起，到最南端的白岚子镇，俄军共建了 18 座海岸炮台，旅顺口西犄角上的老虎尾一线到东犄角黄金山一线的炮台刚好构成火力交叉网，完全覆盖了旅顺口沿海海面。

英国海军名将纳尔逊（Viscount Nelson）说过，“只有笨蛋才会拿战舰与海岸炮台搏命”，所以，日本海军用舰炮攻击旅顺沿海要塞失败后，东乡平八郎就明智地放弃了从海上攻入港口的打算，将战舰停泊在外海，等待乃木希典等人的部队陆上进攻奏效后再进入旅顺港。

日军的陆上战略是先阻断俄国陆军从满洲增援旅顺的路线，在日本海军袭击旅顺口时，日本陆军就从朝鲜和辽宁多个方向切断了俄军地面部队从满洲向辽东的增援路线。4 月中旬，日军未遇抵抗就抵达鸭绿江左岸，俄军扎苏利奇（M.I.Zasulich）的部队害怕被包围，向辽阳撤退，为日军进入东北打开了大门；5 月底，日军进抵金州，第二军在辽东半岛登陆，如这幅法国人画的《日军辽东半岛登陆》。俄军驻守辽东半岛的司令斯捷塞尔（A.M.Stessel）命令福克师放弃大连，向旅顺撤退，日军随即占领金州和大连；7 月底，俄军只坚守了半天即放弃了旅顺外围最后一道天然屏障狼

《日军辽东半岛登陆》

原画刊于法国画报，它表现了5月5日这天日军在辽东半岛金县猴儿石登陆，几乎没有遇到俄军的抵抗就占领了金州外围。金州地处辽东半岛狭窄地带，是陆上通往旅顺、大连的咽喉，军事地位十分重要。

山，退入旅顺要塞。

日本人没有估计到俄军退却如此之快，更没估计到攻打旅顺要塞会如此之难、如此之久、代价如此之大。

从1897年强占旅顺之后，俄国即开始以长期霸占为目的进行城市和海防建设，历时7年修筑旅顺要塞，共建堡垒52个，设大炮640门，派驻守军4万余人，号称东方第一要塞。这个要塞系统除旅顺港口西犄角上的老虎尾炮台和东犄角黄金山的高炮台、低炮台（即电岩炮台）等沿海炮台外，还在旅顺城的东边构筑了一系列要塞，防止地面部队从陆路攻城。这条防线以二龙山炮台为中心要塞，东有东鸡冠山要塞，西有松树山要塞，盘龙山为前进炮台。

笔者到旅顺考察时看到，这里的海岸炮台和陆地炮台，如203高地、东鸡冠山等炮台，都完好地保存了下来，现都开辟为收费的旅游景点和风景区了。

从英国画报刊登的《东鸡冠山要塞图》，可以清楚地看到要塞的结构，外墙由水泥构筑，炮弹仅能伤及表面，无法将它摧毁；堡垒前还挖有壕沟，即使攻到阵地前，也无法靠近它。暗道相连的炮台与工事使炮火和重机枪火力构成一片密集的火力网，成为难以逾越的钢铁弹幕。当时俄国守军拥有大批马克沁重机枪，而日军仅有少量法式轻机枪，所以，从8月一直打到12月，日军没能攻入旅顺，却造成4万官兵的伤亡。

8月19日，日军对要塞发动强攻，主攻方向在东部防线的东鸡冠山炮台，双方激战到8月24日。日军仅前进了300米，伤亡近1.5万人。领教了旅顺要塞厉害的日军，不得不放弃迅速攻占旅顺的打算。

9月19日，离第一次攻击整整一个月后，日军再次发起强攻。这一次，由甲午战争中曾一举攻克旅顺的乃木希典为第3集团军军长指挥总攻，攻击的方向为旅顺城西北防线上的203高地。第3集团军在此损伤7500多人，但一直到10月底，仍没取得实质性的进展。

面对近3万人的伤亡数字和久攻不下的要塞，日本满洲军总司令大山岩命令乃木希典交出指挥权，由总参谋长儿玉源太郎任临时指挥官。11月26日，第3集团军再次发起总攻，对炮兵的运用远强于乃木的儿玉，将攻击东鸡冠山炮台的重炮调到203高地下面，集中所有炮火向203高地猛轰，先后发射炮弹1.1万余发，终以1万多官兵阵亡为代价，在12月5日攻克203高地。

203高地失守令俄军阵脚大乱，也改变了旅顺战局的走向。

日军在可以俯瞰旅顺全城的203高地建立起观察哨，校正进攻部队的大炮射击方位，攻击俄军要塞，并从山上以大口径榴弹炮攻击停泊在旅顺口的俄国战舰，10余艘俄国战舰转眼被炸沉在旅顺口。12月18日，日军挖通了东鸡冠山炮台下的地道，用2.3吨炸药炸毁了这个坚不可摧的堡垒，随后向旅顺城发起了最后的总攻。

1905年1月2日，无心更无力再战的俄军正式向日军投降。占领了辽东半岛的日本，下一个目标就是拔下山东半岛上的钉子——德国占领的青岛。

《东鸡冠山要塞图》

此图表现了俄军要塞的完美架构：外墙由水泥构筑，炮弹仅能伤及表面；堡垒前挖有壕沟，敌人攻到阵地前也无法靠近它；暗道相连的炮台与工事使炮火和机枪火力构成一片密集的火力网。正是要塞坚固，日军从 8 月打到 12 月都没能攻入旅顺，却付出了 4 万官兵伤亡的惨痛代价。

日德青岛攻围战

——《胶州湾攻围战局详图》 1914 年绘

——《青岛要塞攻防概见图》 1914 年绘

——《胶澳租借地德军布防图》 约绘于 1908 年

1904 年，日本打着“驱逐俄军”、“维护东亚和平”的旗号，对俄宣战，最终取代俄国占领了辽东。如果再拿下胶东，就可以控制中国东部沿海地区，但山东 1898 年被德国强占，所以，日本一直在寻找对德开战、夺取胶东的机会。

1914 年 7 月 28 日，第一次世界大战在欧洲爆发。8 月 1 日，德国对俄、法两国宣战。8 月 4 日，英国对德宣战。8 月 7 日，英国正式要求盟友日本派海军打击在中国海面袭击英国商船的德国伪装巡洋舰。日本终于等到了挑战德国的机会。

8 月 23 日，日本打出“恢复东亚和平”、“维护英日同盟的利益”的旗号，向德国宣战。次日，封锁了胶州湾出海口，要求德国将胶州湾租借地无条件地交付日本，以备将来交还中国（刻意制造“并无占领土地野心”的假象）。德国虽然在欧洲战场上焦头烂额，但还不肯把青岛交给日本。于是，青岛成为日德的战场，也是第一次世界大战中亚洲唯一的战场。

当时，在青岛的德国军人有 5000 人，加上从铁路等其他机构征调，守军共凑出 1 万多人；而日军投入的兵力则是德国的 5 倍，并且能就近从旅顺、大连和日本九州的军港发兵，补给源源不断。这幅日本 1914 年出版的《胶州湾攻围战局详图》描绘了日本海陆围攻青岛的路线。在此图右下角的“明细图”上，可以看到在青岛东南海面上画出了一个

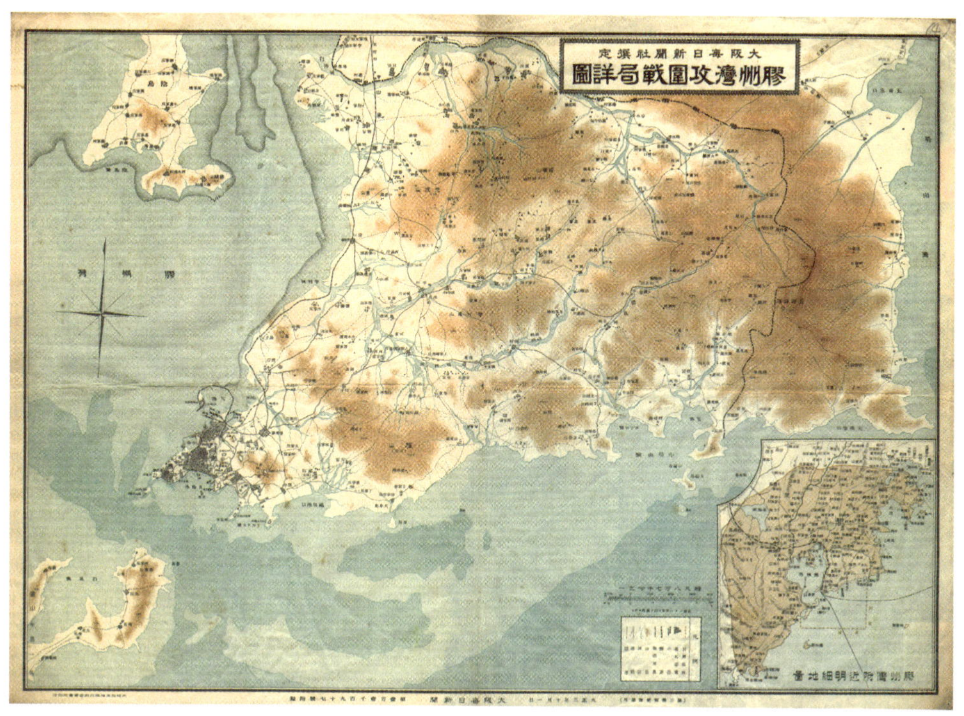

《胶州湾攻围战局详图》

此图 1914 年在日本发行，标注了日本、德国在胶东半岛的战事情况、战略部署，图纵 39 厘米，横 54 厘米，彩色印刷。

“封锁区域”。青岛一役，日本首先抢占的是制海权。

日军为夺取制海权，动用了 3 个舰队参战：第一舰队负责东海及黄海，保护日本运输船只；第三舰队负责上海以南、香港以北的海上警戒，解除敌对船只武装；第二舰队负责封锁和攻打胶州湾。第二舰队由 3 艘战列舰、2 艘重巡洋舰、5 艘轻巡洋舰组成，同时，英国有 2 艘战舰配合日军海上作战。

特别要说明的是，日德之战中日本不仅抢占了制海权，还同时抢得了制空权。在这场战争中，第二舰队专门配备了一艘水上飞机母舰——日本由此成为世界上最早使用“原始航母”作战的国家。

虽然日本是刚刚崛起的亚洲帝国，但在军事上却勇于“赶英超美”。1911 年，美国在经过改装的巡洋舰上试飞并降落飞机成功，日本紧随其后，第二年即建立了海军水上飞机基地。第一次世界大战爆发仅半个月，日本即将日俄战争中缴获的排水量 7700 吨的俄国货轮若宫号进行船载飞机改装。9 月 1 日，日本对德宣战仅 7 天，完成改装的若宫号就赶赴青岛海域。

9 月 5 日，可载 4 架飞机的若宫号派出 1 架飞机对青岛进行高空侦察：德国远东舰队主力—— 6 艘巡洋舰已在日军合围青岛前离开青岛，港内只有奥匈帝国的 5000 吨旧式巡洋舰伊丽莎白皇后号（Queen Elizabeth）、S-90 号水雷艇、美洲虎号（Jaguar）炮艇（曾参加八国联军侵华）、伊尔蒂斯号（Iltis）炮艇及其他小型杂船。日本飞机完成侦察任务后，对德国军事设施进行了轰炸——这是世界上第一次“航母飞机”实战轰炸（所以日本在 1922 年制造出世界第一艘真正的航母凤翔号也不足为奇）。此时，德军在青岛只有 1 架飞机，无法与日本参战的 9 架飞机展开真正的空中格斗。德国海军无法应对日本的海上与空中的打击，S-90 号水雷艇最大战绩是先后击沉日本二等巡洋舰高千穗号，击伤英国驱逐舰凯旋号，最后搁浅自沉。所以，日、德海军基本没有发生大规模的海上作战，青岛争夺战主要在要塞间展开。

从 1914 年日本出版的《青岛要塞攻防概见图》上可以看出日军攻打青岛要塞的全过程。胶州湾是一个伸入内陆的半封闭性海湾，青岛位于胶州湾的东犄角上，三面环海。德国占领青岛就料到有一天会有对手来争夺这块宝地，所以，在青岛海岸建立了多层海防工事。历经时代变迁，笔者来青岛考察时和许多旅游者一样看到的是辟为遗址公园的青岛山炮台。青岛山的铸钢指挥塔和地下暗道，今天来看仍令人叹为观止。当年德军修筑的可不止这一个炮台，而是一个海陆兼备的堡垒体系。

这幅德国人大约绘制于 1908 年的《胶澳租借地德军布防图》表明，德国早就料到会有开战的这一天，所以，早早就系统地构筑了坚固的要塞。图中用橙色线条标注了德军在青岛老城陆地边界线修筑的炮台。由南至北有靠南部海岸的小湛山南炮台，延伸至内陆的小湛山北炮台、中央炮台、台东镇堡垒和靠胶州湾的海岸炮台，5 座炮台连成封堵陆路进攻的封锁线。在海岸一线，从东至西为汇泉角炮台（大炮都是 1900 年从大沽口掠夺的克虏伯大炮）、团岛炮台、台西镇炮台（原为清军的西岭炮台）。后两座炮台处在胶州湾的东犄角尖上，守卫着胶州湾入口。在青岛城中央的两个制高点上，有能发炮至海面的大炮台，一是太平山上的南北炮台，德称伊尔奇斯炮台；一是青岛山上的南北炮台，德称俾斯麦炮台。图面上布满了炮台的射程与火力交叉线，一派固若金汤的海防体系。

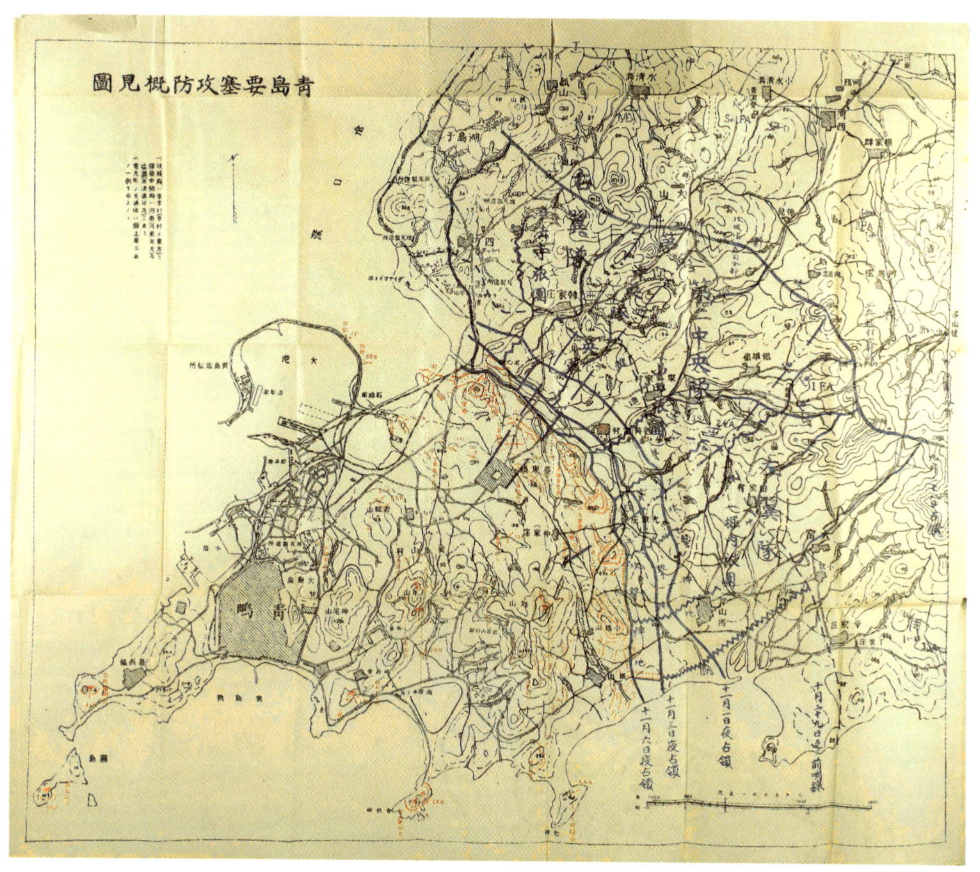

《青岛要塞攻防概见图》

此图 1914 年在日本发行，记录了日军攻打青岛要塞的全过程，在每一条进攻线上，都标注了日军的作战时间。

日德开战后，在海岸一线，日本战列舰丹后号（原俄舰波尔塔瓦号战列舰，旅顺口一役被日军俘获，编入日本海军，改名丹后号，为一等战舰）、英国凯旋号巡洋舰等不断炮击汇泉湾炮台，但德国有射程 10 公里的 280 毫米和 240 毫米克虏伯加农炮组成的火力网，使日军无法正面登陆青岛。

从 9 月 3 日至 23 日，日英联军在青岛侧后方的龙口、小崂山湾、福山所口一线登陆。在《胶州湾攻围战局详图》上，几乎每一座山日军都标出了海拔高度。如“巨崂峰 1197”（崂山实为 1132 米，是中国海岸线第一高峰）。日军登

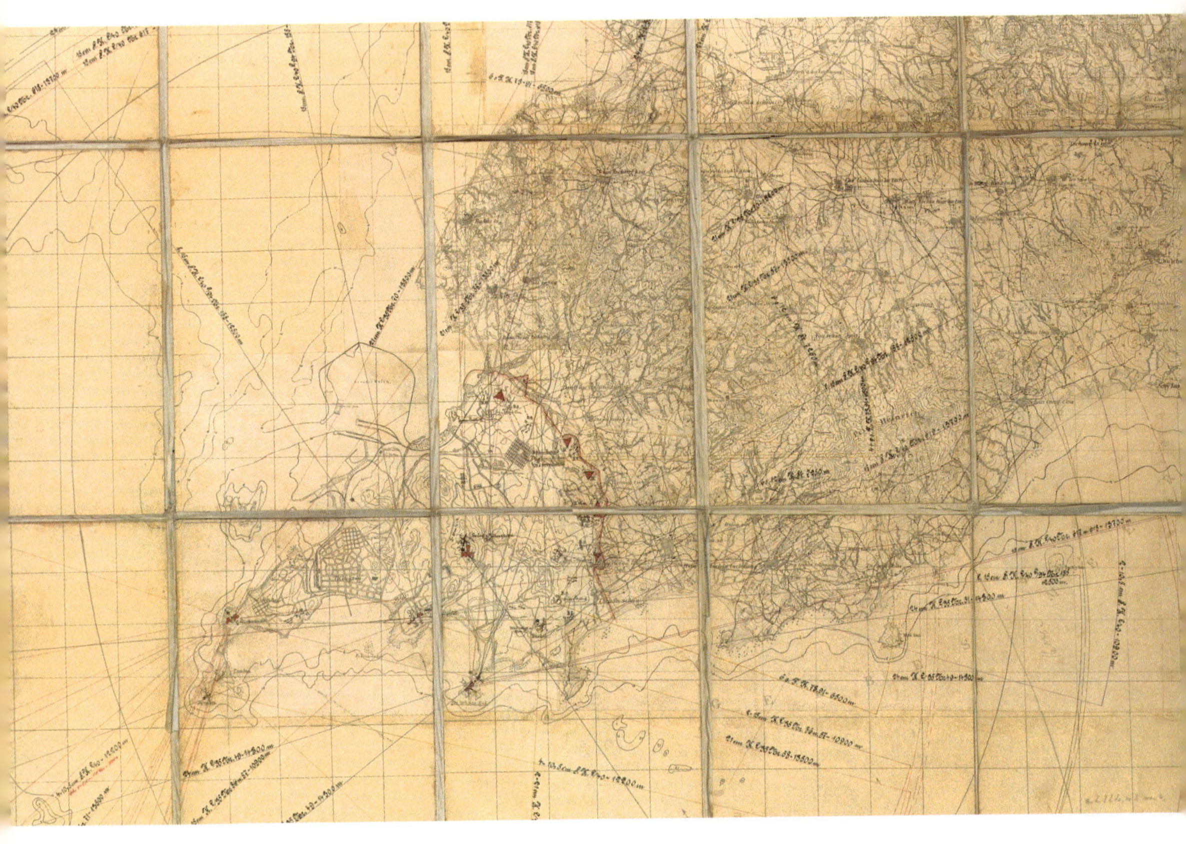

《胶澳租借地德军布防图》

此图大约绘于 1908 年，德国料到会有开战的一天，早就系统构筑了要塞：图中橙色线条标注了老城陆地边界线的 5 个炮台；在海岸一线设有汇泉角、团岛、台西镇等炮台，以及城中央太平山和青岛山炮台。图面布满炮台射程与火力交叉线，一派固若金汤的防卫体系。

陆后，即抢占制高点，9 月 28 日，打下“浮山”（福山），因为占领这个海拔 383 米的第二高峰，即可俯瞰整个青岛。《青岛要塞攻防概见图》最右侧标注出“九月二十八日占领”浮山。此后，日军从图的右侧一步步向左侧推进，围攻青岛。随着德军的孤山、楼山、罗圈涧、浮山等外围阵地被突破，10 月，日英联军开始向青岛东北部德军以 5 座炮台连成的堡垒线发起全面攻击。但德军堡垒坚固，防守严密，加上连日大雨，整个 10 月未让日军前进一步。10 月 31 日是日本大正天皇的生日，日军选择此日向青岛德军发起总攻。此图用蓝色线标注出“十一月一日夜占领第一攻击线”、“十一月三日夜占领第二攻击线”、“十一月六日夜占领第三攻击线”。11 月 7 日凌晨，日军突击队趁德军极度疲惫之际，偷袭中央堡垒，经过激烈肉搏之后，中央堡垒陷落。日军由中央突破口顺势前后夹击两边的堡垒，先后攻陷南边的湛山和北边台东镇等堡垒。图中用橙色绘出的德军堡垒线（浮山所湾、湛山、亢家庄、海泊河一线）崩溃。孤立于城中的伊尔奇斯诸炮台和火力强大的俾斯麦炮台也没能坚守多久。11 月 7 日，德军在信号山悬挂白旗投降。

德军早已料到守不住青岛，一边抵抗，一边毁掉武器装备。9 月 28 日，先自沉了伊尔蒂斯号炮艇、猞猁号（Luchs）炮艇、鸬鹚号炮艇（德国占领青岛时的战舰之一）；10 月 17 日，S-90 号水雷艇成功偷袭日舰后自沉；11 月 3 日，又自沉了巡洋舰伊丽莎白皇后号、美洲虎号炮艇。11 月 7 日，德军在青岛唯一的战机成功飞出战区，在江苏海州迫降，飞行员将飞机焚毁后逃回德国。

是役，德军战死数百人，被俘 4000 余人；日军死亡 1000 余人。经过两个多月的战斗，青岛沦为了日本的占领地。

附录

外国侵华舰队及大清舰队名录

第一次鸦片战争

英国侵华战舰名录

鸦片战争时期，英国海军已经拥有由战列舰（ship of the line）、巡航舰（frigate）、轻巡航舰（escort）、武装汽船（armed steamer）、运兵船（troop carrier）、运输船（transport）组成的分工明确、战术灵活的庞大海军，它们分成不同的舰队驻扎在世界各地。

鸦片战争初期，英国派往清国的舰队等级并不高，最大的战列舰仅为三等级战列舰，大小战舰共 60 余艘，属于英国海军部的 50 艘，属于英国东印度公司的 16 艘，这些舰船并不同时在中国战场，最终没有一艘英舰毁于对华战斗中。由于清廷的文献中没有留下一份侵华英舰的名单，后世研究者采用的多是英国海军留下的资料，说法不一。此表根据多个来源排定，尤以马幼垣先生最新研究为准。为方便读者阅读英文原版海战图，这里特将英舰的中英文舰名并列排出，多个译法的也尽量列出。

… 三等级战舰

Melville（麦尔威厘号），战列舰，74 门炮，1746 吨

Wellesley（威里士厘号），战列舰，74 门炮，1746 吨

Blenheim（伯兰汉号，也译布伦克号），战列舰，74 门炮，1746 吨

Cornwallis（康华丽号），巡洋舰，72 门炮，1751 吨，《南京条约》签约舰

… 四等级战舰

VIndIctive（复仇号），50 门炮

Endymion（恩德弥安号），50 门炮

… 五等级战舰

Blonde（布朗底号，也译金发人号），44 门炮

Cambrian（康碧亚人号），40 门炮

Druid（都鲁壹号，也译督伊德教祭司号），44 门炮

Thalia（塞莉亚号），46 门炮

… 六等级战舰

Alligtor（美洲鳄鱼号），28 门炮

Calliope（加略普号，也译史诗女神号），28 门炮

Conway（康威号），28 门炮

Samsrang（萨马兰号，也译三宝垄号）

Herald（前锋号）

North Star（北极星号）

Dido（狄多号），18 门炮

Volage（窝拉疑号），28 门炮

Nimrod（善猎者号）

… 二桅快船轻巡舰

Algerine（阿尔及利亚人号），10 门炮

Cameleon（美洲变色蜥蜴号）

Columbine（哥伦拜恩号），18 门炮

Clio（历史女神号），18 门炮

Hazard（冒险号），18 门炮

Hyacinth（海阿新号），20 门炮

Louisa（路易莎号）

Minden（敏顿号），18 门炮

Pelican（鹈鹕号）

Royalist（保皇者号），8 门炮

Sulphur（硫磺号），12 门炮

Wanderer（漫游者号）

Bentinch（班廷克号），10 门炮

Childers（查德士号），18 门炮

Cruiser（巡航者号），18 门炮

Driver（临工号），6 门炮

Harlequin（谐角号），16 门炮

Larne（拉尼号，也译勒里号），18 门炮

Modeste（摩底士底号），20 门炮

Modeste（谦虚号），18 门炮

Pylades（卑拉底士号，也译皮兰德号），18 门炮

Serpent（眼镜蛇号），16 门炮

Starling（椋鸟号），4 门炮

Wolverine（狼獾号）

… 运输船

Apollo（太阳神号）

Rattlesnake（响尾蛇号）

Jupiter（木星号）

Belleisle（拜耳岛号）

Sapphire（蓝宝石号）

Young Hede（青春女神号）

··· 东印度公司参战舰船

Auckland（奥克兰号），木壳明轮巡航舰，6门炮

Ackbar（棒条号），木壳明轮炮舰，6门炮

Atalanta（阿打兰打号），木壳明轮炮舰，5门炮

Aurora（曙光号），资料不详

Enterprize（进取号，也译事业号）

Hooghly（胡格力号），木壳明轮炮舰

Madagascar（马达加斯加号），木壳明轮炮舰

Medusa（美杜莎号），铁壳明轮炮舰

Memnon（勉郎号），木壳明轮炮舰，6门炮

Nemesis（复仇女神号），铁壳明轮巡航舰，6门炮

Phlegethon（弗莱吉森号，也译地狱火河号），铁壳明轮炮舰，4门炮

Pluto（冥王号），木壳明轮炮舰，1门炮

Prosperine（蒲尚皮娜），铁壳明轮炮舰，2门炮

Queen（皇后号），木壳明轮炮舰，2门炮

Sesortris（西索斯梯斯号，也译塞索号），木壳明轮炮舰，4门炮

Tenasserim（德兰尚依号），木壳明轮炮舰，4门炮

第二次鸦片战争

英国皇家海军向中国增派军舰名录

1856年10月23日，英国驻华海军以“亚罗号事件”为借口，悍然向广州发动进攻，打响第二次鸦片战争。1857年春天，英国皇家海军向中国增派军舰，这些军舰许多已是蒸汽动力舰。

Furious（狂怒号）

Transit（中转号）

Shannon（香农号）

Sans Pareil（空前号）

Retribution（报应号）

Himalaya（喜玛拉雅号）

… 攻打大沽口英国浅水蒸汽炮艇名录

英军为适应天津城外的海河口浅水作战环境，只派出一艘蒸汽巡洋舰为断后舰，特别派出十几艘小型浅水蒸汽炮艇进入河口，担任攻打大沽口的前锋。

Coromandel（乌木号），6 门炮

Opossum（负鼠号），4 门炮

Janus（杰纽斯号），4 门炮

Banterer（巴特勒号），4 门炮

Haughty（傲慢号），4 门炮

Nimrod（猎人号），6 门炮

Kestrel（茶隼号），4 门炮

Lee（庇护号），4 门炮（被击沉）

Cormorant（鸬鹚号）,4 门炮（旗舰,被击沉）

Plover（鸻鸟号），4 门炮（被击沉）

攻打大沽口法国舰队名录

法国海军为适应天津城外的海河口浅水作战环境，派出的也都是小型浅水蒸汽炮艇，由于没能找到完整的法文舰队名录，只好以中文名来排列名单。

… 快速帆舰

复仇者号，果敢号。

… 蒸汽炮舰

普利姆盖号，弗勒格顿号，监禁号，梅耳瑟号

… 蒸汽浅水炮舰

雪崩号，果敢号

… 快速帆舰

复仇者号，霰弹号，火箭号，龙骑兵号

… 轮船（租用）

雷尼号

大沽口战役美国舰船名录

美国在此役中是中立国，但美国远东舰队还是派出了 4 艘浅水蒸汽炮舰，由司令达底那驾托依旺号来到大沽，指挥救护英舰的行动，并有 500 名陆战队及水兵准备登陆。

Toey Wan（托依旺号）

San Jacinto（圣加辛托号）

Portsmouth（朴茨茅斯号）

Levant（莱文特号）

清法海战

法国远东舰队战舰名录

法国远东舰队总吨位 56962 吨，有 5 艘铁甲舰、15 艘巡洋舰、4 艘炮艇。其中参加马尾海战的总吨位 17000 吨，有 3 艘铁甲舰、3 艘巡洋舰、3 艘炮艇和其他几艘小炮艇。1884 年 8 月 29 日，马江战役结束后，法国的中国舰队与东京舰队在闽江海口正式合并为远东舰队，去攻打台湾。

La Galissonniere（拉加利桑尼亚号），铁甲舰，4645 吨（海口后援）

Saone（梭尼号），巡洋舰，2017 吨（海口后援）

Chateau Renault（雷诺堡号），巡洋舰，1820 吨（海口后援）

Atalanta（阿塔朗特号），铁甲舰，3828 吨

Triomphante（凯旋号），铁甲舰，4645 吨

Victorieuse（胜利号），铁甲舰，4645 吨

Volta（窝尔达号），巡洋舰，1300 吨

d’Estaing（德斯丹号），巡洋舰，2363 吨

Laperouse（拉佩鲁兹号），巡洋舰，2363 吨

Villars（维拉号，又译费勒斯号），巡洋舰，2382 吨

Duguay-Trouin（迪盖 - 特鲁安号），二等巡洋舰，3479 吨

l’aspic（阿斯皮克号），炮艇，471 吨，9 门炮

Vipere（维皮尔号，又译腹蛇号），炮艇，471 吨，9 门炮

Lynx（野猫号），炮艇，471 吨，9 门炮

Bayard（巴雅号），铁甲舰，5915 吨

Nielly（尼埃利号），巡洋舰，2363 吨

Duchaffault（杜沙佛号），巡洋舰，1330 吨

Hamelin（阿米林号），巡洋舰，1300 吨

Kersaint（凯圣号），巡洋舰，1330 吨

Eclaireur（侦察号），巡洋舰，1722 吨

Champlan（香伯兰号），巡洋舰，2042 吨

Tourville（都威尔号），铁甲舰，5698 吨

Linois（黎峨号），巡洋舰，1191 吨

Lutin（鲁汀号），炮艇，471 吨，4 门炮

福建船政水师参战舰船名录

扬武号，木壳巡洋舰，1560 吨，旗舰

伏波号，木壳运输舰，1258 吨

永保号，木壳运输舰，1353 吨

琛航号，木壳运输舰，1353 吨

济安号，木壳运输舰，1258 吨

飞云号，木壳运输船，1258 吨

振威号，木壳炮舰，572 吨

福星号，木壳炮舰，515 吨

艺新号，木壳炮舰，245 吨

福胜号，钢壳炮舰，250 吨

建胜号，钢壳炮舰，250 吨

南洋水师支援台湾战事舰船名录

南洋水师成立于 1875 年，负责海域为江浙一带，停泊地则主要为上海、南京。1884 年 11 月 1 日，南、北洋水师拟派舰队支援台湾，但北洋超勇、扬威两舰因朝鲜内乱，急赴朝鲜，仅南洋五舰南下，后被法舰追击，终没入台参战。

开济号，巡洋舰，旗舰

南琛号，巡洋舰

南瑞号，巡洋舰

澄庆号，炮舰

驭远号，炮舰

清日海战

北洋“七镇”、“八远”舰队名录

… 铁甲 360 毫米战列舰

定远号，7335 吨，14.5 节

镇远号，7335 吨，14.5 节

… 装甲巡洋舰

经远号，2900 吨，15.5 节

来远号，2900 吨，15.5 节

… 防护巡洋舰

济远号，2300 吨，15 节

致远号，2300 吨，18 节

靖远号，2300 吨，18 节

… 碰撞巡洋舰

扬威号，1350 吨，8 节　　超勇号，1350 吨，8 节

… 广东水师留在北洋的巡洋舰

广甲号，1296 吨，14.2 节　　广乙号，1000 吨，16.5 节　　广丙号，1000 吨，16.5 节

… 蚊炮船（有一说法，500 吨以上，才可称舰，以下称船）

镇东号，440 吨，8 节　　镇西号，440 吨，8 节　　镇南号，440 吨，8 节

镇北号，440 吨，8 节　　镇中号，440 吨，8 节　　镇边号，440 吨，8 节

… 鱼雷艇

福龙号为领头艇　　左队一、二、三号艇　　右队一、二、三号艇

定一、定二号艇　　镇一、镇二号艇

… 练船

康济号、威远号、敏捷号等

… 辅助舰艇

海镜号、湄云号、利运号、操江号、犀照号、飞霆号、飞凫号、超海号、铁龙号、飞龙号、快顺号、遇顺号、利顺号、捷顺号、宝筏号、导海号、导河号、快马号、海马号、杆雷号、守雷号、下雷号、巡雷号及水底机船 1 艘、螺桥船 2 艘、50 吨运煤船 4 艘、20 吨水船 2 艘。算下来北洋水师大小舰船不下 60 艘。

日本联合舰队名录

… 防护巡洋舰

“三景舰”是日本为对抗北洋水师定远、镇远二舰，在法国订造的三艘防护巡洋舰，分别用日本三个著名景点命名为松岛、严岛和桥立。但因舰小炮大，黄海海战中并未完成打击定远、镇远的作用。

松岛号，防护巡洋舰，4278 吨，联合舰队旗舰，参加了黄海和威海卫之战

严岛号，防护巡洋舰，4278 吨，参加了黄海和威海卫之战

桥立号，防护巡洋舰，4278 吨，参加了黄海和威海卫之战

吉野号，防护巡洋舰，4216 吨，参加了丰岛、黄海和威海卫之战，航速 23 节，当时世界第一快舰

浪速号，防护巡洋舰，3709 吨，参加了丰岛和黄海之战

高千穗号，防护巡洋舰，3650 吨，参加了黄海和威海卫之战

秋津洲号，防护巡洋舰，3150 吨，参加了丰岛、黄海和威海卫之战

千代田号，防护巡洋舰，2439 吨，参加了黄海和威海卫之战

… 二类铁甲舰

金刚号，铁甲舰，2250 吨，参加了黄海和威海卫之战

比睿号，铁甲舰，2250 吨，参加了黄海和威海卫之战

扶桑号，铁甲舰，3777 吨，参加了黄海和威海卫之战

… 无防护巡洋舰

西京号，2913 吨，参加了黄海海战

八重山号，1584 吨，参加了威海卫之战

海门号，1381 吨，参加了威海卫之战

武藏号，1502 吨，参加了威海卫之战

筑紫号，1350 吨，参加了威海卫之战

高雄号，1770 吨，参加了威海卫之战

天龙号，1547 吨，参加了威海卫之战

葛城号，1502 吨，参加了威海卫之战

大和号，1502 吨，参加了威海卫之战

天城号，926 吨，参加了威海卫之战

… 炮舰

赤城号，612 吨，参加了黄海海战

鸟海号，612 吨，参加了威海卫之战

磐城号，656 吨，参加了威海卫之战

摩耶号，612 吨，参加了威海卫之战

爱宕号，612 吨，参加了威海卫之战

大岛号，630 吨，参加了威海卫之战

… 鱼雷艇

小鹰号，203 吨，参加了威海卫之战

第 1—4 号，40 吨，参加了威海卫之战

第 5—20 号，54 吨，参加了威海卫之战　　第 21—23 号，85 吨，参加了威海卫之战

德国占领胶州湾舰队名录

Kaiser（皇帝号），战列舰，旗舰，7650 吨　Cormoran（鸬鹚号），巡洋舰，5200 吨

Prinzess Wilhelm（威廉王妃号），巡洋舰，4300 吨

Irene（伊伦娜号），巡洋舰，4300 吨（未参加实际行动）

Arcona（阿克纳号），巡洋舰，2370 吨（未参加实际行动）

日俄海战

俄国太平洋舰队旅顺分队黄海突围舰船名录

从旅顺口港内出发的这支俄国舰队共有 24 艘战舰，准备突围逃往海参崴和香港。有 6 艘战列舰，其中 5 艘没能冲出黄海，最后退回旅顺口，这 6 艘战列舰是：

Tsesarevich（太子号，旗舰）　Retvizan（列特维赞号）

Sevastopol（塞瓦斯托波尔号）　Poltava（波尔塔瓦号）

Peresviet（佩列斯维特号）　Pobieda（胜利号）

太子号战列舰和三艘驱逐舰逃出日军的包围驶入青岛，后被解除武装；巡洋舰阿斯科利德号（Ascredit）和一艘驱逐舰进入上海后被解除武装；还有一艘巡洋舰逃到越南西贡；另有巡洋舰诺维克号逃至库页岛南部搁浅。

后记

后记是用来交代来路和说感谢话的。

2003年，为准备2005年"纪念郑和下西洋六百年"的专稿，我开始研究中国航海史和郑和下西洋。在完成"重走郑和路"系列报道之后，我没能成为"郑学"迷，却"幡然醒悟"：那场看似伟大的"下西洋"，并没影响中国，更没改变世界，它更像是一场华丽的"形象工程"，我由此将研究航海史的目光投向真正改变了世界的"大航海"。

2007年，应深圳盐田区当时的文化局陈琼英局长邀请，为这个以海强区的区图书馆筹办海洋文献馆做项目顾问。最初商定先筹建一个古代海图馆，借助古代海图演进的历史脉络，让读者感受世界的由来及海图里的世界观。在搜集古代航海图和撰写展览说明的过程中，产生了它的副产品《谁在地球的另一边——从古代海图看世界》这本书。

《谁在地球的另一边——从古代海图看世界》一书直接引发了它的姐妹篇《谁在世界的中央——古代中国的世界观》。此后，撰写古代海图系列书，成了一种"使命"和一个"工程"，一发而不可收拾。于是，又有了《中国古代海洋地图举要》和《中国古代海洋文献导读》。再后又有了这本《败在海上——中国古代海战图解读》。

《败在海上——中国古代海战图解读》这本书主要依托古代海战图来进行研究与写作，地图是它的基础。由于此前没有人做过此类文献的编辑与整理，所以寻找各历史时期的中国古代海战图成为一项大海捞针般的任务。为此，我不得不请远在澳大利亚的哥哥梁大平在澳大利亚搜寻；请在美国的侄女梁小娜查找，请去日本旅游的太太孟庆怀到东京国立图书馆查找；请当时在英国读研的女儿梁伊然在大英图书馆查询和复制；没有亲人的帮助，许多重要的中国古代海战图我是无法找到的，在此要由衷地谢谢他们。

还有我的一些朋友，知道我有此好，每有相求总会拔刀相助：青岛藏书家薛原先生帮助我联系青岛档案馆找到了青岛海战的重要地图；王光明、陈才枫等帮助我翻译法文地图与英文资料……最后，还要感谢从最初建设古代海图馆就一起合作的深圳盐田区图书馆馆长尹丽棠女士以及深圳大学的张岩鑫老师，他们一直参与此项目的策划，亦为此书写作提供了许多支持，在此一并致谢。

最后，要跟大家说的是，海战图毕竟是一纸地图，要想真正感受败在海上的历史教训，我以为最好还是到当年发生海战的故地去看一看。近年来，沿海各地兴建了一批海事博物馆和海战遗址纪念馆，修复了许多炮台和古战场遗址，辟为开放的公园，我在这里向大家推介它们：台南安平古堡古迹纪念馆，台北基隆炮台，台北淡水古迹博物馆，香港海事博物馆，香港海防博物馆，长州岛张保仔洞，澳门海事博物馆，澳门中央炮台，福建船政博物馆，马江海战纪念馆，厦门胡里山炮台，舟山定海鸦片战争纪念馆，宁波镇海招宝山风景区，镇海口海防历史纪念馆，慈城大宝山古战场，乍浦天妃宫，南湾诸炮台，吴淞口炮台湿地森林公园，上海中国航海博物馆，镇江焦山，北固山诸炮台，青岛俾斯麦炮台遗址公园，威海刘公岛中国甲午战争博物馆，旅顺口东鸡冠山、203高地、电岩等炮台遗址公园，大沽口炮台遗址博物馆……为了搜集地图和写作此书，这些地方我一个不落地都去考察过了，希望大家看完此书，能去看看它们，那是活的图画，听得见历史的回声。

梁二平

2014年10月20日，于中国深圳